周遊 白馬MAP

既詳細又好用！

可以拆下使用

附 公路休息站&SA・PA 導覽

河口湖・山中湖 富士山 附録②

MAPPLE まっぷる 哈日情報誌

附録② 富士山周遊自駕MAP

1:300,000
0　3　6km
地圖上的1cm為3km

富士山周邊圖

1:300,000

0 3 6km
地圖上的1cm為3km

◎景點 ✕玩樂 ◍美食 ☕咖啡廳
⊕購物 ♨温泉 ⊞住宿 ✿活動

A　B　C　D

北岳 3193　辻山 2585　千頭星山 2139　韮崎市　双葉Jct　双葉Jct　こうふ　善光寺　山梨市街　奥多摩湖　かつぬまぶどうきょう　甲州市

鷲ノ住山 1534　夜叉神峠　双葉SA　甲斐市　甲府昭和　いさわおんせん　石和　春日居　山梨市　附録② 公路休息站 甲斐大

大唐松山　高谷山 1842　白根　しらね　南アルプス　中央自動車道　甲府bypass　笛吹八代スマートIC　勝沼

大籠岳 2767　笹山 2733　櫛形山 2052　南アルプス市　昭和町　こいかわ　ひがしはなわ　中央市　甲府市　甲府南　釈迦堂PA　一宮御坂　笹子峠 1050

中部横断自動車道　いちかわだいもん　140　公路休息站 とよとみ　附録② P.24　358　釈迦ヶ岳 1641　御坂山 1596　御坂峠

静岡市 葵区　転付峠 2040　櫛形山　増穂　増穂PA　かじかざわぐち　市川三郷町　千波滝　鳥坂峠 1020　黒岳 1793

附録② P.24 公路休息站 富士川　富士川町　みのぶ道　52　蛾ヶ岳 1279　精進湖　P.4 富士五湖　河口湖

笊ヶ岳 2629　富士見山 1640　かいいわま　六郷　くなど　照坂峠 500　300　西湖　かつやま　かわくちこ

早川町　中富　いちのせ　しもべ　本栖湖　本栖　189　なるさわ　河口湖 富士吉田

附録② P.24 公路休息站 みのぶ 富士川観光センター　上沢　はだかじま　しもべおんせん　下部　富士山小御嶽神社　富士吉田

七面山 1989　身延山 1153　久遠寺　身延町　雨ヶ岳 1772　鳴沢村　天神峠 1360　小富士 1906

八紘嶺 1918　みのぶ　身延線　富士山街道　毛無山 1964　朝霧高原　富士山 3776　宝永山 2693　五合目PA

大谷崩　安倍峠　1450　52　なんぶ　南部　思親山 1031　内船　朝霧高原　189　富士山　五合目PA　水ヶ塚PA

山伏　笹山 1763　十枚山 1726　篠井山 1394　富沢　よりはた　白糸瀑布　上井出IC　西臼塚PA　十里

富士沢IC～南部IC之間 19年秋季開通　附録② P.24 公路休息站 とみざわ　南部町　いで　北山IC　富士宮市　富士裾野　Evergreen Line

富士見峠PA 1184　笠張峠 1057　真富士山 1343　真富士の里PA　附録② P.19 清水PA 上下線共通　白糸瀑布　富士宮　富士山本宮浅間大社　469　愛鷹山 1504　位牌

静岡市 葵区　竜爪山 1051　新清水Jct　清水いはら　附録② P.6 富士南麓　白鳥山 567　しばかわ　ふじのみや　にしふじのみや　小泉出入口　新富士　富士市

真富士の里　中部横断自動車道　富士見峠 250　新清水　富士川楽座　富士川SA　富士川スマートIC　広見IC　いりやませ　東海道新幹線　駿河湾沼津SA

藤枝岡部IC　清水Jct　静岡IC　三保松原　清水区　52　1　由比PA　富士　ふじかわ　しんふじ　よしわら　今井　田子の浦　東海道本線

新東名高速道路　新静岡　清水　新清水Jct　竜爪山　三保松原　あおい　興津川　駿河湾　大瀬崎

富士五湖

N

1:120,000
0　　1　　2km
地圖上的1cm為1.2km

◎景點　◎玩樂　◎美食　◎咖啡廳
◎購物　◎溫泉　◎住宿　◎活動

周邊圖　附錄② P.3 C-2

中部横斷道
甲府　山梨縣　大月　中央道
河口湖　　P.4
富士吉田　山中湖　丹沢山　神奈川縣
身延　富士山　御殿場　箱根　小田原
富士宮　新東名高速　沼津　東名高速　熱海
富士　P.6　駿河灣　伊東
靜岡　三保　靜岡縣

1

天下茶屋 P.68・附錄①
御坂峠　三ツ峠　屏風岩
富士山與河口湖的瞭望景色美不勝收
河口湖
河口湖美術館
西桂町
憩いの森 町営三ツ峠グリーンセンター
槇田商店 P.75
みつとうげ
都留IC
やむらまち
都留文科大
西東京GC
谷村PA
大月
133
湯ノ沢
つるぶんかだいがくまえ
田原の滝 とおかいち
ひがしかつら
蒼竜峡
鹿留
鹿留
大沢
サンパーク都留
都留市

2

新倉山淺間公園
P.31・60・78
附錄① 開花
富士見孝徳公園
中央自動車道
ことぶき
富士吉田西桜スマートIC
よしいけおんせんまえ
しもよしだ
げっこうじ
ふじきゅうはいらんど
御正体山
中央道塞車時的繞行道路也在進行改善，容易行駛又稱汽車露營場的銀座
道志村
しろいだいら
スカイバレー
長又
とやの沢

屋乃家 P.40
河口湖
界道産中心
富士吉田
ふじさん
富士吉田
和光大
上宿
ふじさん牧場　不動湯
杓子山 1597.6
杓子山鉱泉
鳥居地峠
忍野八海
忍野村
奥道志
山伏
山梨縣　神奈川縣
413
山伏トンネル
1379 孤釣山

パインズパーク
富士SUBARU樂園
富士吉田
忍野
忍野八海
忍野中
忍野小
P.10 山中湖・忍野

3

4 上圖 富士吉田
吉田胎内樹型
富士櫻祭典 P.10
フジザクラ
東富士五湖道路
ハリモミ
客車 1060円(全線)
在富士山的英姿旁邊飛馳而過
山中湖
北富士演習場
山中湖IC北
花之都公園
紅富士之湯
大平山
石割山
山中湖
山中湖村
石割の湯
海徳寺
みさき
富士萬豪酒店山中湖 P.95
山北町
世附林道

富士裾野
富士吉田市
138
138
山中湖役場
山中湖PA
山神前
逆富士
ママの森見晴台
撫岳荘
神奈川縣　靜岡縣

滝沢林道
口栖町
八雲澤神社
竜坂峠 1104
山中湖無料P
富士GC 山中湖文学の森
フォレストコテージ
三国山
有一定路寬的彎道 交通量少
138號塞車時的近路 三国峠～明神峠的部分道路很狹窄
經常禁止通行
小山町

4

小富士 1906
御胎浅間神社
古御岳神社
山梨縣 靜岡縣
大洞山 1383.4
138
朝神明 1170
富士ヘルスCC
富士グリーンヒルGC
金時公園
フロンティアパーク
小山
大井松田IC
大井松田

裾野市
森の駅 富士山
水ヶ塚公園
1488 片蓋山
南富士Evergreen Line
フジヤマスノーリゾートYeti
水ヶ塚PA
御殿場市
五合目PA
太郎坊
富士山Skyline
滝ヶ原
春天沿道都有櫻花樹道，正面還有富士山，感覺超棒
BIG MOUNTAIN RANCH
須走温泉 天惠 P.49
富士浅間神社
ふじあざみライン
須走
P.46・附錄② P.15・22 公路休息站 すばしり
附錄② P.22 足湯すばしり
竜坂GC
富士の社GC
茱萸沢塞車時，山北方向的繞行道路
富士小山GC
富士国際GC
138
富士平原GC
KIRIN DISTILLERY 富士御殿場蒸餾所
P.90
九良左衛門 P.42
富士國際賽車場 P.90
東富士CC
富士國際CC
北郷中
青竜寺
150
公路休息站 ふじおやま 附錄② P.23
足柄温泉
小山町町民休憩之家 P.49
御殿場線
あしがら
PREMIUM OUTLETS
足柄SA上行 附錄② P.17
足柄SA下行 附錄② P.17
足柄森林CC

5

P.91 富士山御胎内清宏園
P.50 御胎内温泉健康中心
富士山樹空之森 P.90
十里木高原
御殿場市
P.41・附錄① すしぎん
P.43 くいしんぼ五味
P.14 下圖 御殿場
御殿場
足柄スマートIC
くみ
浅間神社
ごてんば
沼津駅
御殿場
御殿場CC
裾野

附錄② P.24 公路休息站 しもべ ↓下部温泉

地圖標籤

P.12 西湖・本栖湖・精進湖

P.8 河口湖

市川三郷町中心部 ↗
中央市
甲府南IC ↗
甲府市
笛吹市
すずらんの里
諏訪神社
往甲府市街的近路
富士河口湖町
在隧道的湖畔一側有小路
かつやま

大島山 ▲1118
市川三郷町
蛾ヶ岳 ▲1279
釈迦ヶ岳 ▲1271
芦川渓谷
上九の湯
芦川

精進湖
精進ブルーライン
王岳 ▲1623
キャンピングリゾートWAN
西湖
野鳥森林公園
西湖蝙蝠洞
紅葉台展望
足和田山
MOOSE HILLS BURGER P.68

本栖レークサイド
千圓紙鈔(舊5千圓紙鈔)的富士
本栖湖
本栖
-901-
山神社
本栖湖スポーツセンター
竜ヶ岳 ▲1485

富岳風穴PA
富岳風穴
鳴澤氷穴
竜宮風穴
富士パノラマライン
なるさわ
PADDY FIELD
道路兩側是在鬱鬱蔥蔥的樹海之中
青木原樹海
R139的近路 已鋪設完成 到處都在連綿不絕的樹海之中
通稱「開拓道路」和北海道並駕齊驅的牧場風景
富士風穴
本栖風穴

P.83 Forest Adventure Mt.FUJI
雷吉娜富士度假 Suites&
P.10 河口湖富士樱 三葉杜鵑花祭

嚴峻的髮夾彎道連綿不絕的山岳道路
本栖みち
身延町
雨ヶ岳 ▲1771.6
毛無山 ▲1964

P.95 小さなホテルスターティングオーバー
富士山雄偉地聳立在沒有遮蔽物的草原上
井之頭小分校

P.34 一合目下停車場
大室山
富士天滑雪場
鳴沢村
氷穴

富士桜公園
古沢美術館
正對著富士行駛周圍是閑靜的牧場

P.34 樹海台停車場
客車 2060円(來回)

P.35-45 富士山五合目簡易郵局
P.35 富士急雲上閣
P.35 五合園休憩所
P.35 吉田口登山道
小御嶽神社
奥庭

公路休息站 朝霧高原 P.47・附錄② P.23
朝霧FOOD PARK P.87
ビュッフェレストラン ふじさん P.87・附錄② P.23
富士花鳥園 P.86
富士ヶ嶺オフロード
富士ヶ嶺おいしい
夏季規定一般車輛禁止通行
往山上開到和雲一樣的高度 夏季的高山植物很美

P.34 富士斯巴魯線
富士斯巴魯線 五合目 P.34
御庭
奥庭停車場 P.34

P.97 Fumotoppara
東京農大富士農場
ハートランド・朝霧

P.15 朝霧高原

朝霧高原
朝霧ヴィーナスガーデンG
廣見育成牧場
朝霧ジャンボリーGC
猪之頭公園
もちや遊園地
富士周遊道路

湯之奥渓谷
湯之奥猪之頭トンネル
猪之頭
朝霧高原
P.34 大澤停車場

富士山
山梨県 / 静岡県
富士山 ▲3776
浅間神社

長者ヶ岳 ▲1335.7
田貫湖
ふれあい自然塾
馬飼野牧場
牛奶樂園
富士宮市
富士桜自然墓苑

南部町
天子ヶ岳 ▲1330
小田急西富士GC

白絲瀑布

狩宿の下馬桜

富士IC ↓

富士山
富士山
P.35 富士宮口五合目
能往山上開到標高2400m處 夏季有私家車管制

P.35 富士山Skyline
夏季規定一般車輛禁止通行
穿過樹林帯的路線 從樹木之間能眺望富士山

PICA表富士
富士山Skyline
富士

五合目PA

富士山Skyline

春天沿路都有櫻花樹道，
正面還有富士山，感覺超棒

BIG MOUNTAIN RANCH

山中湖・忍野

◎KIRIN DISTILLERY
富士御殿場蒸餾所 P.90
P.42
九良左衛門

大井松田IC
松田駅
あしがら

足柄温泉
小山町町民休憩之家 P.49
附錄② P.17

足柄SA上行 足柄SA下行 附錄② P.17
足柄スマートIC

御殿場
PREMIUM
OUTLETS

小山町 1

くみ沢

P.41・附錄④ すしぎん
P.43 くいしんぼ五味

森の駅 富士山 P.91
水ヶ塚公園
片蓋山

富士山御胎内清宏園 P.91
御殿場まるびオートキャンプ場
御胎内温泉健康中心 P.50
たくみの郷

富士山樹空之森 P.90

御殿場市温泉會館
Rembrandt Premium
Fuji Gotemba P.51

フジヤマスノーリゾートYeti
南富士Evergreen Line
Campica富士Grinpa P.96 P.97
Grinpa P.90
鎌子山

太平洋C御殿場
太平洋C御殿場ウェスト

P.14下圖 御殿場

乙女峠
ふじみ茶屋 P.91
箱根町

十里木
十里木高原
客車 500円

富士山資料館 P.90
忠ちゃん牧場

P.28 富士野生動物園

士山兒童世界 P.91

アシタカツツジ原生群落
越前岳

黒岳

カントリーベア

富士遊湯の郷 大野路
和風食事處 大野路 P.91
駒門
風穴
駒門PA

P.50すその美人の湯 ヘルシーパーク裾野
P.91 喬仙坊

富士すそ野
ファミリー

御殿場Jct

二の岡フーヅ P.47・91
秩父宮紀念公園 P.90

乙女停車場 P.90

富士八景之湯 P.50
第2露營場
乙女森林公園 P.97

駒門PA

時之栖 P.50・91
天然温泉 気楽坊 P.50
源泉 茶目湯殿 P.50
時之栖燈海 P.11

御殿場市

芦ノ湖

裾野市

鋸岳
位牌岳

大岳

愛鷹山

池ノ平

ファイブハンドレッドC

景ヶ島渓谷

三国山

富士エースGC
国際興業三島GC

裾野市中央公園

3

長泉町

ベルナール・ビュフェ美術館

東名CC

沼津市
愛鷹シックスハンドレッドC

駿河湾沼津SA上行 附錄② P.18

駿河湾沼津SA下行
附錄② P.18

沼津岡宮IC

愛鷹PA

沼津
長泉沼津

富士竹類植物園

長泉IC

三島萩IC

ながいずみなめり

三島市

三島スカイウォーク

函南町 4

東海道新幹線

上石田IC
おおおか

三島加茂IC

三島塚原IC

みしま

三島玉沢IC

柿田川公園 P.33

1:120,000

富士南麓

1:120,000

| 0 | 1km | 2km |

地圖上的1cm為1.2km

周邊圖 附錄② P.3 C-5

景點 ⦿玩樂 ⦿美食 ☕咖啡廳
⦿購物 ♨温泉 ⦿住宿 ⦿活動

千本浜公園
千本浜
P.44花見煎餅

因松林而看不見大海

P.15 朝霧高原

朝霧高原

P.35 富士山Skyline
夏季規定一般車輛禁止通行

富士山Skyline

PICA表富士
西白塚PA

穿過樹林帶的路線
從樹木之間能眺望富士

富士宮市

富士裾野

P.86 奇石博物館
富士山天母の湯
天母山
山宮淺間神社
山宮

村山淺間神社

路寬敞，容易

南富士CC

大石寺
本門寺

北山IC

富士山本宮淺間大社

P.86 富嶽温泉 花の湯
富士宮

新稲子川温泉
ユー・トリオ

ホールアース自然学校
P.43 Restaurant Bio-s

富士チサンCC
森山

富士山本宮淺間大社
にし ふじのみや
ふじのみや

本書P.87 富士宮

丸火自然公園
グリーンキャンプ場

小泉出入口

大淵笹場 P.31・86

富士市

Cafe Page P.39
虹屋 附録①
富士宮GO

白尾山

ふじね
げんどうじ
権現

新富士

新東名高速道路

西富士道路

富士市立博物館

身延線

山梨県
静岡県
白鳥山
本成寺

ぬまくぼ
しばかわ

リバー富士CC

明星山

岩本山公園

実相寺

いりやませ

広見IC

富士

東名高速道路

瓜島

富嶽CC

附録② P.21 富士之國樂座市場
附録② P.21 歡樂劇場
P.46・附録② P.21 公路休息站 富士川樂座
附録② P.19 富士川SA上行

富士川スマートIC

金丸山

東海道本線

たてぼり
P.43・附録① 喫茶 アドニス
よしわら ほんちょう
ゆのき
181
東海道

竹採公園
がくなん ふじおか
ひな
岳南電車

がくなんはらだ
シャ
169
かみや

富士川SA下行 附録② P.19
東海道

ふじ
174
しんふじ
東海道新幹線
宮島東
よしわら 今井

富士東IC

がくなんえのお
ひがしたごのうら

新清水IC

大丸山

ふじかわ

富士

田子の浦港 漁協食堂
P.41・附録①
富士山ドラゴンタワー

毘沙門天
妙法寺

田子の浦

静岡市
清水区
浜石岳

蒲原トンネル

富士由比bypass

341

341

しんかんばら
富士山空港
高浜IC

富士川

駿河湾

由比宿
かんばら
蒲原西IC

清水駅 清水IC
由比PA

P.66 久保田一竹美術館
野天風呂天水
P.11 富士河口湖紅葉祭
河口湖藝猴雑技劇場 P.67
麗峰の湯
P.93 秀峰閣 湖月
湖畔のパン工房Lake Bake P.65・附録①
P.67・81 Country LAKE SYSTEMS
P.68 KBH河口湖ボートハウス
P.63 Café Mimi
オルソンさんのいちご P.64
ほうとうの店 春風 P.40
P.97 夢河口湖 平房戸澤中心
P.66 河口湖音樂盒之森
P.40・64 森のレストラン
P.11 河口湖音樂盒之森 Twilight Illumination

河口湖音樂盒之森
かわぐちこオルゴールのもり
在會讓人聯想到歐洲的館內，展示著19世紀末～20世紀初製造的音樂盒和自動演奏樂器。能用眼睛和耳朵欣賞珍貴的音樂盒。

P.66 河口湖美術館

河口湖

P.10 河口湖香草節
P.66 八木崎公園
若草之宿 丸榮旅館 P.93
CISCO COFFEE P.64

富久澄キャンプ場
風之露台 KUKUNA飯店 P.92
湖のホテル P.62
網焼HANA
美富士園酒店 P.51・93

產屋崎 P.66

Happy Days Cafe P.63
河口湖 北原博物館 Happy Days～幸福時代的東西們～ P.66
石ころ館 河口湖 P.69
河口湖冬季煙火 P.11
ROMARIN P.63
山梨寶石博物館 P.66
P.69 河口湖Cheese Cake Garden
P.67 河口湖香草館
P.67 河口湖遊覧船「Ensoleillé號」
FUJIYAMA COOKIE P.45
～河口湖～ 富士山全景纜車 P.23・60
湖南荘飯店 P.94
Kasuitei Ooya P.93

河口湖香草節
かわぐちこハーブフェスティバル
在薰衣草的地毯布滿富士河口湖町一帶時會舉辦。舉行期間能享受各式各樣的活動。盡情地品味初夏的香氣和薰衣草的藍紫色吧。

ハーブガーデンレストラン 四季の香り P.62

P.60・66 河口湖周遊巴士

Gateway Fujiyama 河口湖駅店 P.44
富士急行 河口湖駅

河口湖

N

1:15,000

0　150　300m
地圖上的1cm為150m

◎景點　✕玩樂　🍴美食　☕咖啡廳
🛍購物　♨温泉　🏨住宿　🎋活動

周邊圖　附錄② P.5 D-1

甲府 719

リセス河口湖

江木林

卍海蔵寺

大石

護国神社
日月神社

富士見

大石局 大石

P.10 河口湖香草節
P.96 虹夕諾雅 富士
P.65 パン工房&カフェ
Slow Garden 砧

湯口

菅記念研修館

湯口

奥

研修館前

馬場久保

採藍莓 P.10

あけぼの荘前

河口湖自然生活館

大石小

P.67 大石紬傳統工藝館

クレヨン

プチペンション村

研修館前

719

Yショップ

P.10 採櫻桃

河口湖ブルーベリー園

プチペンション村

淵坂峠

富士大石 HANATERASU
ふじおおいしハナテラス

建在河口湖旁邊
的複合設施。販
售山梨縣特有甜
點、伴手禮、可
愛雜貨的店家齊
聚一堂。

大石

馬場川橋
真如苑前

P.25 富士大石 HANATERASU

吉原

P.25 BRAND NEW DAY COFFEE
P.25 HanaCafe Kikyou
P.25・47 葡萄屋 KOFU HANATERASU 咖啡店
P.25 富士櫻工房
P.45 めでたや

奥川

東洋大セミナーハウス

富士河口湖町

天神峠

麗

うの島

うの島自然公園

P.31 紅葉隧道

湖北View Line

留守ヶ岩浜

21

留守ヶ岩

桑崎

3

長浜

新寺崎トンネル

扇崎

大石公園
おおいしこうえん

若天氣晴朗，也能隔
著河口湖眺望富士
山。在薰衣草綻放得
色彩鮮豔的開花時期
（6月下旬～7月中
旬），也作為人氣的
攝影景點廣為人知。

富士浅間
神社

西湖

長浜トンネル

寺崎トンネル

さくらの里公園

シッコゴ公園
浅間神社

敷島の松

民俗資料

P.63 Partita

P

710

富士豪景酒店 P.92

4

卍妙本寺

勝山ふれあいセンター入口

八王子神社

民宿村

勝山

ふれあいセンター

道の駅かつやま

公路休息站 かつやま
附錄② P.23

Yショップ

勝山小中入口

勝山局

平浜橋

奥河口湖マリン

イエスタディ

奥河口湖入口

小海

勝山小

勝山

勝山中

平浜橋

平浜

勝山

勝山局

勝山

勝山・ふれあいドーム

5

長浜

710

足和田キャンプ場

天神下

勝山

714

天神社

大嵐

大嵐入口

国道139号

山中湖・忍野

1:33,000
0　300　600m
地圖上的1cm為330m

◎景點　⊗玩樂　⑪美食　☕咖啡廳
⊕購物　♨溫泉　⊞住宿　⊛活動
周邊圖　附錄② P.4 G-2

忍野村

都留市

内野浅間神社

内野

二十曲峠

日向峰
1446

石割山
14123

石割神社

平尾山
1318

富士山酒店
ホテルマウントふじ

這家酒店建在山中湖西北方、標高約1100m的高地上。能眺望富士山的大浴場「はなれの湯」和「滿天星之湯」也能僅入浴而不住宿。

長池親水公園
ながいけしんすいこうえん

這處絕景景點能從山頂眺望到原野，欣賞富士山生動壯觀的模樣。若天氣等條件齊全，也能看見倒映在湖水上的逆富士。

東海自然歩道大平山コース

大平山

小坂

士山酒店 P.51・94

P.73山中湖平野温泉 石割の湯
スポーツ＆リゾートつかさ

道志みち

讃美ヶ丘別荘地

スターダスト

小海原

山中湖グリーンタウン

座蔵

ニュースターホテル山中湖
古屋

きくすい

宮の脇

城山荘

山中湖プラザホテル

グループインほりのや

上原

P.青い風

プライベートハウス
アースウィンド

山中湖 岩下哲士
アトリエ館

ヴィラ芙蓉台

水の元

平野西口

平野天満宮

寿徳寺

大国館

下原

大富士荘

雑貨や
ふくろう
吉政

インペリヤル山中湖

水ヶ久保

P.72 長池親水公園

P.ティータイム

池畑

平野郵便局前
都留信組

みさき東

ホワイトウイング

P.アイビー

平野

お食事処芦花

オステリア イゾラーナ

P.71 Cafe&Auberge 里休
プレンティ エフ

P.11 山中湖 DIAMOND FUJI WEEKS

長尾荘

ベンション
ヴェンティチェロ

湖北

不動坂

コテージ・ベンション
まりも

東小

みさき

YMCAいの家

平野星前

ジンティアナ

マナハウス

煮込みStewの店
Casserole
P.70

オーベルジュ秋桜
ままの森見晴台

P.71 Ristorante Parco del Cielo

秀山荘

ままの森

富士マリモ生息地
東小社（県指定天然記念物）

富士重荘

P.コットンテール

P.Aステージ

エクシブ
山中湖

山中湖一周

山中湖 MARINE HOUSE momo P.72

CHIANTI CoMO P.71

山中湖

山中湖交流プラザ「きらら」

山中湖・平野

東海山荘

三国山ハイキングコース入口

ベットリゾート・
ローズガーデン山中湖

柳原

MAISON山中店

水明荘

山中湖交流プラザ前

レイクサイドキャビン

山中湖ヨットハーバー

クラフトの里 DALLAS VILLAGE

撫岳荘前

気まぐれキッチン

全景臺 P.72

の橋

ンズリゾート

P.アベニュー

山中湖村役場前

Dog Resort
Woof P.95

山中湖ドライブセンター

湖山荘キャンプ場

撫岳荘キャンプ場

山中湖高原 体験工房アントウ

村民体育館

富士パノラマライン

P.72 遊覧船「白鳥之湖」

小田急山中湖フォレストコテージ前

PAPER
MOON

P.73

ビーチピット

リゾートイン ピークラブ

CARO FORESTA
モーツァルト

ゴルフ場入口

旭日丘

P.ブルーリボン

P.グリーングロウ

山中湖美術館

P.セミカ

燻製工房 古志路 P.73

山中湖情報創造館

文学の森

旭日丘
ターミナル

湖野緑地公園

森の楽ギャラリー

山中湖テディベア
ワールドミュージアム

向切話

P.レイクテラス

中国菜館湖林
山中湖文学の森公園
山中湖文学の森

山水荘

ワイルドストロベリー
リップル山中
ガーデン前

グリーン
バスケット

クリスマスの森サンタクロースミュージアム

プチリゾートホテル
リンクス

月見ヶ丘別荘地

三国峠

P.96 PICA Yamanaka Lake Village
P.70 FUJIYAMA KITCHEN
P.73 Hammock Cafe

水陸両用巴士 山中湖的河馬 P.22

富士湖號 P.72

FUJIYAMA BAZAAR 森の駅 P.73

茶屋段

スルガ銀行山中湖支店前

富士急行別荘地
地管理事務所前

御殿場

山中湖村

山梨縣
神奈川縣

山梨縣
靜岡縣

山北町

三国山

小山町

小山

あざみ丘別荘地

富士見ヶ丘別荘地

自駕MAP

~山中湖・忍野／忍野八海~

A　B　C　D

河口湖IC　都留　富士見bypass　神社前　桂川

P.79・附錄①
地ビール&カフェレストラン
ふじやまビール
富士山天然水汲水場
附錄② P.20小倉山
P.46・附錄② P.15・20
公路休息站 富士吉田
附錄② P.20 富士山雷達巨蛋館
富士山博物館
P.76

手打ちうどん
サファイヤ
市立病院
城山東
吉田小分校
鐘山スポーツセンター総合体育館

忍野
忍草
下圖
忍野八海
池本茶屋

ふれあいホール
忍野中
富士見橋南
村民運動場 村民体育館
民宿田園
小
コメリ
役場前 忍野村役場
山梨中央

NEWYORK STIC
ファクトリーアウトレット

P.72岡田紅陽寫真美術館・
小池邦夫繪畫信紙美術館
P.73天祥庵

山梨県郡内地域産業振興センター
サンパークふじ
HOTEL BELL
権兵衛

P.21忍野 忍者主題村 ✕

森の学習館
民宿鱒の家
お食事処いろり

森之中水族館。
山梨縣立富士湧水郷水族館 P.72

仁泉　東海自然歩道

忍野温泉
旅館
さかな公園

PEPIN

レストラン シェ ガロ
パインテニスロッジ
Pフォーレスト

P.73
牛舎

旅館ふじとみた
忍野観光ビジネスホテル
ホテルサムソン山中湖
フジロイヤル

陸上自衛隊
北富士駐屯地

影紅窯
オサキテニスビレッジ

オサキテニスロッジ
ビラオサキ
ファナック前

山中湖国際ラケットクラブ

ファナック学校
P.11 山中湖彩燈
FANTASEUM～冬天的閃耀～

P.20・30 山中湖 花之都公園

忍野 忍者主題村
おしのしのびのさと

能體驗日本風情的忍者主題村。在能眺望富士山的秀麗大自然中，可以享受租借服裝和體驗型忍者遊樂設施等樂趣。

東富士五湖道路

山中湖オートキャンプ場 ▲

山中
IC北

富士吉田市

陸上自衛隊梨ヶ原廠舎
梨ヶ原

山中湖IC

P.すももの木
大豊
P.MORI
シュガーメイプル
ファミリーロッジ旅籠屋・山中湖

P.48 山中湖温泉 紅富士之湯

◆ 忍野八海的簡要筆記 ◆

〔湧池〕　以八海第一的湧水量為榮，透明度也很出色的水池
〔濁池〕　名雖然是濁池，但卻是既清澈又漂亮
〔鏡池〕　沒有風的時候，富士山會倒映在水面上
〔菖蒲池〕傳說有人依照神諭把菖蒲纏在身上之後疾病就治癒了
〔銚子池〕傳說在婚禮上放了一個大屁的新娘因為覺得羞愧，就抱著銚子（酒壺）投水自盡
〔底拔池〕傳說不小心把在池中洗好的餐具掉入水中，就會在附近的釜池浮上來
〔釜池〕　傳說曾有蟾蜍把少女拉入池中
〔出口池〕據說以前登山前的行者會在水池中淨身

山中湖 花之都公園
やまなかこはなのみやここうえん

可以遇見富士山坐鎮在花田深處的絕景。從春末到秋天，在富士的山麓有各式各樣的花卉綻放。

浅間神社前
さんすい
明神館

山中湖 JUPITER
P.73

都留郡組合
デニーズ

富士と湖の宿 多賀屋
そば処

P.73Curry House JIB

諏訪堀

忍野八海　N

1:8,000
100m
地圖上的1cm為80m

周邊圖
上圖
C-1

東円寺卍

忍草浅間神社卍

お宮橋
お宮橋

Pブルーベリー
庄寿荘
富岳苑

忍野村

民宿上乃宿
区会事務所前
北富士荘
民宿大門
民宿福寿荘
かやぶき茶屋
菖蒲池

忍草

北富士演習場
赤富士

P.18 忍野八海池本売店
P.18
中池 ⦿ 池本茶屋 P.18
忍野八海 P.18
かまのはた

ニューイケモト
民宿榛の木林
民宿太兵衛
鏡池
民宿並松荘

向の家
濁池
はんのき食堂
湧池荘
湧池

P.センターハウス

神鶴橋（路線巴士）
忍野八海（高速巴士）
忍野村役場
大黒家

さかな公園
八海そばくらや
えびすや前
弥生荘
釜池

榛之木林資料館 P.19
渡辺食品
P.19

ひのでや
銚子池
底拔池
大林前
大橋
忍野八海
村営橋停無料 P
出口池

大林前
富士飲料
忍野郷土館
観光案内所

鷹丸尾

ホテルガルニ富
富士GC
クラブハウス

Curlplex Fuji

南中原
P.セロ

山中

龜坂トンネル

須走IC

A　B　C　D

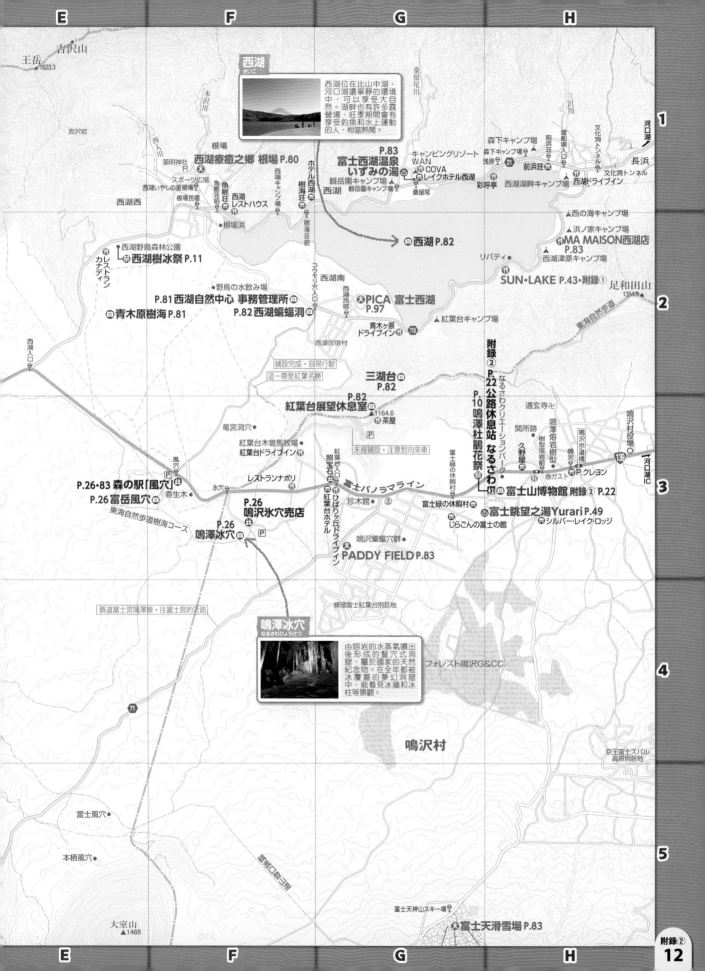

吉沢山

王岳
▲1623.3

西沢岩

木沢川

桑留尾川

三沢川

河口湖

西湖
さいこ

西湖位在比山中湖、河口湖遠寧靜的環境中，可以享受大自然。湖畔也有許多露營場，旺季期間會有享受釣魚和水上運動的人，相當熱鬧。

根場

西湖療癒之郷 根場 P.80

薬明神社

スポーツ広場

西湖いしの里根場

魚眠荘

根場民宿

西湖西

根場浜

西湖キャンプ場

西湖
レストハウス

樹海荘

ホテル西湖

キャンピングリゾート
WAN
COVA
レイクホテル西湖

**P.83
富士西湖温泉
いずみの湯**

観岳園キャンプ場
西湖

観岳園キャンプ場

桑留尾

森下キャンプ場

森下キャンプ場

浅原荘

前浜荘

前浜荘

彩呼亭

西湖湖畔キャンプ場

文化洞トンネル

長浜

文化洞トンネル

西湖ドライブイン

西湖野鳥森林公園
レストラン
カナティ

西湖樹冰祭 P.11

野鳥の水飲み場

青木原樹海 P.81

P.81 西湖自然中心 事務管理所

P.82 西湖蝙蝠洞

西湖南

コウモリ穴入口

西湖民宿

PICA 富士西湖
P.97

青木ヶ原
ドライブイン
710

紅葉台キャンプ場

西湖入口

西の海キャンプ場

浜ノ家キャンプ場

MA MAISON西湖店
P.83

リバティ

西湖津原キャンプ場

SUN・LAKE P.43・附録①

足和田山
1354.9

東海自然歩道

西湖民俗村

鋪設完成，容易行駛

這一帶是紅葉名勝

竜宮洞穴

紅葉台木曽馬牧場
紅葉台ドライブイン

三湖台
P.82

**P.82
紅葉台展望休息室**
▲1164.6
P 茶屋

紅葉台入口
照宝石

紅葉台
ドライブイン

紅葉台ホテル

**附録②
P.22 公路休息站
なるさわ
P.10 鳴澤杜鵑花祭**

なるさわクリエーションパーク

通玄寺

関所跡

樹型溶岩樹型

鳴澤歩道橋

鳴澤

ガスト

鳴澤村役場

139

河口湖IC

久野屋

P.クレヨン

富士山博物館 附録② P.22

富士緑の休暇村

じらごんの富士の館

富士眺望之湯 Yurari P.49

シルバー・レイク・ロッジ

P.26・83 森の駅「風穴」
P

P.26 富岳風穴
寄生木

氷穴

富士パノラマライン

**P.26
鳴沢氷穴売店**

**P.26
鳴澤氷穴**
P

東海自然歩道樹海コース

未經鋪設，注意對向來車

ひばりケ丘ドライブイン

珍木館

鳴沢蝙蝠穴群

PADDY FIELD P.83

縣道富士宮鳴澤線，往富士宮的近路

鳴澤冰穴
なるさわひょうけつ

由熔岩的水蒸氣噴出後形成的豎穴式洞窟，屬於國家的天然紀念物。在全年都被冰覆蓋的夢幻洞窟中，能看見冰牆和冰柱等景觀。

緑理富士紅葉台別荘地

フォレスト鳴沢G&CC

鳴沢村

京王富士スバル
高原別荘地

71

富士風穴

本栖風穴

縣道口鹋口鹌湖

富士天神山スキー場

富士天滑雪場 P.83

大室山
▲1468

西湖·本栖湖·精進湖 Ⓝ

1:35,000
0　300　600m
地圖上的1cm為350m

◎景點　❌玩樂　❶美食　☕咖啡廳
🛍購物　♨温泉　🏠住宿　❀活動

周邊圖　附錄② P.5 B-1

八坂
三ッ沢
沢

三方分山
1422

甲府市
甲府南IC
グリーン公園
横沢橋
古関町

烏帽子山
▲1161
ヨコ沢頭
1426

身延町

根子

精進の大杉▲
P.40 いろいろ料理 ことぶき ❶
精進レークホテル前
精進レークホテル
P.83 樹林
精進山飯店
山田屋
金風荘
パノラマ台下
精進湖キャンピングコテージ▲
中ノ茶屋跡
精進キャンプ場
はつかり荘前
精進
精進湖畔
山田屋ホテル前
◎精進湖 P.82
▲湖畔荘キャンプ場
▲湖畔荘キャンプ場

本栖湖
もとすこ
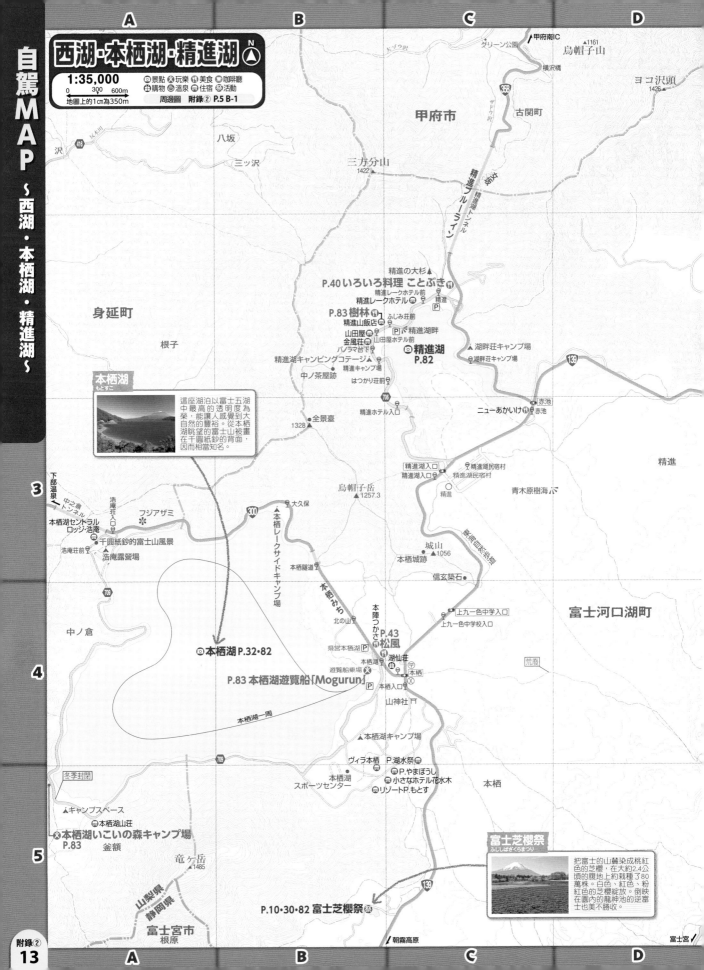
這座湖泊以富士五湖中最高的透明度為榮，能讓人感覺到大自然的豐裕。從本栖湖眺望的富士山被畫在千圓紙鈔的背面，因而相當知名。

全景臺
1328

精進ホテル入口

ニューあかいけ ❶
赤池
赤池

精進湖入口
精進湖入口
精進湖民宿村
精進湖民宿村
精進

青木原樹海 🏠

精進

下部温泉
中之倉トンネル
本栖湖セントラルロッジ浩庵
浩庵荘入口
浩庵荘前
千圓紙鈔的富士山風景
浩庵露營場

フジアザミ
✳

烏帽子岳
1257.3

大久保
本栖隧道

本栖レークサイドキャンプ場

城山
▲1056
本栖城跡
信玄築石

富士河口湖町

中ノ倉

上九一色中学入口
上九一色中学校入口

本栖みち

◎本栖湖 P.32·82

本栖湖一周

北の山
本陣つかさ
県営本栖湖
遊覧船乗場 ❌
P.83 本栖湖遊覽船「Mogurun」

P.43 松風 ❶
湖仙荘
本栖
本栖入口
本栖

荒廃

山神社 ⛩

本栖湖キャンプ場

ヴィラ本栖
本栖湖スポーツセンター
P.湖水祭
P.やまぼうし
小さなホテル花水木
リゾートP.もとす

本栖

冬季封閉

▲キャンプスペース
本栖湖山荘
釜額
❌本栖湖いこいの森キャンプ場 P.83

竜ヶ岳
1485

山梨県
静岡県

富士宮市
根原

富士芝櫻祭
ふじしばざくらまつり
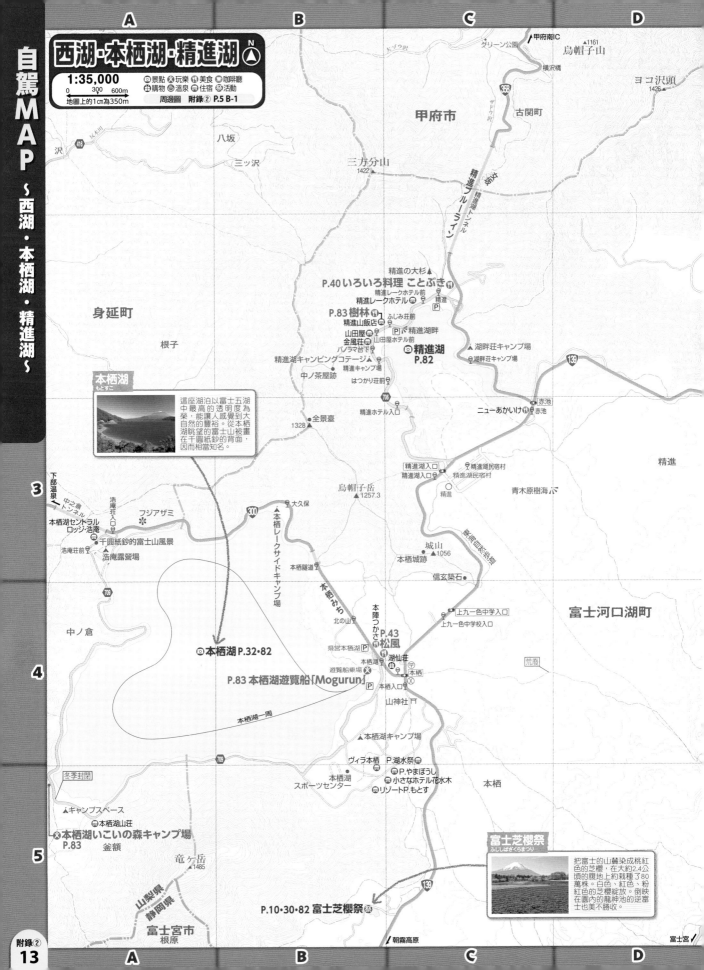
把富士的山麓染成桃紅色的芝櫻，在大約2.4公頃的腹地上約栽種了80萬株。白色、紅色、粉紅色的芝櫻綻放。倒映在園內的龍神池的逆富士也美不勝收。

P.10·30·82 富士芝櫻祭 ❀

朝霧高原

富士宮

帶回家OK！
富士山的湧水景點

從富士山麓的地底下湧出的美味名水，可以用水壺等容器裝起來帶回家。

御殿場 にいはしせんげんじゃこのはなめいすい
新橋淺間神社（木の花名水）

伏流水湧出的能量景點

據說創立時間也可以追溯到鎌倉時代的古老神社。從地下85m汲取的清水由於神社的主祭神而命名為木の花名水。汲水請遵照時間盛裝吧。

📞0550-83-0604
🕐自由參拜（汲水僅限7:00～19:00可利用）📍靜岡縣御殿場市新橋2083 新橋浅間神社内 🚃JR御殿場站步行5分
🅿5輛 **MAP** 附錄②P.14 B-5

朝霧高原 じんばのたき
陣馬瀑布

和源氏有關的清涼感十足瀑布

原來是源賴朝在進行富士圍獵時排兵布陣的場所。這座瀑布是懸掛在富士山湧水所流淌的五斗目木川上。周圍彌漫著無法言喻的清涼感，並有可以汲水的地點。

📞0544-27-5240（富士宮市觀光協會）
🕐自由參觀 📍靜岡縣富士宮市猪之頭
🚃JR富士宮站搭巴士往猪の頭50分，陣馬の滝入口下車，步行5分
🅿20輛 **MAP** 附錄②P.15 A-2

富士吉田
みちのえきふじよしだ
公路休息站 富士吉田

→附錄②P.20

小山
みちのえきすばしり
公路休息站 すばしり

→附錄②P.22

朝霧高原
1:45,000　周邊圖附錄②P.5 B-4
0 ────── 500m
地圖上的1cm約450m

🔭景點　🎡玩樂　🍴美食
☕咖啡館　🛍購物　♨溫泉
🏠住宿　❀活動

P.97 ❌朝霧Jamboree汽車露營場
峠の茶屋
P.86 Sky朝霧 ❌
朝霧高原周邊
朝霧高原的牧草地
朝霧ヴィーナスガーデンゴルフ
西富士霊園
広見育成牧場
朝霧ジャンボリーGC
銀座スエヒロ富士店
井之頭中
猪之頭入口
猪之頭公園
もちや遊園地
もちや二輪車会館
伊勢神明宮
富士養鱒場
P.33・附錄②P.15 陣馬瀑布
杵塚養鱒場
甘味そば処 さゝみ乃 P.86
猪之頭
人穴富士講遺跡
富士浅間神社
遠照寺
井之頭小
Field Dogs Garden
猪の頭オート
公民館
人穴
サカキ石油
ニュー富士
CAFE NATUREL
人穴小
朝霧高原オート
小田貫湿原
東海自然歩道
田貫神社
県営キャンプ場
富士開拓資料館
盲導犬総合センター
富士宮市
P.51休暇村富士富士山恵みの湯
田貫湖 P.32・86
日月倶楽部
富士見橋
田貫湖ふれあい自然塾
日大自然教育センター
ACN西富士
静岡県畜産試験場ふれあい広場
富士牛奶樂園 P.86・附錄①❌
天子の森オート
峠の茶屋
馬飼野牧場 P.27 ❌
小田急西富士GC
風の湯
白系滝北口

馬飼野牧場
まかいのぼくじょう

可以眺望富士山絶景的牧場。能透過騎馬或擠牛奶體驗等活動和動物親密接觸。奶油製作和陶藝體驗、牧場美食也都能盡情享受。

佐折
内野
白山神社
白糸滝養魚場
白糸小
フジヤマ病院
和乃泉
上井出
表富士
上井出IC
上井出小
JA
半野
音止瀑布
白絲瀑布 P.36
新田橋
琴平神社
本源寺
曽我八幡宮
蘇我兄弟の祠
寿命寺

白絲瀑布
しらいとのたき

因為流水有如從絕壁垂下絲線般流瀉而下的模樣，所以取了這個名稱。這座日本首屈一指的知名瀑布是由富士山融化的雪水從地層的交界線往下流瀉而形成，高達20m、寬達150m。

大倉川ダム
狩宿の下馬桜 ★
狩宿
民宿旅館 西の家
中井出会館
アマダ
北山IC

本栖湖

在富士山附近的SA·PA有許多種類豐富的店家。
不妨順路前往，盡情享用只有這裡才能品嚐的絕品美食吧！

我來介紹好吃的美食！

❤NEXCO中日本原創吉祥物 みちまるくん

山梨縣 ●だんごうさかサービスエリア

談合坂SA 上行

購物區規模最大的SA
以山梨特有的商品為中心，商店和餐飲區皆備有豐富齊全的產品。可以感受如同購物中心一般的興奮感。狗狗運動場也廣受歡迎。

📞info8:00～20:00（週六、日、假日為7:00～22:00）、餐廳11:00～22:00、美食區24H（部分11:00～21:00）、商店24H

MAP 附錄② P.2 F-1

P 小型425／大型70
WC 男小44·大14／女82
GS ENEOS

比擬成熔岩的凹凸不平水果乾餅乾

富士山火山餅乾
1080円 購物區

打開宛如字典的盒子，富士山就會從裡面跳出來的構造。適合當作伴手禮

簡單味道的超人氣菜單

醬油拉麵
800円 ラーメン大黒

在醬油基底的高湯上盛放叉燒、筍乾等配菜的王道口味

SA人氣No.1的霜淇淋

特製生乳霜淇淋
400円
ソフトクリーム工房

在談合坂販售的霜淇淋當中最受歡迎！入口即化的奶香口味

雞湯相當入味的湯頭是絕品

雞湯中華拉麵 鹽
780円 美食區

上面放著山梨縣知名品牌雞「信玄雞」的鬆軟雞肉糰子和叉燒！

下行SA限定的原創麵包

談合坂紅豆麵包
300円 麵包店

「談」的印記十分吸睛！裡面是紅豆餡和奶油的原創商品

知道賺到資訊

用DAN-GO TOURIST Guide取得最新資訊！
透過108英寸的大型顯示器傳播觀光資訊的「DAN-GO TOURIST Guide」。確認山梨的最新資訊，活用在旅程上面吧。

山梨縣 EXPASA ●だんごうさかサービスエリア

談合坂SA 下行

美食、伴手禮、設施都十分充實
這座SA是以舒適感為魅力，具備以幻視藝術為樂趣的放鬆空間和寬敞化妝室、男性也能利用的尿布交換室等設施。

📞info7:00～19:00（週六、日、假日為～22:00）、美食區24H、麵包店6:00～20:00、咖啡廳6:00～21:00、商店24H

MAP 附錄② P.2 F-1

P 小型330／大型49
WC 男小43·大21／女83
GS ENEOS

初狩PA ─ 大月JCT ─ 大月IC ─ 談合坂SA ─ 上野原IC ─ 藤野PA ─ 相模湖IC ─ 八王子JCT ─ 八王子IC ─ 石川PA ─ 國立府中IC ─ 稻城IC ─ 調布IC

圈央道

上行→
←下行

←勝沼IC

河口湖IC ─ 谷村PA ─ 都留IC

高井戸IC→

↓往東富士五湖道路

能遇見美麗山岳風景的高速道路
中央自動車道

人氣程度讓人認同的味道!

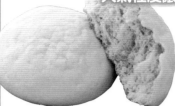

海老名 菠蘿麵包
250円 `ぽるとがる`

大尺寸的知名美食。添加哈密瓜果汁,風味豐富。裡面也是絕妙的鬆軟口感。

肥美Q彈的蝦子
好吃得讓人受不了

蝦蝦燒
690円 `うまいもの横丁`

外觀像章魚燒,但裡面是肥美Q彈的蝦子。特製的美乃滋是會吃上癮的味道

神奈川縣 ●えびなサービスエリア

海老名SA 下行

矚目店家齊聚的東名高速知名SA

從東京方向開過去最早出現的人氣SA。便宜美味的知名美食聚集的うまいもの横丁一定要走去看看!

⏱info7:00~22:00、美食區24H、麵包店6:00~20:00、商店24H 等

MAP 附錄②P.2 H-2

P 小型528／大型98
WC 男小62・大31／女123
GS ESSO

神奈川縣 EXPASA ●えびなサービスエリア

海老名SA 上行

從一般道路也能順路前往, 美食大集合的景點

可以品嘗使用當地名產的限定商品和豐富多彩的美食。從輕食到餐廳都能廣泛利用,也令人開心。

⏱info7:00~22:00、美食區24H、商店24H 等

MAP 附錄②P.2 H-2

P 小型447／大型89
WC 男小59・大31／女105
GS ENEOS

IDEBOK娟珊牛奶 霜淇淋
420円 `IDEBOK`

天然無添加,帶有牛奶原本的清爽味道。使用原創生乳的霜淇淋

享用牛奶原本的味道吧!

櫻花蝦的風味是美味關鍵!

蝦鹽拉麵
880円 `らーめんたいざん`

讓櫻花蝦的香味油浮在「鹽味拉麵」上面的香濃拉麵

富士山形狀的SA美食

富士山 歐姆蛋燴飯
1380円 `Lotus Garden`

使用當地御殿場雞蛋的歐姆蛋燴飯。在富士山形狀的歐姆蛋上面淋上充足的絕品醬汁

御殿場傳統的款待蕎麥麵

御廚蕎麥麵
800円 `御廚亭`

在喜事等場合拿來招待客人的傳統料理。蕎麥麵的連結材是使用山藥,醬汁是使用富士山的伏流水

靜岡縣 EXPASA ●あしがらサービスエリア

足柄SA 上行

放鬆設施十分充實的SA

設計能讓人感覺到木頭溫暖質感的建築物。可以眺望富士山的露天座位也很不錯。可以住宿和休息、入浴的高速公路飯店也整備完善。

⏱info8:00~20:00、餐廳6:00~22:00(視店鋪而異)、金時湯12:00~翌10:00、商店24H等

富士山菠蘿麵包
230円 `Lotus Garden`

外酥內軟的麵包相當絕妙。只要一邊觀賞富士山一邊品嘗,就會更好吃!

MAP 附錄②P.6 H-1

頂部蓋著白雪的足柄SA人氣麵包

P 小型431／大型165
WC 男小67・大21／女90
GS 昭和殼牌

靜岡縣 EXPASA ●あしがらサービスエリア

足柄SA 下行

在豐富多彩的足湯悠哉地休息吧

裝著大片玻璃的建築物讓人印象深刻的SA。有能飽覽金時山風景還附三溫暖的展望浴池、能進行溫泉魚療的足湯。

⏱info7:00~19:00、餐廳11:00~21:00(週六、日、假日為7:00~)、あしがら湯10:00~翌8:00、足湯咖啡7:00~19:00、商店24H等

藁燒朝霧優格豬肉火腿
1944円 `足柄の森レストラン`

把肉厚多汁的優格豬肉火腿用稻草烤得香味四溢的逸品

使用特產火腿的必吃美食

MAP 附錄②P.6 H-1

P 小型325／大型240
WC 男小62・大18／女95
GS ENEOS

知道賺到資訊

可以一邊眺望金時山和富士山,一邊浸泡每日更換的足湯。還備有特選果汁等飲品!

連接東京與愛知的日本大動脈
東名高速道路

御殿場IC｜足柄SA｜鮎沢PA｜大井松田IC｜中井PA｜秦野中井IC｜厚木IC｜海老名JCT｜海老名SA｜橫浜町田IC

圈央道

←往P.18接續

小田原厚木道路

上行→
←下行

東京IC→

靜岡縣 NEOPASA ●するがわんぬまづサービスエリア

駿河湾沼津SA 上行

飽覽廣大的太平洋景色吧!

在新東名高速唯一能環視大海的SA。以地中海為印象設計的建築物具備類型豐富的15家店鋪。

🚶info9:00~19:00(週六、日、假日為8:00~)、餐廳11:00~20:30(21:00打烊)、美食區視店鋪而異(部分24H)、投幣式淋浴間24H、商店24H 等

MAP 附錄②P.6 E-4

牛奶的濃醇
滋味擴散開來

IDEBOK霜淇淋

400円 **富士山高原IDEBOK**

使用在關東地區連續3年獲得最優秀獎的品質評價的現榨優質生乳

放得滿滿的鮪魚
令人感動!

海味讓人
超滿足!

奢侈地使用
由比的魩仔魚

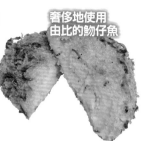

魩仔魚
可樂餅

210円 三八

連裡面都充滿由比的魩仔魚。麵衣也有大量魩仔魚,風味香濃

醃漬鮪魚丼

1300円

沼津港海鮮食堂
サマサ水産

盛著3種鮪魚的人氣海鮮丼。可以盡情地品嘗鮪魚的美味

代表靜岡的當地美食

用靜岡的風格享用特等牛舌

しおや厚切り定食

1780円 しおや

可以品嘗究極的牛舌。這道逸品雖然是超厚切,但肉質卻是柔軟多汁

知道賺到資訊

震撼力十足!
鮪魚的解剖秀

上下線都會在週六、日、假日限定舉辦的鮪魚解剖秀。骨邊肉和下巴等魚肉也能在猜拳大會和競拍等節目中便宜地購買。

靜岡關東煮

各120円

ドライバーズ・
スポット天神屋

靜岡知名的當地美食「黑色關東煮」。試著依照喜好加入青海苔和高湯粉、味噌吧

混入濃厚的法蘭絨濾泡式咖啡

靜岡縣 NEOPASA
●するがわんぬまづサービスエリア

駿河湾沼津SA 下行

能眺望絕景的療癒景點

以開展在眼前的大海為主題,打造成藍色基調,呈現出作為療癒空間的Aqua Zone。一邊觀賞高地特有的景色,一邊休息吧。

🚶info9:00~19:00(週六、日、假日為8:00~)、餐廳11:00~21:30(22:00打烊)、投幣式淋浴間24H、商店24H等

MAP 附錄②P.6 E-4

咖啡霜淇淋

430円 上島珈琲店

使用以雙倍法蘭絨濾泡法萃取的香醇咖啡。雖然很濃厚,但是後味很清爽

魅力十足的SA有很多!

新東名高速道路

駿河湾沼津SA

長泉沼津IC

上行➡
◀下行

御殿場JCT

愛鷹PA 沼津IC 裾野IC 駒門PA

御殿場IC

東名高速道路

上行➡
◀下行

←延續自P.17

靜岡縣 NEOPASA ●しみずパーキングエリア

清水PA 上下線共通

汽車和機車的愛好者相當熟悉的SA

車庫風格的外觀，欣賞汽車和機車的人們休息的場所。人氣的服飾店和時尚的雜貨等購物區也是豐富多彩。

📍info9:00～19:00(週六、日、假日為8:00～)、美食區9:00～21:00、商店8:00～21:00等

MAP 附錄② P.3 B-5

P	一般道路能利用 小型116／大型37(上行) 小型116／大型32(下行)
WC	男小14‧大6／女30(上行) 男小18‧大8／女42(下行)
GS	無

廣受女性歡迎的新感覺拉麵

嫩豆腐拉麵
860円 美食區

使用靜岡縣產鹽滷的自製豆腐很美味。有雞肉、海鮮等4種口味，辣度有3種能選擇

品嘗人氣的當地咖哩吧

清水內臟咖哩(外帶)
550円 富士 旬粹

熱騰騰的咖哩和味道確實入味的柔軟內臟是絕品。適合有點餓的時候

大亨堡
640円～ KUSHITANI CAFE

當場把生香腸煮熟的原創大亨堡。推薦搭配咖啡一起品嘗

在機車騎士會去的咖啡廳中是最推薦的菜單

知道賺到資訊

被富士山景觀療癒吧♪

清水PA是新東名高速道路沿途少數能看見富士山的休息設施。在天氣好的日子能眺望雄偉富士山的小展望台，是內行人才知道的攝影景點。

推薦給汽車&機車的愛好者！

正面入口附近的展示空間會展示熱門的汽車和機車。週末也會舉辦有關汽車和機車的活動。

美味的富士山造型麵包令人著迷

富士山奶油麵包
206円 麵包店

這是富士川SA下行線的原創麵包，裡面是卡士達奶油，頂部覆蓋的白雪是用糖霜的裝飾來表現

知道賺到資訊

富士山景觀的美食區

能一邊眺望美麗的富士山，一邊享用餐點。獲選日本夜景遺產的夜景十分精彩壯觀。

一口氣享用3種海味

鮪魚駿河丼
1100円 のっけ家

在店家自豪的鮪魚骨邊肉上盛放清煮櫻花蝦、魩仔魚、溫泉蛋

靜岡縣 ●ふじかわサービスエリア

富士川SA 下行

從高地飽覽遼闊的全景吧

作為富士山的觀景點在攝影師之間也很有名的SA。散步道整備完善，因此也相當適合放鬆身心靈。

📍info9:00～19:00(週六、日、假日8:00～)、麵包店7:30～19:30、便利商店24H、美食區9:00～21:00(部分24H)、商店8:00～21:00

MAP 附錄② P.7 B-4

P	小型213／大型56
WC	男小24‧大15／女40
GS	ENEOS

靜岡縣 EXPASA ●ふじかわサービスエリア

富士川SA 上行

從一般道路也能順路過去，美食大集合的景點

附設高速公路休息區「富士川楽座」。有許多外帶區，晴天也很推薦在戶外休息。

MAP 附錄② P.7 B-4

📍info8:00～18:00(週六、日、假日～19:00)、美食區視店鋪而異、商店24H等

P	一般道路能利用 小型218／大型39
WC	男小16‧大8／女36
GS	ゼネラル

當地美食的富士宮炒麵

醬汁炒麵
640円 うるおいてい

這道逸品會在Q軟麵條中拌入講究的自製醬汁

知道賺到資訊

大摩天輪「Fuji Sky View」

不只是富士山，連富士市的市區和駿河灣都能瞭望的摩天輪。日落後會用色彩繽紛的燈飾點燈。

📍10:00～21:00 ¥1圈700円

好～想坐坐看！

←靜岡SA 中部橫斷自動車道

←日本平PA	新靜岡IC	新清水JCT	清水いはらIC 清水IC	清水PA	新清水IC	新富士IC
				由比PA		富士川SA
		清水JCT				富士IC

138 山梨縣 富士吉田

ℹ️🍴☕🥕⏰🏛️ **MAP** 附錄② P.14 C-3

富士吉田
ふじよしだ ⭐⭐

以吉田烏龍麵為首，使用當地特產品的美食一應俱全。其他還有小朋友會開心的室內遊樂園、傳達富士山頂氣象觀測歷史的富士山雷達巨蛋館等，全家都能暢遊的設施也豐富齊全。

📞**0555-21-1225**
🕐9:00～19:00（視季節而異）、輕食為10:00～17:00（視季節而異） 休無休 所山梨縣富士吉田市新屋1936-6
🚗中央自動車道河口湖IC走國道138號往山中湖車程4km
🅿️218輛

都豐富多樣美食和遊樂景點

富士山景觀
地理位置絕佳，磅礡壯觀的富士山就聳立在設施後方。從展望台眺望的風景特別漂亮。

當地美食和伴手禮一應俱全

公路休息站 16 個景點

🧤🍴 **馬肉包** 350円

用肉包重現吉田烏龍麵。把馬肉和冬粉、高麗菜用甜麵醬調配出甜味

🍴 **富士山雷達巨蛋咖哩** 550円

主題是在富士山頂曾實際使用的氣象雷達。放入滿滿的季節當地蔬菜

🧤🍴 **肉烏龍麵** 450円

因為令人驚訝的十足彈性，所以愛好者接連出現。馬肉的美味和清脆的高麗菜是重點

🍴 **晴王麝香葡萄霜淇淋** 500円

使用山梨縣產晴王麝香葡萄果汁的原創霜淇淋。從販售開始就持續熱賣的人氣美食

也有添加富士山啤酒的當地啤酒屋的豬肉咖哩 1包621円！

2瓶並排就會出現富士山！

🛒 **富士山啤酒** 1瓶1350円

用富士山的天然水釀造的當地啤酒。有皮爾森啤酒、深色小麥啤酒、德國小麥啤酒3種

🛒 **富士山彈珠汽水** 1瓶309円

使用富士山天然水的彈珠汽水。多達410㎖，分量充足，能享受清爽的口感

🛒 **竹炭黑麵** 378円

當地高中生所研發，揉入竹炭的漆黑烏龍麵。十分吸睛

在富士山麓的休息站有許多活用當地特徵的美食和伴手禮！下面介紹在這裡絕對會想吃的逸品和不容錯過的單品!!

位在公路休息站 矚目景點！

耗時數十年湧出的微甜軟水
富士山天然水汲水場

滲入富士山地底下的雨水和融化的雪水耗時25～40年湧出的清水。含有恰到好處的礦物質成分，廣獲美味的好評。

🕐休準同公路休息站 富士吉田

能學習富士山雷達的歷史
富士山雷達巨蛋館

由曾在山頂使用的設施移建而成。能學習關於雷達巨蛋的影像劇院、能體驗山頂氣候的專區等精彩之處豐富多樣。

📞**0555-20-0223** 🕐9:00～16:30（17:00閉館）休週二（逢假日則翌日休，7&8月為無休） ¥610円

圖例
ℹ️道路資訊 🍴餐廳
🛒商店 🏃產地直賣所
🔭展望台 🏛️博物館

10 靜岡縣 富士

ℹ️ 🍴 🪣 🥕 👁️ 🏛️ MAP附錄②P.7 B-4

富士川樂座
ふじかわらくざ

附設在東名高速道路富士川SA上行線，從高速公路或一般道路都能造訪的便利公路休息站。全年多達340萬人造訪的人氣景點。除了美食和伴手禮以外，還具備富士山風景絕佳的餐廳、天象儀等娛樂設施。

📞 0545-81-5555

🕗8:00～21:00（視設施而異）　休無休　所靜岡縣富士市岩淵1488-1　🚗東名高速道路富士IC走國道139號、縣道353號、一般道路、縣道396‧10號往身延車程8km（直通東名高速道路富士川SA上行線）　Ｐ270輛

美食、伴手禮、娛樂十分充實！

富士山景觀
能一望世界遺產的富士山、日本三大急流的富士川、富士市的絕佳富士見景點。

🍴 **富士宮炒麵** 500円

遵循富士宮炒麵學會的規定製成的菜單。撒上油渣、柴魚粉，美味得讓人心滿意足

🍴 **赤富士烤牛肉丼** 980円

表現出沐浴在夕陽下而染成紅色的富士山。烤牛肉豐盛飽滿，品嘗後會十分滿足！

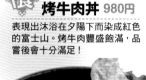

🍴 **南方黑鮪中腹肉丼** 2000円

使用鮪魚批發商鑑定的鮪魚，奢侈地把脂肪肥美的中腹肉做成丼飯品嘗

🍴 **碗子丼** 900円

能享用駿河灣名產的生魩仔魚和櫻花蝦的套餐（全年提供）

駿河灣生產的櫻花蝦鮮甜又好吃！

🛒 **櫻花蝦仙貝** 378円

揉入在駿河灣捕獲的櫻花蝦，再烤成口感酥脆的仙貝
※商品由於季節、漁獲量的關係，內容會有變更、停售的情況

🍴 **おこたま** 1個250円

把什錦燒和煎蛋放在上面！夾入當地食材的富士市發祥的單手美食

🛒 **靜岡關東煮** 1150円

即使在家也能簡單地品嘗以黑色高湯和黑鱈寶為特徵的靜岡關東煮

💰 **衛生紙** 92円～

製紙業興盛的富士市特有商品。推薦給想購買別具一格的伴手禮的人

位在公路休息站矚目景點！

當地的美味蔬菜大集合
富士之國樂座市場

可以購買當地農家培育的現採蔬菜和水果、花卉等。依照日期也會舉辦實惠的活動。

🕘9:30～17:00（週六、日、假日為～20:00）　休無休

親子能共享的休閒天象儀
歡樂劇場

由最高水準的星空投影機和4K放映機播放出來的星空和宇宙空間，十分精彩！任何人都能輕鬆地觀賞真正的天象儀。

🕙10:00～16:45（週六、日、假日為～18:00）　休週二　¥600円

富士櫻霜淇淋
【食】350円

大量添加富士櫻的櫻桃果汁，粉紅色的可愛霜淇淋

蒸饅頭
【買】1個119円

色彩繽紛的手工饅頭是揉入鳴澤菜等食材，種類豐富，口味懷舊

せんどそば
【食】500円

上面放滿當地白蘿蔔的鳴澤鄉土料理。依照喜好添加辛辣的青辣椒

鳴澤是鮮嫩甘甜高麗菜的產地！

餅乾的天婦羅
【買】100円

在鳴澤村的祭典中從以前就在吃的鄉土料理。吃上癮的甜味適合當作點心

位在公路休息站 矚目景點！

更加瞭解富士山的事情吧！
富士山博物館
ふじさんはくぶつかん

能透過巨大模型和影片快樂地學習富士山相關知識的博物館。在博物館商店能挑戰製作能量石手鍊。

☎0555-20-5600
🕐9:00～18:00（視時期而異）　休無休　¥免費

高麗菜酒
720ml 1400円

利用甘甜鮮嫩鳴澤高麗菜的獨特酒飲。復古的包裝也相當吸睛

富士山景觀

從展望台眺望的風景廣受好評。能環視震撼力十足的富士山，以及開展在山腳緩坡的青木原樹海。

能獲得便宜新鮮的蔬菜！

139 山梨縣 鳴澤　ｉ🍴🥤🌱👁🏛
MAP 附錄②P.12 H-3

なるさわ ★★

能用實惠的價格購買新鮮高原蔬菜的人氣景點。當作自用的伴手禮，盡情地享用當地的口味吧。也有能眺望磅礡壯觀的富士山的休息室、能汲取鳴澤村美味清水的「不尽の名水」區等設施，多種目的都能利用。

☎0555-85-3900
🕐9:00～18:00，餐廳為9:30～17:30（視時期而異）　休無休　所山梨縣鳴澤村ジラゴンノ8532-63　🚗中央自動車道河口湖IC走國道139號往富士宮車程8km　P261輛

山そだち
【買】3包裝500円

當地小山町的山葵店所販售的山葵最中餅。在白餡中添加新鮮山葵泥的逸品。需冷藏

富士山強力烏龍麵
【食】520円

揉入當地小山町生產的御殿場越光米，口感Q軟的烏龍麵

小山町是「日本野鳥協會」的發源地

富士山麓豬的豬丼
【食】980円

使用在大自然充沛的環境中長大的品牌豬的特製丼。襯托出豬肉天然美味的醬油醬汁很可口

日本野鳥協會手套
【買】648円

鳥的記號很可愛的手套。也推薦在富士登山或健行時用來保護雙手

位在公路休息站 矚目景點！

雄偉富士山的風景 美不勝收的奢華足湯
足湯すばしり

這處免費的足湯景點能治療因駕駛或觀光而疲倦的雙腿。可以一邊眺望震撼力十足的富士山，一邊度過奢侈的時間。

🕐10:00～17:00（視時期而異）　休無休（冬季停業）　¥免費

富士山景觀

因為是離富士山最近的公路休息站，所以能實際體驗富士山的巨大。從餐廳眺望的景觀特別漂亮。

離富士山最近的公路休息站

138 靜岡縣 小山　ｉ🍴🥤🌱👁🏛
MAP 附錄②P.4 F-4

すばしり ★★

直通東富士五湖道路須走IC，位在最接近富士山的場所的公路休息站。因為距離很近，所以作為富士山的絕景景點也廣受歡迎。從餐廳的露天座位能享受近距離瞭望的樂趣。以講究稻米的美食及能免費浸泡的足湯而自豪。

☎0550-75-6363
🕐9:00～20:00（視時期而異）　休無休　所靜岡縣小山町須走338-44　🚗東富士五湖道路須走IC即到　P111輛

食 肉丼 700円

大量使用朝霧優格豬和當地生產青蔥的最受歡迎丼飯

買 朝霧牛奶
900㎖ 1080円

從牛的飼料開始講究的公路休息站推薦商品。包裝上的牛插畫也很可愛

食 平日限定10份的朝霧漢堡排定食
1300円

搭配甜味的多蜜醬汁，飯一口接著一口吃。使用朝霧牛和朝霧優格豬的粗絞肉

買 朝霧優格豬維也納香腸
200g 555円～

使用朝霧優格豬的粗絞肉製成的多汁美食。也有添加起司或添加紫蘇的口味

富士山景觀

酪農建築風格的建築物和富士山很相配。作為攝影景點廣受歡迎

享用充滿高原美味的美食

位在公路休息站 矚目景點！

品嘗高原的美味吧
ビュッフェ
レストランふじさん

位在鄰接的朝霧FOOD PARK中的餐廳。活用新鮮當季食材的日式、西式、中式等料理豐富多彩。

☎0544-29-5501
⏰10:30～14:30
休不定休 ¥自助餐料理(70分鐘)1800円

---

139 靜岡縣 富士宮 ℹ️🍴🥤🏪🥕👁️🏛️
MAP附錄②P.5 B-3

朝霧高原
あさぎりこうげん ★★

以在當地朝霧高原長大的牛的牛奶製成的乳製品、早晨現採的蔬菜等食材都廣受歡迎。下午會陸續售罄，因此請記得早點去購物吧。餐廳能品嘗使用當地食材的料理，也廣受好評。

☎0544-52-2230 ⏰8:00～17:30，12～2月為～17:00；餐廳為～17:00(17:30打烊)，12～2月為～16:30(17:00打烊) 休無休 📍靜岡縣富士宮市根原宝山492-14 🚗新東名高速道路新富士IC走國道139號往富士五湖車程29km P135輛

---

246 靜岡縣 小山 ℹ️🍴🥤🏪🥕👁️🏛️
MAP附錄②P.4 H-5

ふじおやま

在能眺望富士山的餐廳中，可以品嘗使用「御殿場越光米」的原創菜單。產地直賣所會販售早晨現採的新鮮蔬菜和加工品。冬季也會販賣小山町的特產品「水掛菜」。

☎0550-76-6600
⏰7:00～20:00、餐廳為8:00～19:00 休無休 📍靜岡縣小山町用沢72-2 🚗東名高速道路御殿場IC走縣道401號、國道246號往山中湖車程8km P106輛

以當地美食和富士的風景為榮

食 三島可樂餅
140円

這種可樂餅是使用名為三島馬鈴薯的馬鈴薯。熱騰騰的樸素口味相當受歡迎

買 金太郎的熊銅鑼燒
1個130円

在揉入竹炭的麵糰中夾入蜂蜜和人造奶油，口味絕妙的銅鑼燒

---

710 山梨縣 富士河口湖 ℹ️🍴🥤🏪🥕👁️🏛️
MAP附錄②P.9 C-4

かつやま

位在河口湖南岸，可以享受湖畔散步的樂趣。走在1.6km的湖畔步道，盡情享受大自然吧。富士五湖周邊的觀光資訊應有盡有，美食也是豐富多彩，因此十分值得順路前往。ITORIKI CURRY也很受歡迎。

☎0555-72-5633
⏰9:00～17:00 休無休 📍山梨縣富士河口湖町勝山3754 🚗中央自動車道河口湖IC走國道139號、縣道707‧714‧710號往奧河口湖車程6km P105輛

知名咖哩和地理位置超受歡迎

買 ITORIKI CURRY
800円

文案撰稿人糸井重里先生稱讚是世界上最美味的咖哩。備有4種口味

買 高野竹工藝品
1500円～

細心編織而成的勝山特產竹籠。使用在富士山2合目附近自然生長的高野竹

圖例 ℹ️道路資訊 🍴餐廳 🏪商店 🥕產地直賣所 👁️展望台 🏛️博物館

300 山梨縣 身延

MAP 附錄②P.5 A-2

🏔 しもべ

可以享用山林美食

附設在下部農村文化公園，充滿山林樸素氣氛的公路休息站。在農產直賣所中，使用當地食材的特產品一應俱全。香濃的味噌、醃漬小梅、伽羅蕗、味噌冰淇淋等美食都廣獲好評。

買 下部味噌 650円

使用當地生產的大豆，以傳統手法手工製作的無添加味噌，廣受歡迎。

📞 0556-20-4141
🕐 9:00～17:00（5～9月為～18:00），餐廳為11:00～16:00
休 週三
所 山梨縣身延町古關4321 🚗 中部橫斷自動車道六鄉IC 6km
🅿 72輛

---

52 山梨縣 身延

MAP 附錄②P.3 B-2

🏔 みのぶ 富士川観光センター
みのぶふじかわかんこうセンター

可以享受豐富多彩的手工藝體驗

位在富士川手藝公園內的公路休息站。不僅能在和紙工房體驗當地的傳統工藝，還能在製造館體驗製作手工藝。園內不僅能享受獨木舟和BBQ的樂趣，還能在法式餐廳用餐。

買 しだれゆば 650円

ゆば工房 五大的生豆皮。以身延町生產的大豆和水製作的生豆皮。口感入口即化又美味。

📞 0556-62-5600
🕐 9:00～17:00
休 週三（逢假日則翌日休）
所 山梨縣身延町下山1597 富士川クラフトパーク內 🚗 中部橫斷自動車道六鄉IC 10km 🅿 567輛

---

52 山梨縣 南部

MAP 附錄②P.3 B-4

🏔 とみざわ

山梨縣的公路休息站第1號

以巨大竹筍的紀念碑為標誌的公路休息站。不只能享用鄉土料理，還能取得山梨縣產葡萄酒等美食。竹筍是向農家直接進貨，產期為4月，帶著當地才有的絕品滋味。

買 竹筍派 580円

把添加碎切竹筍的白餡用派皮包裹的點心。獨特的口感會吃上癮。

📞 0556-66-2260
🕐 8:30～18:00（週六、日、假日為8:00～），餐廳為～17:00
休 無休
所 山梨縣南部町福士28507-1 🚗 新東名高速道路新清水IC 15km 🅿 58輛

---

20 山梨縣 甲州

MAP 附錄②P.3 D-1

🏔 甲斐大和
かいやまと

手工饅頭廣受歡迎

以金字塔形狀的屋頂為標誌的公路休息站。商店會販售農產品和特產品。名產是揉入牛蒡葉片且味道樸素的「裏白饅頭」（週三停產）。輕食區能享用甲州炸豬排丼等美食。

食 甲州炸豬排丼 680円

把大塊炸豬排和豐盛高麗菜放在飯上，再淋上醬汁品嘗，就是甲州流。

📞 0553-48-2571
🕐 9:00～18:00（視時期而異）
休 無休（輕食為週三、手打蕎麥麵店為週四）
所 山梨縣甲州市大和町鹿野2248 🚗 中央自動車道勝沼IC 7km 🅿 70輛

---

140 山梨縣 中央

MAP 附錄②P.3 C-1

🏔 とよとみ

當地的新鮮蔬菜和火腿齊聚

現採蔬菜和手工香腸等加工品豐富多樣。菜單會使用以柔軟多汁和微甜脂肪為特點的甲州富士櫻花豬，可以細細品嘗。高糖度的Gold Rush甜玉米也廣受歡迎。

買 玉米 時價

Gold Rush這種品種生吃也很美味。這種夏季蔬菜已成為這座公路休息站的代名詞。

📞 055-269-3424
🕐 9:00～18:00
休 第3週一（逢假日則翌日休）
所 山梨縣中央市淺利1010-1 🚗 中央自動車道甲府南IC 4km 🅿 90輛

---

52 山梨縣 富士川

MAP 附錄②P.3 B-1

🏔 富士川
ふじかわ

在寬敞的草皮放鬆身心！

產季不僅備有富士川町的特產品柚子、法蘭西梨，還會販售原創商品。必看景點是草皮廣場的「富士川龍門」。它是現居北杜市的藝術家クマさん（篠原勝之先生）所打造的紀念碑。

食 耳朵餺飥麵套餐 850円（1天限量20份）

富士川谷地區食用的一口尺寸的獨特餺飥麵。蔬菜也很豐盛。

📞 0556-48-8700
🕐 9:00～18:00（餐廳為～17:30）
休 無休
所 山梨縣富士川町青柳町1655-3 🚗 中部橫斷自動車道增穗IC 500m 🅿 79輛

---

139 山梨縣 都留

MAP 附錄②P.2 E-1

🏔 つる

縣內唯一的重點公路休息站

除了當地蔬菜的直賣所、能品嘗富士湧水豬的餐廳以外，還有草皮廣場和兒童區。也會舉辦體驗教室和各式各樣的活動。還是獲選定為地區振興據點的重點公路休息站。

買 富士湧水豬（里肌肉） 298円（100g左右，未稅）

在當地養豬場培育的豬肉。帶有恰到好處的脂肪，後味清爽。

📞 0554-43-1110
🕐 9:00～17:30（視時期而異）
休 無休（1～3月為一個月2次平日休）
所 山梨縣都留市大原88 🚗 中央自動車道大月IC 5km 🅿 78輛

---

413 山梨縣 道志

MAP 附錄②P.2 F-2

🏔 どうし

使用豆瓣菜的菜單廣受歡迎

以日本數一數二的豆瓣菜出貨量為榮的道志村。在提供當地主婦手作料理的餐廳，能品嘗當地生產的豆瓣菜美食，廣受好評。使用以清爽脂肪為特點的道志豬製成的加工品也很推薦。

食 豆瓣菜沾麵 490円

把揉入道志村生產豆瓣菜的麵條蘸和風醬汁品嘗的人氣當地美食。

📞 0554-52-1811
🕐 9:00～18:00（夏季為～19:00）
休 無休
所 山梨縣道志村9745 🚗 中央自動車道都留IC 20km 🅿 108輛

---

1 神奈川縣 箱根

MAP 附錄②P.2 F-4

🏔 箱根峠
はこねとうげ

在眺望風景絕佳的公路休息站休息

這處絕佳觀景點不只能瞭望蘆之湖和箱根的群山，在蒙受天候恩惠時也能眺望富士山。有輕食區能品嘗必吃的咖哩、盛滿山珍美食的蕎麥麵、烏龍麵，還有商店能購買寄木細工。

食 山菜蕎麥麵 550円

上面放著調味適中的山菜。一邊眺望景色一邊品嘗的蕎麥麵格外美味。

📞 0460-83-7310
🕐 9:00～17:00，輕食區為～16:00
休 無休
所 神奈川縣箱根町箱根381-22 🚗 東名高速道路裾野IC 19km 🅿 23輛

人人出版・旅遊書的專家

讓我們用小小的篇幅告訴你為什麼日本這麼好玩
因為日本有好棒的吃喝玩樂，百樣豐富
總讓人想要一去再去呀

河口湖・山中湖 富士山 contents 1

能拆下使用的 2 大附錄

附錄 1 **富士山麓 美食 ★ 之王** & 富士山周邊**自駕遊規劃MAP**

附錄 2 **富士山周遊 自駕 MAP**

就算
你不是鐵道迷也
心動！

豐富精采圖片讓你已置身在列車之旅中。

以地圖方式呈現周邊景點，為列車之旅量身打造專屬兩天一夜小旅行。

介紹多達67款的觀光列車，列出詳細乘車資訊，一目了然讓你輕鬆上手，選擇喜歡的列車去搭乘吧！

世界鐵道系列

日本
觀光列車之旅
Japanese Train Rides in Japan

掛保證
達人景紹

新鮮又好玩！
坐火車去吧！

系列姊妹作：
《日本絕景之旅》
《日本神社與寺院之旅》

定價450元

▶ 行程範例、票務資訊、延伸旅遊、乘務員才知道的職人推薦…超完備的日本觀光列車搭乘指南

MAPPLE
まっぷる
哈日情報誌

河口湖·山中湖
富士山 contents ②

 **MAPPLE** 昭文社

 DiGJAPAN!

 Japan.
Endless
Discovery.

日本旅遊情報網站

DiGJAPAN!

繁體中文

深度挖掘日本好玩、好吃、好看的旅遊資訊!!
無論您是旅遊日本的入門者還是重度使用者
DiGJAPAN! 都將帶給您最新鮮、有趣的精彩內容!

✔ 最新資訊滿載

人氣景點、觀光資訊、日本國內話題
商品以及賞櫻、賞楓等季節性活動,
快速掌握和發送日本最新且精彩
的旅遊情報。

✔ 高CP值行程規劃

多樣主題性的周遊行程規劃。教您
如何在有限的旅遊天數內,有效地
使用電車或巴士觀光、購物和享用
美食。

✔ 豐富的旅遊資訊

羽田機場到東京的交通方式、迴轉
壽司如何吃才道地、還有鞋子衣服
尺寸對應表,無論初次或多次旅遊
日本都可方便使用的實用資訊。

DiGJAPAN!	Search

https://digjapan.travel/zh_TW/

馬上來看DiGJAPAN!
精彩的日本旅遊資訊

 粉絲突破40萬人! 每日發送日本最新旅遊情報!

日本旅遊達人, MAPPLE   https://www.facebook.com/mapple.tw

旅行的基本Q&A

Q富士山麓的旅行推薦哪裡呢

A在富士五湖的周邊可以享受湖畔度假和大自然。富士山五合目或富士急樂園等動態旅行則推薦富士吉田。在靜岡一側，富士野生動物園或Outlet、牧場等能玩一整天的設施也廣受歡迎。

Q富士山在什麼時候能清楚看見？

A在12～1月天氣持續晴朗且濕度低的日子容易看見，在濕度高的6～8月則不易看見。早晨很推薦，不過即使是晴天，在氣溫上升的10時左右有時也會被雲遮住。

Q告訴我知名的當地美食！

A說到山梨的必吃美食，肯定是餺飥麵。其他像是富士吉田也有吉田烏龍麵，鄉土美食豐富多樣。靜岡不僅有海味，富士宮炒麵也一定要吃。在山麓以熱門話題的富士山為主題的美食也關注看看吧。

MAPPLE まっぷる 哈日情報誌 河口湖·山中湖 富士山 所介紹的

富士山麓 是這樣的地方！

宏偉的富士山和美麗的湖泊群讓許多人為之著迷。山梨一側的湖畔度假區、靜岡一側的高原度假區都散布著休閒設施，能享受大自然的神祕和奢侈的時光。

神祕的湖泊和未經破壞的大自然寶庫
西湖·本栖湖·精進湖 區域 P.80
さいこ もとすこ しょうじこ

富士芝櫻祭

一片冰之世界的鳴澤冰穴

寧靜森林環繞的西湖。五湖中最小卻獨具存在感的精進湖。深藍色很夢幻的本栖湖。大自然遍布的青木原樹海和風穴、冰穴探險也很好玩。

觀光景點	
鳴澤冰穴、富岳風穴	P.26
青木原樹海	P.81
本栖湖	P.82

美麗的湖畔具備豐富的休閒設施
河口湖 區域 P.58
かわぐちこ

河口湖

山梨縣立富士山世界遺產中心

在以東南岸的船津周邊為主的湖畔，有旅館和餐廳比鄰而立，展現出富士五湖最熱鬧的景象。也稱為「香草之鄉」，大石公園等地方都會舉辦香草節。

觀光景點	
大石公園	P.24
山梨縣立富士山世界遺產中心	P.61

讚揚靈峰富士的登山據點
富士吉田 區域 P.74
ふじよしだ

北口本宮富士淺間神社

富士吉田的知名美食吉田烏龍麵

曾作為富士信仰的中心、北口本宮富士淺間神社的門前町而繁榮。不僅是富士登山的據點，也有和富士山有關的活動。富士急樂園也廣受歡迎。

觀光景點	
富士急樂園	P.52
北口本宮富士淺間神社	P.76

恬靜的酪農地帶充滿精彩景點
朝霧高原·富士宮 區域 P.84
あさぎりこうげん ふじのみや

朝霧高原

富士宮炒麵

本栖湖南方到白絲瀑布間布滿放牧草地的朝霧高原。富士宮知名的富士宮炒麵也一定要吃。白絲瀑布和富士山本宮淺間大社等精彩景點也很多。

觀光景點	
白絲瀑布	P.36
富士山本宮淺間大社	P.84

豐富多樣的美食&娛樂
御殿場·十里木 區域 P.88
ごてんば じゅうりぎ

御殿場PREMIUM OUTLETS

富士野生動物園

可以近距離觀賞富士山的御殿場。巨大的OUTLETS和景色優美的溫泉等設施也是豐富多樣。在十里木高原上的富士野生動物園觀察各種動物也很有趣。

觀光景點	
富士野生動物園	P.28
御殿場PREMIUM OUTLETS	P.88

富士五湖最大的湖和名水·花之都
山中湖·忍野 區域 P.70
やまなかこ おしの

忍野八海

水陸兩用巴士山中湖的河馬

山中湖位在標高約980m的高原上，在夏天也是舒適的避暑勝地，深受歡迎。有富士山的伏流水湧出的忍野八海、春天到秋天花卉盛開的山中湖 花之都公園絕對都想造訪。

觀光景點	
忍野八海	P.18
山中湖 花之都公園	P.20

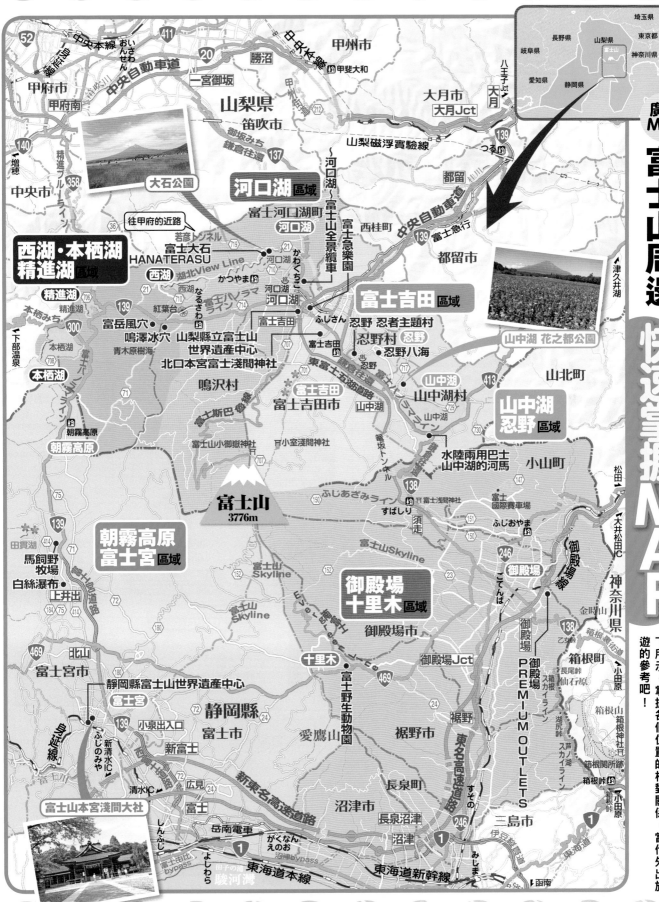

廣域
MAP

富士山周邊

快速掌握MAP

以富士山為中心的山麓劃分成6個區域，就如以下所示。掌握各個位置的相對關係，當作外出旅遊的參考吧！

52

中央本線
おいさわ おんせん

中央自動車道

411

20

甲州市

勝沼

一宮御坂

甲斐大和

埼玉県
長野県
山梨県
東京都
岐阜県
愛知県
静岡県
神奈川県
千葉県
富士山

甲府市
甲府南

山梨県

笛吹市

御坂みち
鎌倉往還
137

山梨磁浮實驗線

大月市
大月

八王子Jct
天月

大月Jct

つる

139

140
増穂

358

精進湖ブルーライン

中央市

大石公園

河口湖 區域

富士河口湖町
河口湖

西桂町

富士急樂園

都留

中央自動車道

139 富士急行

都留市

津久井湖

36

往甲府的近路
若彦トンネル

西湖・本栖湖
精進湖 區域

富士大石
HANATERASU

719

21
河口湖

河口湖~富士山全景纜車

かわぐち

精進湖

706

湖北View Line

西湖

かつやま

710

河口湖
河口湖

富士吉田 區域

山中湖 花之都公園

本栖湖みち

300

21
西湖

なるさわ

714

ふじさん

忍野 忍者主題村

本栖湖
708

富岳風穴

紅葉台

富士パノラマライン

富士吉田

忍野村

忍野

忍野八海

山北町

本栖湖

鳴澤冰穴

青木原樹海

山梨縣立富士山
世界遺產中心

707

富士吉田

707

山中湖

413

下部温泉

富士パノラマライン

朝霧高原

北口本宮富士淺間神社

717

山中湖村

山中湖

朝霧高原

71

鳴沢村

富士斯巴魯線

東富士五湖道路

729

山中湖
忍野 區域

730

富士山小御嶽神社

小室淺間神社

籠坂トンネル

水陸兩用巴士
山中湖的河馬

小山町

147

松田

大井松田IC

75

朝霧高原
富士宮 區域

富士山
3776m

138

ふじあざみライン

富士淺間神社

須走

富士國際賽車場

ふじおやま

151

神奈川県

田貫湖

139

414

71

馬飼野牧場

富士山
Skyline

150

富士山Skyline

金時山

246

御殿場

御殿場

138

箱根町

乙女峠

箱根

白絲瀑布

上井出

72

152

富士山
Skyline

御殿場市

御殿場Jct

御殿場

箱根神社

長尾峠
仙石原

小田原

184 75 414

180

富士
Skyline

御殿場
PREMIUM OUTLETS

23

金時神社

御殿場
スカイライン

箱根山

箱根湯本

469

北山

富士宮市

靜岡縣富士山世界遺產中心

富士宮

十里木 區域

御殿場
十里木 區域

十里木

富士野生動物園

469

靜岡縣

富士市

24

裾野市

裾野

箱根
スカイライン

蘆之湖
スカイライン

箱根山
湖尻峠

139

小泉出入口

72

愛鷹山

裾野

246

箱根峠

箱根關所跡

小田原

新富士

新清水IC
ふじのみや

清水IC

西富士十里湖道路

180

72

富士

長泉町

東名高速道路

すその

小田

富士山本宮淺間大社

しんふじ

岳南電車

広見

24

沼津市

長泉沼津

三島市

1

伊豆縱貫道

東海道

富士由比
bypass

よしわら

田子の浦
沼津bypass

東海道本線

沼津

1

1

みしま

函南

東海道新幹線

駿河湾

月曆

夏

春

富士山麓會舉辦許多歷史悠久的祭典，以及能感覺到季節感的多彩豐富活動。事先確認清楚，制定旅行的計畫吧。

本栖湖 富士芝櫻祭
●ふじしばざくらまつり　4月13日～5月26日

在廣大的腹地中約有80萬株芝櫻盛開。色彩繽紛的芝櫻和世界遺產富士山的爭奇鬥豔精彩壯觀。

📞0555-89-3031（富士芝櫻祭事務局）
🏠山梨縣富士河口湖町本栖212 富士本栖湖リゾート内
MAP附錄②P.13 B-5

河口湖 河口湖香草節
●かわぐちこハーブフェスティバル
6月中旬～7月中旬

在變成會場的河口湖畔的八木崎公園和大石公園，有薰衣草盛開的人氣活動。活動期間在公園内也會出現能購買當地特產品和輕食的攤販。

📞0555-72-3168
（河口湖香草節執行委員會）
🏠山梨縣富士河口湖町八木崎公園、大石公園（→P.24）
MAP附錄②P.8 F-3（八木崎公園）・9 D-1（大石公園）

富士山 富士登山

●ふじとざん　7月上旬～9月上旬左右

入山僅限夏季的大約2個月。只要有準備就不用擔心，用萬全的裝備和寬裕的時間表，以登頂為目標前進吧。

富士吉田 富士櫻祭典

●ふじざくらまつり　4月20日～5月6日

遍布在吉田口登山道旁邊和中茶屋附近，山梨縣最大規模的富士櫻群落。也提供免費招待的櫻茶。

📞0555-21-1000（富士吉田觀光振興服務處）
🏠山梨縣富士吉田市中ノ茶屋
MAP附錄②P.4 E-3

8月	7月	6月	5月	4月	3月
冰穴和風穴等天然的冰涼景點深受歡迎！	盼望的富士登山季節開幕！	河口湖的薰衣草迎來觀賞佳機！	前往芝櫻等候的本栖湖周邊！	櫻花和富士山的合作必看！	觀賞殘雪的富士山吧！
最高氣溫29.2℃	最高氣溫29.3℃	最高氣溫23.7℃	最高氣溫21.3℃	最高氣溫19.1℃	最高氣溫13.7℃
最低氣溫19.2℃	最低氣溫19.3℃	最低氣溫14.0℃	最低氣溫9.5℃	最低氣溫5.9℃	最低氣溫0.0℃

富士吉田 8月26・27日
吉田火祭、芒草祭
●よしだのひまつりすすきまつり
📞0555-21-1000
（富士吉田觀光振興服務處）
🏠山梨縣富士吉田市北口本宮富士浅間神社周邊上吉田地區
MAP附錄②P.14 C-2

富士吉田 6月30日
富士山開山前夜祭

●ふじさんかいざんぜんやさい
📞0555-21-1000
（富士吉田觀光振興服務處）
🏠山梨縣富士吉田市上吉田5558
北口本宮冨士浅間神社
MAP附錄②P.14 C-2

河口湖 4月20日～30日
河口湖富士櫻三葉杜鵑花祭

●かわぐちこふじざくらミツバツツジまつり
📞0555-72-1115（富士河口湖町農林課）
🏠山梨縣富士河口湖町船津 創造の森
MAP附錄②P.5 D-3

富士登山　　河口湖香草節　　富士櫻祭典　　富士芝櫻祭　　時之栖燈海

河口湖 7月上旬～8月上旬
採藍莓
●ブルーベリーがり
可以採摘屬於杜鵑花科低灌木果樹的藍莓，其特徵是小果實和酸甜的味道。
📞0555-76-8230（河口湖自然生活館）
🕘9:00～16:00　40分鐘吃到飽1000円
🏠山梨縣富士河口湖町大石
MAP附錄②P.9 C-1

富士宮 7月10日
富士開山
●ふじさんおやまびらき
📞0544-27-5240
（富士宮市觀光協會）
🏠靜岡縣富士宮市宮町1-1
富士山本宮浅間大社ほか
MAPP.87 B-1

河口湖 6月中旬～下旬
採櫻桃

●サクランボがり
能在標高800m處採摘的櫻桃因為冷暖溫差大，所以糖度很高。
📞0555-76-8230（河口湖自然生活館）
🕘9:00～16:00
💴40分鐘吃到飽2000円
🏠山梨縣富士河口湖町大石
MAP附錄②P.9 C-1

鳴澤 4月27日～5月6日
鳴澤杜鵑花祭
●なるさわツツジまつり
📞0555-85-3900
（公路休息站 なるさわ服務台）
🏠山梨縣鳴澤村ジラゴンノ8532-63 道の駅 なるさわ周邊
照片提供：鳴澤村公所
MAP附錄②P.12 H-3

外出旅遊月曆

感覺季節感 **外出旅遊**

冬

秋

御殿場 時之栖燈海

●ときのすみかイルミネーション

10月下旬～3月下旬

數量多達550萬顆的燈飾亮起，燈光閃耀的隧道通路連綿450m。世界第一大的鐘也值得一看。

☎0550-87-3700
（時之栖服務中心，9:00～20:00）

所静岡縣御殿場市神山719

MAP附錄②P.6 G-2

→P.91

西湖 西湖樹冰祭

●さいこじゅひょうまつり

1月下旬～2月上旬（預定）

在西湖野鳥森林公園舉辦的活動。高度將近10m的樹冰磅礴壯觀。冰雕會點燈，醞釀出夢幻的氣氛。

☎0555-72-3168
（富士河口湖町觀光課）

所山梨縣富士河口湖町西湖2068西湖野鳥の森公園

MAP附錄②P.12 E-2

河口湖 富士河口湖紅葉祭

●ふじかわぐちこうようまつり

11月上旬～中旬

在主要會場「紅葉迴廊」有60棵紅葉老樹會點燈，彌漫著懷舊的風情。

☎0555-72-3168
（富士河口湖町觀光課）

所山梨縣富士河口湖町河口 河口湖北岸「もみじ回廊」周邊

MAP附錄②P.8 G-1

山中湖 山中湖晚霞的岸邊・楓葉節

●やまなかこゆうやけのなぎさこうようまつり

10月下旬～11月上旬

會場為山中湖的湖畔綠地公園。長達600m的散步道「紅葉迴廊」會點燈，可以享受雅緻的散步。

☎0555-62-3100（山中湖觀光協會）

所山梨縣山中湖村平野 旭日丘湖畔綠地公園

MAP附錄②P.10 F-5

2月	**1月**	**12月**	**11月**	**10月**	**9月**
鑽石富士的季節！	冬季煙火也值得一看！	燈海很美！	還有紅葉！	秋季晴天的富士山很美	秋天的出遊旺季到來！
最高氣溫5.5℃	最高氣溫5.1℃	最高氣溫9.4℃	最高氣溫14.3℃	最高氣溫19.0℃	最高氣溫22.7℃
最低氣溫-6.4℃	最低氣溫-6.5℃	最低氣溫-1.5℃	最低氣溫3.6℃	最低氣溫9.0℃	最低氣溫15.3℃

山中湖 **2月上旬～下旬**

山中湖 DIAMOND FUJI WEEKS
●やまなかこダイヤモンドフジウィークス
☎0555-62-3100（山中湖觀光協會）
所山梨縣山中湖村山中藥尻～交流プラザきらら付近
MAP附錄②P.10 G-4

西湖樹冰祭

時之栖燈海

山中湖晚霞的岸邊・楓葉節

富士河口湖紅葉祭

富士吉田 **10月12・13日**

HATAORI-MACHI FESTIVAL
●ハタオリマチ フェスティバル
☎0555-22-1111
（HATAFES執行委員會）
所山梨縣富士吉田市下吉田
MAP附錄②P.14 D-1

河口湖 **1月中旬～2月中旬**

河口湖冬季煙火
●かわぐちこふゆはなび
☎0555-72-3168
（富士河口湖町觀光課）
所山梨縣富士河口湖町船津 大出公園ほか
MAP附錄②P.8 G-4

河口湖 **12月1日～1月13日**

河口湖音樂盒之森 Twilight Illumination
●かわぐちこオルゴールのもりトワイライトイルミネーション
☎0555-20-4111
（河口湖音樂盒之森）
所山梨縣富士河口湖町河口3077-20（→P.66）
MAP附錄②P.8 G-2

山中湖 **11月下旬～1月上旬**

山中湖彩燈 FANTASEUM～冬天的閃耀～
●やまなかこイルミネーションファンタジウムふゆのきらめき
☎0555-62-5587（山中湖 花之都公園）
所山梨縣山中湖村山中1650
MAP附錄②P.11 D-3

富士吉田 **9月19日**

流鏑馬（小室淺間神社例大祭）
●やぶさめおむろせんげんじんじゃれいたいさい
☎0555-22-1025（小室淺間神社）
所山梨縣富士吉田市下吉田3-32-18小室淺間神社
MAP附錄②P.14 D-1

※活動的時間表為2019年度舉辦的事項。活動的時間和內容也有可能變更。事前請洽各市町村觀光課、舉辦設施等機關確認清楚再出門。
※氣溫以氣象廳的觀測資料為依據。

從大石公園隔著
河口湖眺望富士山

景點規劃

絕景&最新

巡遊可以眺望富士山的絕景景點，
還能暢享休閒設施和當地美食！
下面介紹最經典的自駕路線!!

第1天 START

中央自動車道河口湖IC

⬇ 3km・車程8分

～河口湖～富士山
全景纜車 ➡P.23

⬇ 6km・車程12分

大石公園 ➡P.24

⬇ 190m・車程1分

富士大石 HANATERASU ➡P.25

⬇ 12km・車程24分

西湖療癒之鄉 根場 ➡P.80

第2天

鳴澤冰穴 ➡P.26

⬇ 10km・車程15分

ほうとう蔵 步成 河口湖店 ➡P.40

⬇ 550m・車程2分

金多゛留滿本店 ➡P.44

⬇ 2km・車程4分

中央自動車道河口湖IC

GOAL

路線 1 2天1夜

河口湖 ▶ 西湖 ▶ 鳴澤 ▶ 河口湖

巡遊河口湖
周邊的人氣景點
北麓路線

富士五湖中特別受歡迎的河口湖區域。可以飽覽湖
泊和富士山所交織的絕景。購物和甜點也要享受一
番，盡情地沉浸在度假的氣氛中吧！

→在大石公園品
嘗深受歡迎的霜
淇淋吧

←位在富士大石
HANATERASU的
「葡萄屋KOFU
HANATERASU咖
啡店」的甜點拼盤

↑從～河口湖～富
士山全景纜車飽覽
絕景
↑從展望台甚至能
清楚看見富士山的
山腳緩坡

←點
燈的
鳴澤冰穴的
冰柱

→金多゛留滿本
店能買到以自然
生長在富士山的
濱梨玫瑰果實製
作的知名點心
→在ほうとう蔵 步成 河口湖店
大啖山梨名產餺飥麵

制定計畫 info

**若要觀賞富士山，
相當推薦清晨！**

在氣溫上升的10時左
右，白雲常會遮住富
士山，因此若要飽覽
風景，非常推薦清
晨。

→眺望茅葺老宅和富士山的
西湖療癒之鄉 根場

→在鳴澤冰穴能體驗洞窟探險的氣氛

第1天 START
富士吉田西桂スマートIC
↓ 4km・車程8分
新倉山淺間公園 ➡P.31
↓ 2km・車程6分
みうらうどん
（吉田烏龍麵）➡附錄①
↓ 3km・車程8分
HATAORI-MACHI觀光服務處 ➡P.74
↓ 2km・車程6分
富士急樂園 ➡P.52

第2天
北口本宮富士淺間神社 ➡P.76
↓ 29km・車程50分
富士斯巴魯線
五合目 ➡P.34
↓ 28km・車程45分
山梨縣立富士山
世界遺產中心 ➡P.61
↓ 650m・車程2分
中央自動車道河口湖IC
GOAL

來自海外的觀光客也很多的富士斯巴魯線五合目

↑位在五合目的富士山小御嶽神社的御守

路線 2　2天1夜

富士吉田 → 富士山五合目 → 河口湖

富士山路線

以五合目為目標，暢快的山岳自駕

第1天盡情地享受新倉山淺間公園的絕景和富士急樂園的遊樂設施。第2天前往標高2305m的富士山五合目。一邊眺望迫近眼前的富士山，一邊在雲上自駕！

↗宣揚織物產地歷史的HATAORI-MACHI觀光服務處

↗在HATAORI-MACHI觀光服務處獲得可愛的織物製品

↑擁有1900年以上歷史的北口本宮富士淺間神社

↗清澈湧水流洶的大片岩石的手水鉢

↗在富士急樂園暢玩遊樂設施

↘忠靈塔和富士山的風景蔚為話題的新倉山淺間公園

↘在みうらうどん享用當地美食「吉田烏龍麵」

↑展示在山梨縣立富士山世界遺產中心的藝術作品「富嶽三六〇」

↑在「富嶽三六〇」下方放映的影片

制定計畫 info

富士登山旺季有自用客車的管制

登山旺季在富士斯巴魯線會進行自用客車的管制，到五合目為止都有接駁巴士運行。

第1天

START

東名高速道路御殿場IC
↓ **17**km・車程**28**分

富士野生動物園 →P.28
↓ 南富士Evergreen Line（單程500円）
12km・車程**16**分

森の駅 富士山 →P.91
↓ **20**km・車程**30**分

炭焼きレストランさわやか
御殿場インター店 →P.42

第2天

御殿場PREMIUM OUTLETS →P.88
↓ **2**km・車程**5**分

とらや工房 →附錄①
↓ **3**km・車程**6**分

富士八景之湯 →P.50
↓ **3**km・車程**4**分

鈴廣かまぼこ 御殿場店 →P.45
↓ **2**km・車程**3**分

東名高速道路御殿場IC

GOAL

在富士野生動物園近距離觀察動物

↑在御殿場PREMIUM OUTLETS盡情購物

路線 **3** 2天1夜

裾野→御殿場

眺望富士山，休閒娛樂&購物

南麓路線

接觸在大自然中生活的動物，在高CP值的購物中心購物。悠閒地暢遊能眺望富士山的大規模休閒景點吧！

→有導覽員的叢林巴士，能巡遊園內

→車頂部分裝著鐵網的超級叢林巴士

→在竹林環繞的腹地內悠閒散步

→附設伴手禮店和咖啡廳的森の駅 富士山

→從森の駅富士山眺望富士山和寶永山口，景色美不勝收

↑悠閒地品嘗とらや工房的和菓子與茶

↓在富士八景之湯獲得溫泉和絕景的療癒

→炭焼きレストランさわやか的拳頭漢堡排

→在鈴廣かまぼこ 御殿場店獲得美味的伴手禮

制定計畫 info

留意講述火山爆發的寶永火山口！

從靜岡縣一側能觀賞因火山爆發而形成的寶永山（寶永火山口）。觀賞看看磅礴壯麗的景觀吧。

把富士山當作御神體的
富士山本宮淺間大社

路線 5 當日來回
忍野 → 山中湖 ……

東麓路線
水邊和花田的風景
讓人暖心的療癒之旅

巡遊湧水景點和花田，在山中湖能從湖上飽覽富士山的風景。最後在溫泉悠哉地放鬆吧。

↑以富士山為背景拍照留念

忍野八海中湧水
量最豐富的湧池

當日來回
START

東富士五湖道路山中湖IC

↓ 4km・車程7分

| 忍野八海 →P.18 |

↓ 4km・車程7分

| 山中湖 花之都公園 →P.20 |

↓ 6km・車程10分

| 水陸兩用巴士 山中湖的河馬 →P.22 |

↓ 6km・車程10分

| 全景臺 →P.72 |

↓ 11km・車程20分

| 山中湖溫泉 紅富士之湯 →P.48 |

↓ 700m・車程2分

| 東富士五湖道路山中湖IC |

GOAL

↑各個季節都能賞花的山中湖 花之都公園

↑能眺望山中湖和富士山的全景臺

→從露天、室內溫泉都能眺望富士山的山中湖溫泉 紅富士之湯

↑搭乘水陸兩用巴士山中湖的河馬在湖上航遊

→從湖上眺望的富士山特別漂亮！

路線 4 當日來回
富士宮 → 朝霧高原 ……

西麓路線
巡遊神社和瀑布，
為心靈充電

前往富士山信仰的聖地參拜，品嘗富士宮的當地美食吧。在白絲瀑布獲得負離子的療癒吧。

↑富士信仰的修行者過去進行淨身的湧玉池

當日來回
START

新東名高速道路新富士IC

↓ 7km・車程19分

| 富士山本宮淺間大社 →P.84 |

↓ 240m・車程2分

| 富士宮炒麵學會 特產直銷商店 →P.39 |

↓ 450m・車程3分

| 靜岡縣富士山 世界遺產中心 →P.37 |

↓ 13km・車程22分

| 白絲瀑布 →P.36 |

↓ 3km・車程4分

| 馬飼野牧場 →P.27 |

↓ 19km・車程30分

| 新東名高速道路新富士IC |

GOAL

→富士宮炒麵學會特產直銷商店的炒麵（一般分量）450円

→能品嘗現炒的熱騰騰滋味

↓向後世宣揚富士山價值的靜岡縣富士山世界遺產中心

←富士山的伏流水如同絲線般流淌的白絲瀑布

→能和動物親密接觸的馬飼野牧場

→使用牧場牛奶的霜淇淋400円

↑床鋪和吊床等豐富的設備

豪華露營很好玩
PICA Fujiyama
●ピカフジヤマ

以豪華露營為經營理念，準備了富含變化的住宿設施。可以度過優質舒適的戶外體驗時間。

↑圓頂帳篷的晚餐是在餐廳拿取

↑圓頂帳篷能體驗和大自然融為一體的感覺

☎0555-30-4580（PICA服務台）
IN14:00～19:00 OUT7:00～11:00（帳篷區為IN13:00～、OUT～12:00）¥帳篷區純住宿1營位9900円～Amazing dome 1泊2食13500円～※可能依人數、時期等而變動 休週三、四（旺季為無休）所山梨縣富士河口湖町船津6662-10 🚌富士急行富士山站車程15分（有從富士急行河口湖站出發的免費巡迴巴士）🅿70輛

MAP附錄②P.14 A-3

©岸本斉史 スコット／集英社・テレビ東京・ぴえろ

富士急樂園有超受歡迎的忍者動畫
「NARUTO」「BORUTO」的主題區開幕！

以慕留人們所生活的「木葉忍者村」為印象的主題區。以3D射擊的乘駕遊樂設施為首，商店和拍照景點等設施也已經開幕！

➡P.54

↑腹地有1萬坪，廣大的「香草與花的大庭園」

雄偉的富士山和美麗的香草共同演出
香草庭園旅日記 富士河口湖庭園
●ハーブていえんたびにっきふじかわぐちこていえん

↑「富士山平臺」為500円（10:00～17:00）

約200種的香草和花卉綻放的庭園誕生了。可以眺望富士山和河口湖、庭園的「富士山平臺」已經完成，作為新的富士見景點也廣受矚目。

☎0555-83-3715 ⏰9:00～17:30 休無休 ¥免費入園 所山梨縣富士河口湖町船津1996 🚌富士急行河口湖站搭河口湖周遊巴士3分，役場入口下車，步行3分 🅿300輛

MAP附錄②P.14 A-1

富士急樂園入園變成免費！

變成可以只利用園內的餐廳和商店，越來越能輕鬆暢遊了。

➡P.52

↑也有免費巴士。搭配玩法來選擇吧

現在熱議的最新話題！

新宿～河口湖間的直達定期特快「富士回遊」

變成不用在大月站轉搭，往河口湖方向的旅行變得更加便利

每天去回各有2班運行。途中的停車站為立川、八王子、大月、都留文科大學前、富士山、富士急樂園。

©あfろ・芳文社／野外活動サークル

TV動畫第三季和電影也決定製作！ 2018年10月已決定製作短篇動畫、TV動畫第2季及電影。短篇動畫將於2020年1月上映，粉絲早已熱烈期待。

Fumotoppara（第2集・3集）
以富士山為背景，開放感絕佳的露營場。場內的水池以逆富士景點而聞名。
➡P.97

馬飼野牧場（第11集）
動畫中是在露營前順路前往，並享用了使用牧場牛奶的絕品義式冰淇淋。
➡P.27

本栖湖（第1集・12集）
秀麗雄偉的富士山。搬到山梨的主角也曾為了觀賞富士山而造訪本栖湖。➡P.82

動畫『搖曳露營△』的聖地巡禮廣受歡迎！

《搖曳露營△》輕鬆可愛地描繪出生活在山梨縣的女高中生們露營和日常生活的模樣。登場的富士山麓的自然之美也蔚為話題，而成為舞臺的原型地巡遊也廣受歡迎。

在富士山的周邊遊玩吧！

只要掌握這個就完美了！

富士山麓外出旅遊景點

下面集中介紹了在富士山麓會想去看看的地方。盡情地享受休閒娛樂、美食、溫泉等魅力十足的山麓旅行吧。

忍野八海巡遊

富士名水湧出的8座水池

忍野八海是世界遺產富士山的構成資產之一，8座水池都保留著各自的古老傳說。以雄偉的富士山為背景，在水邊散步看看吧。

↑中池是能清楚看見富士山的人氣攝影景點

忍野八海
●おしのはっかい

界

📞0555-84-4221
(忍野村觀光服務處)
🈂自由參觀 🏠山梨縣忍野村忍草
🚌富士急行富士山站搭巴士往平野・御殿場15分，忍野八海下車，步行3分 🅿無(使用周邊的收費停車場)
MAP附錄②P.11 B-5

名水之鄉的中心地！
往湧池周邊!!

忍野八海最熱鬧的就是湧池的周邊。有餐廳和伴手禮店等設施，許多觀光客都會造訪。

↑往水池對面能眺望富士山
↑澄澈的水中能看見魚游泳的身影

攝影景點！
📷●位在中池的中心部，水深8m的清澈藍色水池
●品嘗看看富士山的湧水吧

人氣的攝影景點！
中池 ●なかいけ

中池沒有包含在忍野八海裡面，但仍是能以清澈湧水和富士山為背景拍照留念的人氣景點。
📞0555-84-2236
(忍野八海池本)　🈂自由參觀
MAP附錄②P.11 B-5

接續D

號稱八海第一的湧水量
C 湧池 ●わくいけ

此水池留有一個傳說，木花開耶姬從富士山的火山爆發中拯救了許多村民。清澈的水現在仍然豐富地湧出。

●酒類專區也有池本原創的日本酒

使用湧水的伴手禮！
忍野八海池本売店
●おしのはっかいいけもとばいてん

中池蕎麥麵的伴手禮店。不僅有使用伏流水的豆腐和日本酒，草餅等美食也豐富齊全。
📞0555-84-2236
🈂8:00～18:00 🈚無休 🅿50輛
MAP附錄②P.11 B-5

●甜味適中的紅豆是美味關鍵的草餅和大福

用水車研磨蕎麥
池本茶屋
●いけもとちゃや

位在湧池旁的休息處。只把當天用的量用石臼磨成粉，以礦物質豐富的忍野名水手打的蕎麥麵廣受歡迎。

📞0555-84-1009
🈂9:00～16:30
🈚不定休(黃金週、過年期間營業，暑假無休) 🅿100輛
MAP附錄②P.11 B-5

●位在中池的對面，也能品嘗紅豆湯等美食
●現磨現打且香味豐富的蕎麥冷麵850円

觀賞逆富士吧
B 鏡池 ●かがみいけ

以倒映在水面上的逆富士而聞名。據說可以鑑別善惡，村子的糾紛只要用池水淨身就會解決。

↑只要符合條件，富士山就會映在水面

八海巡遊 START!

↑水池的後面有八海菖蒲池公園

留有醫治疾病的菖蒲傳說
A 菖蒲池 ●しょうぶいけ

這裡有一個傳說，妻子把水池的菖蒲纏在患病的丈夫身上後，疾病就治癒了。現在菖蒲在水池周邊僅留有一點點。

忍野八海的 小知識

忍野八海是怎麼形成的呢？

從前忍野有一個富士山融化的雪水會流入的湖泊存在。湖泊因挖掘等原因而枯竭，但湧出口卻作為水池保留下來，於是便形成忍野八海。

↑水在地下受到長時間的過濾，透明度極佳

屋簷處看到的是玉米嗎？

忍野村是高原蔬菜的產地。屋簷下看到的是稱為甲州もろこし的玉米，為了保存會晾乾，且大多都是磨成粉來使用。

↑在屋簷下晾曬甲州もろこし玉米的傳統懷舊風景

←環繞的寧靜場所
↑水池位在草木
↑水池中能看見可愛的水草梅花藻

有保佑結緣的好處！
F 銚子池
●ちょうしいけ

據說過去有一位放屁的新娘因為覺得太過羞恥，就拿著銚子（酒瓶）投水自盡。現在傳說改變成可以保佑結緣的水池。

沿著清流的自然散步
新名庄川
●しんなしょうがわ

只要在流經附近的新名庄川旁邊行走，就能享受綠意盎然的忍野大自然。春天也能欣賞美麗的櫻花。

美麗少女的悲傷傳說
G 釜池
●おかまいけ

留有一個傳說，蟾蜍把住在池邊的美麗少女拽入池中，就沒有再回來。雖然是八海中最小的，水量卻很豐富。

→和阿原川合流的水池。現在都是湧出於名稱的清水

水車旋轉的獨具風情水池
D 濁池
●にごりいけ

留有一則傳說，池中雖然裝滿了清澈的水，卻曾因女性地主拒絕修行者乞求清水的願望而導致池水混濁。

←悄悄地佇立在資料館腹地後面的水池

掉落物品消失的水池
E 底拔池
●そこなしいけ

相傳餐具或蔬菜掉入池中後，就會從附近的釜池浮上來。位在榛之木林資料館的腹地內，參觀要付費。

造訪茅葺的老宅
榛之木林資料館
●はんのきばやしりょうかん

展示江戶時代的家具和農具、武具等物品的資料館。腹地內有忍野八海之一的「底拔池」。

📞0555-84-2587
🕘9:00～17:00 ❌不定休 ¥300円 Ⓟ20輛
🅜 附錄②P.11 A-5

↑利用忍野村最古老舊宅的資料館

GOAL!

↑水池旁邊有出口稻荷大明神坐鎮
→八海最大的池位在離其他水池稍遠的場所

也稱為精進池
H 出口池
●でぐちいけ

從前修行者會用池水淨身再前往富士山。於是人們逐漸開始相信只要帶著池水，就能平安登山。位在山的山腳，彌漫著寂靜的氛圍。

↑手摘艾草的人氣草餅1個100円

推薦的外帶美食！
渡辺食品
●わたなべしょくひん

店前烘烤的香噴噴草餅廣受好評。使用手摘的艾草，裡面是滿滿的紅豆餡。

↑不使用防腐劑和添加物。品嘗現烤的滋味吧

📞0555-84-4106
🕘8:00～17:00（冬季為8:30～16:30）
❌不定休 Ⓟ10輛
🅜 附錄②P.11 B-5

把名水美食當作伴手禮！

忍野的豆腐店

從忍野八海前往山中湖的道路沿途，有2家豆腐店比鄰而立，可以購買忍野知名的豆腐。

豆ふの駅 角屋豆富店
●とうふのえきかどやとうふてん

服務滿分的試吃廣受歡迎

販售堅持使用富士山伏流水的豆腐。辣椒、芝麻、柚子風味等種類豐富。

📞0555-84-2127
🕘9:00～17:00 ❌週三
🚃富士急行富士山站搭巴士往內野23分，承天寺下車即到 Ⓟ12輛
🅜 附錄②P.10 E-1

→在店內能試吃各式各樣的豆腐

↑使用天然鹽滷的角屋絹豆腐151円

八海とうふ 浅野食品
●はっかいとうふあさのしょくひん

把富士山造型的豆腐當作伴手禮

大正時代創業的豆腐店。使用國產黃豆和富士山的湧水，並以傳統的製法製作豆腐。

📞0555-84-3029
🕘8:00～18:00
❌無休 📍山梨縣忍野村內野537-4
🚃富士急行富士山站搭巴士往內野23分，承天寺下車即到 Ⓟ3輛
🅜 附錄②P.10 E-1

↑也販售豆漿霜淇淋
→以絹豆腐和黑芝麻豆腐製作的富士山豆腐200円

お宮橋
お宮橋
浅間神社
忍野八海入口
START!
鏡池 B
A 菖蒲池
豆ふの駅 角屋豆富店
八海とうふ 浅野食品
區會事務所前
かやぶき茶屋
忍草
大門橋
中池
忍野八海池本店
池本茶屋
C 湧池
銚子池 F
濁池 D
かまのはた
釜池 G
E 底拔池
榛之木林資料館
H 距出口池 850m
渡辺食品
忍野村觀光服務處
大橋 忍野八海（大橋）
GOAL!
神鶴橋（路線巴士）
忍野八海（高速巴士）

富士山麓 外出旅遊景點 ① 玩樂景點

4月下旬～5月上旬
＊鬱金香
告知春天到來，色彩繽紛的鬱金香

5月上旬～6月中旬
＊粉蝶花
在清流之鄉區域能夠看見。天空和花田染成藍色。

8月中旬～下旬
＊向日葵
朝向太陽盛開，呈現出光彩耀眼的夏天

8月下旬～10月中旬
＊黃波斯菊
放眼可見之處都染成橘色。花的數量大約多達500萬株。

從收費區域出發！

騎自行車巡遊花田吧！

攜家帶眷或和朋友一起造訪的時候，相當推薦騎自行車。在收費區域租借自行車，一邊感受來自山中湖的風一邊悠閒地巡遊花田吧。

有2人座和4人座的自行車！

¥2人座500円(30分)／4人座1000円(30分)

山中湖 花之都公園
やまなかこ　はなのみやここうえん

在一望無際的花田 眺望富士山

花之都公園以富士山為背景，花田有如鋪滿地毯般一望無際，這處人氣景點有四季花卉為標彩。高1000m的高原增添色彩。

☎0555-62-5587　⌚8:30～17:00(17:30閉園，視時期而異)
休無休(12月1日～3月15日為週二休，逢假日則開園)　¥收費區域500円(視時期而異)　所山梨縣山中湖村山中1650　🚌富士急行富士山站搭富士湖號巴士30分，花の都公園下車即到　🅿220輛　MAP附錄②P.11 D-3

確認開花時期 花卉的觀賞佳機月曆

不要錯過充滿花卉的季節！

10月	9月	8月	7月	6月	5月	4月
		百日草 約150萬株		罌粟花 約30萬株	粉蝶花 約15萬株	鬱金香 約15萬株
		向日葵 約30萬株		白芥 約150萬株		
黃波斯菊 約300萬株			非洲鳳仙花 約1萬株	滿天星 約25萬株		
大波斯菊 約600萬株						

※花卉的觀賞佳機為大致時間。
最新資訊請至官網確認。

免費 在花畑・農園區域散步

以30萬㎡的面積為榮的花田展開在眼前。春天到秋天有各式各樣的花卉盛開，讓賞花的人滿心歡喜。

餺飥麵的菜單很豐富

花庵【はなあん】

山梨知名的餺飥麵、蕎麥麵和拉麵、定食等菜單豐富齊全的餐廳。也有添加葡萄酒的獨特餺飥麵。

➔山中湖葡萄酒餺飥麵1300円

輕食和伴手禮齊備

花湖【はなこ】

建在第一停車場的商店。販售山梨縣內的伴手禮、霜淇淋和飲料等商品。相當適合休息。

➔混合3種口味的富士山霜淇淋600円

收費 在清流之鄉巡遊花海

成人1人500円即可入場的「清流之鄉」。有溫室植物Dome和人工瀑布等設施。

在收費區域能看見的花田

清流之鄉Lake Garden

春天有可愛的鬱金香和粉蝶花盛開，夏天到秋天有1萬株非洲鳳仙花綻放。

➔非洲鳳仙花吸收二氧化碳的能力優良

水車和瀑布前來迎接

Aqua Zone

利用豐富自然和豐沛水資源的水邊空間。有高低落差達10m、寬達80m的「明神瀑布」和「三連大水車」等。

➔水向下傾瀉的模樣震撼壯觀的「明神瀑布」

也有罕見的熱帶植物

Floral Dome "Furara"

300種以上的植物點綴的全天候型溫室巨蛋。Core Dome中展示著熱帶花卉。也有咖啡廳和商店。

➔以歐洲庭園為印象的Welcome Garden

在清流之鄉休息

食事處 清流庵

能品嘗蕎麥麵和烏龍麵等美食的餐廳。散步走累的時候就順道過去吧。用富士伏流水烹煮的麵條類很推薦。

1 也能享用餺飥麵。花之都餺飥麵1100円
2 能享用多種口味的富士山聖代450円

蜘蛛巢穴之術！

修行的戶外運動！
忍術皆傳之道
能進行忍者修行的戶外運動廣場。有隱藏許多機關的「機關迷宮」等12種運動設施。

會命中嗎？

樂趣1 豐富的 忍者扮演體驗
園內也有「手裏劍道場」、「忍術皆傳之道」等豐富多樣的忍術修行場所。可以一邊玩一邊學習當忍者。

命中目標，獎品GET！
手裏劍道場
能體驗忍者的武器「手裏劍」、「吹箭」的修行場。也能依照命中標靶的次數獲取獎品，樂趣十足。
¥附獎品的遊樂設施500円（入園自由通行票需另付）

◆擦亮心眼，瞄準標靶的中心吧
◆吹箭的訣竅是一口氣吹出氣息

解開5道謎題！
忍者紀念章 蒐集活動
一邊學習有關忍者的知識，一邊收集5個紀念章吧。紀念章卡片附的原創吊飾也很可愛！
¥紀念章卡片500円（附原創吊飾）

◆能鍛鍊忍者所需的能力

超人般的身體素質、光和音樂和影像的演出十分精彩

次世代忍者集團 雷風刃 所展示的表演！

是真正的忍者！

樂趣3 精彩壯觀的 忍者秀很厲害！
次世代忍者的表演秀融合了傳統的伊賀忍者和現代的實際戰術。2018年10月表演內容已經更新，可以觀賞更具緊張感的表演。
■1日4回，表演時間為平日約15分鐘、假日約30分鐘

樂趣2 潛入機關 很好玩的機關宅邸！
2018年10月整新開幕的正宗機關宅邸。監修的是忍者研究的第一人山田教授。新設置的忍術展示區會附解說，能學習忍具的簡介、安裝在忍者宅邸的「藏刀地板」和「翻轉牆」等機關。

◆充滿機關的機關宅邸
◆在意想不到的地方竟然有隱藏通道！
寶藏在哪裡！？

變成忍者，歡欣興奮的體驗！

忍野 忍者主題村

●おしのしのびのさと
誕生在忍野八海旁邊的忍者主題村。在可以眺望富士山的秀麗自然環境中，學習忍者的知識，盡情地享受服裝和遊樂項目等忍者的扮演體驗吧！

☎0555-84-1122 ■9:00～16:30（17:00閉館）※需於官網確認 休不定休 ¥入園自由通行票（包含入園＋忍者秀觀賞券）成人（國中生以上）1800円、小學生1300円、幼兒（3歲以上）1000円 ⬛山梨縣忍野村忍草2845 ➡富士急行富士山站搭巴士經由忍野八海往御殿場駅18分，忍野しのびの里下車即到 Ｐ67輛 MAP附錄②P.14 D-3

樂趣5 忍者相關的 美食也很有魅力！
餐廳和茶飲店不需入園費即可利用。享用只有這裡才能品嘗的美食吧！

可免費入園利用！

眺望日本庭園，獨具風情的餐廳
雪月風花
●せつげつふうか
使用湧水的忍野知名豆腐和蕎麥麵、當地生產的新鮮蔬菜等富士山麓美食豐富多樣。也能品嘗別出心裁的忍者相關菜單。

在野點傘下面品嘗糰子吧
ふじみ茶寮
●ふじみさりょう
紅色的野點傘是標誌的茶飲店。能享用和休息時間相襯的烤糰子和霜淇淋。

忍者主題村特製忍者咖哩 1242円
使用魷魚墨汁的純黑咖哩，以隱藏在黑暗中的忍者為印象

忍者黑糰子 350円
揉入竹炭的忍者主題村原創糰子

樂趣4 可以變身成忍者！
在園內的商店能租借忍者的衣服。裝扮成忍者，挑戰各項體驗吧！
¥服裝租借500円

接下來要修行！
◆小朋友的服裝有黑、紅、藍3色可以選擇
隱身之術！
◆和忍者相襯的攝影景點散布各處

只要掌握這個就完美了！富士山麓外出旅遊景點①玩樂景點

在玩樂中學習當個忍者!! 富士觀光的全新必玩景點！

忍忍

→從湖上吹過的風涼爽又舒服

從湖上眺望富士山吧!

從陸地前往湖泊!
暢快的水陸兩用巴士之旅

山中湖的河馬

開著巴士帶大家去湖上!

司機先生

山梨縣第一輛水陸兩用巴士「山中湖的河馬」是能用遊樂設施的感覺暢遊的超人氣遊覽巴士。
從山中湖畔前往湖上航遊,搭1輛巴士遊覽2次吧!

④ 湖上航遊

波浪平穩的山中湖晃動不大,坐起來很舒適。晴天時能看見雄偉的富士山,一邊眺望湖畔的群山一邊遊覽四周。

風的味道和水花、絕景的富士山等山中湖的大自然,都請搭乘河馬巴士感受看看吧♪

山中湖的河馬
服務員小姐

Wooo!!

⑤ 往「森の駅」

開上陸地之後,前往出發地點的山中湖旭日丘「森の駅」。一邊眺望和去程相反方向的景色,一邊享受剩下的旅途。

③ 衝入山中湖!

抵達湖畔之後,終於要衝入山中湖了!隨著「3、2、1」的信號勇猛地衝入湖中!

② 往山中湖畔

高車體的水陸兩用河馬巴士連眺望的景色也很棒。導遊的觀光介紹和猜謎也炒熱了車內的氣氛。

↑可以透過猜謎學習山中湖周邊的自然知識

眺望的景色也很棒♪

自1個月前起即可預約!

① 出發前往河馬巴士之旅

位在山中湖旭日丘巴士總站的「森の駅」是河馬巴士搭乘處。在2樓的窗口辦理吧。

→備有和人數同等數量的救生衣。會為乘客仔細講解,因此可以放心

能在森の駅裡面買到

河馬巴士的伴手禮

圓滾滾的布偶
850円
圓潤的形狀很可愛的河馬巴士布偶

行駛的鬧鐘
1340円
直接重現富士外形的獨特鬧鐘

水陸兩用巴士 ●すいりくりょうようバスやまなかこのカバ

山中湖的河馬
MAP附錄②P.10 F-5

運行日	每日運行(可能因天候而停駛)
費用	成人2300円、4歲~小學生1150円、3歲以下(無座位)400円
搭乘處	山中湖旭日丘巴士總站(山梨縣山中湖村平野506-296)
交通方式	富士急行河口湖・富士山站搭巴士往御殿場・平野30~40分,旭日丘バスターミナル下車即到
預約方式	http://tw.kaba-bus.com/yamanakako/或☎0570-022-956(富士急客服中心,受理時間7:30~20:00)

可靠的河馬是原型!
充滿水陸都能暢遊的裝置

水陸兩用巴士「山中湖的河馬」能體驗陸地上和湖上的2種娛樂。工業設計師水戶岡銳治以在陸地和水中生活的河馬為設計主題,設計出來的山中湖知名巴士,廣受曯目。在陸地上是用輪胎行駛,在湖上是用螺旋槳航行。這輛娛樂感十足的交通工具,既有導遊輕快的閒談和猜謎,又能充分享受山中湖周邊的觀光和遊樂設施般的樂趣。

一望湖泊和富士山
遼闊全景的空中散步！

～河口湖～
富士山全景纜車

眺望河口湖和富士山的超級絕景景點！！

這個空中纜車是用3分鐘連結標高856m的河口湖畔站和1075m的富士見台站。眼前可以飽覽富士山和河口湖的遼闊全景。終點的天上山也有展望台和神社等諸多精彩景點。

紅葉在11月上旬～中旬為觀賞佳機

↑從空中纜車飽覽河口湖的絕景

天氣好的週末一定會很塞車！推薦早晨和傍晚

～河口湖～
富士山全景纜車
●かわぐちこふじさんパノラマロープウェイ
☎0555-72-0363 ⏱9:00～17:00（視時期而異） 休無休（會因天候不佳或整備等因素而停駛）
💴往返900円 📍山梨縣富士河口湖町淺川1163-1 🚃富士急行河口湖站搭河口湖周遊巴士15分，遊覽船・ロープウェイ入口下車即到 Ｐ無
MAP附錄②P.8 H-4

↑裝飾華麗的車廂

天上山的休憩場所
たぬき茶屋
（たぬきちゃや）

能品嘗知名的狸貓糰子和霜淇淋等美食的休息處。也販售有關富士山和咔嚓咔嚓山的伴手禮。

↑炭火烘烤的香噴噴狸貓糰子1串400円

↑氣氛有如獨具風情的山頂茶屋一般

全景開展眼前
展望台
（てんぼうだい）

たぬき茶屋的上面已成為景色優美的展望台。能眺望山腳平緩原野一望無際的美麗富士山。

↑往展望台要從たぬき茶屋旁邊的樓梯走上去

連富士山山下的原野也能看見！

景色極佳的景點！

↑陶器在たぬき茶屋有販售。2片100円

↑據說投擲即可消除惡運

祈願戀情實現再鳴鐘
天上之鐘
●てんじょうのかね

鐘設置在正面能眺望富士山的位置。試著一邊祈禱戀情實現或全家平安健康，一邊鳴鐘吧。

祈禱願望實現再投擲
投擲陶器
●かわらけなげ

陶器是用黏土製成的素燒器皿。試著一邊祈禱，一邊瞄準懸掛在鳥居下方的注連繩投擲吧。

向天上山的神明祈願！

↑作為相片的攝影景點也廣受歡迎

狛兔前來迎接
兔子神社
●うさぎじんじゃ

神社裡面有兔子的御神體。摸右邊兔子的頭，摸左邊兔子的腳，打一聲招呼，並用二拜二拍手一拜的方式參拜。

↓參拜兔子的神明者和觀光客平安而建造

為了祈願登山者和觀光客平安而建造

↑發現充滿幽默感的兔子和狸貓！

攝影景點！

天上山是咔嚓咔嚓山的舞臺

太宰治撰寫了小說《咔嚓咔嚓山》。天上山據說也是兔子和狸貓的童話《咔嚓咔嚓山》的舞臺。

繡球花的觀賞佳機為7月中旬～8月上旬

TRY! 到山頂要45分！
健行也能登山！！

↑約10萬株繡球花為登山道增添色彩

↓也推薦上山搭空中纜車，下山健行

天上山也有整備完善的健行路線。行經天上山護國神社旁邊的路線，也作為繡球花的名勝廣受歡迎。

Beautiful view!

推薦什麼時候？
BEST SEASON
薰衣草的觀賞佳機
6月中旬～7月中旬
香草節舉辦的初夏最好。
盡情欣賞薰衣草和夏富士
的合作吧。

Mt.Fuji

大石公園 ●おおいしこうえん

📞0555-76-8230
（河口湖自然生活館）
🕐自由入園（河口湖自然生活館為
9:00～18:00，11～3月為～
17:30） 🈳河口湖自然生活館為
無休 🏠山梨縣富士河口湖町大石
2585 🚌富士急行河口湖站搭河
口湖周遊巴士27～32分，河口湖
自然生活館下車即到 🅿40輛
MAP 附錄②P.9 D-1

河口湖自然生活館
有商店和餐廳

富士山與河口湖的風景很美

大石公園

大石公園位在河口湖的北岸，是超受歡迎的富士見
景點。品嘗必吃美食，在花卉盛開的步道散步，盡
情享受奢侈的時間吧！

好想做這個！

想要體驗 製作果醬！

➡即使是小朋友也能簡
單地做出來

➡可以1人1瓶當成伴手
禮

也會舉辦能輕鬆享受果醬製作的體
驗教室。水果有藍莓和杏子、大黃
等4種可以選擇。報名是在河口湖自
然生活館辦理。

🕐9:00～16:00 (1日7回，需預約)
🈳無休 ¥850円

➡輕食和飲品也
豐富齊全

牛奶的濃厚滋
味和酸甜滋味
十分相襯！

➡藍莓和香草的綜合口味500円

好想做這個！

想在能看見富士山的
咖啡廳品嘗霜淇淋！

「富士山の見えるカフェ」的霜淇淋是人氣美食。只要坐
在能隔著河口湖眺望富士山的露天座位品嘗，更能沉浸在
優雅的氣氛中。

🕐9:00～17:00 (11～3月為～16:30) 🈳無休

花小富士&掃帚草 推薦季節 5~10月

把當季花卉所構成的花小富士和染紅的掃帚草也
放入鏡頭中，就能拍出不同以往的富士山相片。

散步真的好舒服♪

好想做這個！

想要一邊觀賞花和湖泊，
一邊散步&攝影！

湖畔
園內有90種以上的植物生長。即使
只是一邊眺望湖泊，一邊在綠意中
悠閒散步，心靈也會獲得療癒。

花街道
從東往西連綿的
散步道，全長
350m。芝櫻和
天人菊等季節花
卉增添了色彩。

富士山!!

① 人氣的超值莓果塔
② 氣氛閒靜的店內

冰淇淋冰沙
780円
有摩卡咖啡、
焦糖、榛果、
抹茶4種口味

BRAND NEW DAY COFFEE

●ブランニューデイコーヒー

從展望平臺一望富士山

能眺望富士山的露天座位廣受歡迎的咖啡廳。能品嘗奶油風味豐富的可頌麵包和Q軟的拿坡里風格披薩等美食。自製蛋糕和飲品菜單也豐富齊全。

☎ 0555-25-7011
🕙 10:00～17:00 (18:00打烊，有時期性變動) 休 無休 (冬季為不定休)

綠意環繞，
心情真好～♪

河口湖畔的
美食&購物
Gourmet & Shopping

富士大石
HANATERASU

ふじおおいしハナテラス
☎ 0555-72-9110
🕙 視店鋪而異
休 無休　¥ 免費入場
所 山梨県富士河口湖町大石1477-1　富士急行河口湖站搭河口湖周遊巴士27～32分，河口湖自然生活館下車即到　P 70輛
MAP 附錄②P.9 D-2

集結9家店鋪的河口湖畔度假設施。在綠色群樹和季節花草環繞的空間中暢享美食和購物，盡情地飽覽富士山的風景吧。

Yummy!

HanaCafe Kikyou

●ハナカフェキキョウ

充滿花卉的療癒咖啡廳

以桔梗信玄餅而聞名的桔梗屋直營。以花店所搭配的乾燥花和季節花卉裝飾店內的咖啡廳。在漂亮迷人的空間中享用創作和風甜點吧。

☎ 0555-28-5228 🕙 9:00～17:00 (有時期性變動) 休 無休

山梨產的水果♥

季節水果拼盤
2000円(季節限定)
即使2～3人分享品嘗，分量也超飽足的佳饌

葡萄屋KOFU HANATERASU咖啡店

●ぶどうやコーフハナテラスカフェ

享用季節的水果！

這家咖啡廳能品嘗奢侈地使用山梨縣產水果的甜點。用季節水果製作的水果拼盤和聖代不僅味道可口，外觀也很吸睛，超受歡迎。

☎ 0555-72-8180
🕙 9:00～18:00 (冬季為10:00～17:00) 休 無休

Sweet!

桔梗信玄霜淇淋＋
500円
在桔梗信玄霜淇淋上添加桔梗信玄棒的人氣甜點

↑富士櫻工房以外的織物商品也很齊全

富士櫻工房

●ふじざくらこうぼう

富士北麓相傳的織物製品

在織物產業興盛的富士北麓地區傳承至今的「郡內織」。店內陳列著織物商品，像是用郡內織的技術製作的領帶和披肩等原創商品。

☎ 0555-72-8788 🕙 9:30～17:30 (冬季為～17:00) 休 週三

口金包
1188円～
富士山圖案的可愛口金包也適合當作伴手禮

最受歡迎！

這裡也要Check!

進一步暢遊HANATERASU吧！

在綠意豐沛的設施內巡遊也很舒服。到處都隱藏著動物的裝飾品，試著一邊散步一邊尋找吧。

找一找吧！

傍晚的點燈也很浪漫！

統一成白色的建築物在黃昏會點燈，微暗的空間中充滿了柔和的光芒。感受看看不同於白天的氣氛吧。

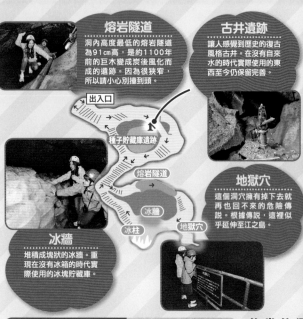

熔岩隧道
洞內高度最低的熔岩隧道為91cm高,是約1100年前的巨大變成炭後風化而成的遺跡。因為很狹窄,所以請小心別撞到頭。

古井遺跡
讓人感覺到歷史的復古風格古井。在沒有自來水的時代實際使用的東西至今仍保留完善。

冰柱
從洞頂滲出的水滴在滴落後結冰,日積月累就堆積成了冰柱。特別是在4～7月的期間能看見大冰柱。

出入口

種子貯藏庫遺跡

熔岩隧道

地獄穴
這個洞穴擁有掉下去就再也回不來的危險傳說。根據傳說,這裡似乎延伸至江之島。

冰牆

冰柱

地獄穴

冰牆
堆積成塊狀的冰牆。重現在沒有冰箱的時代實際使用的冰塊貯藏庫。

開展在洞窟中的
冰之世界令人驚嘆

好涼爽!
天然的冰涼景點!!

輕鬆地
參觀

鳴澤冰穴 & 富岳風穴

洞窟是因富士山的火山活動而產生的天然紀念物,裡面是涼爽的神祕世界。出發前往有如天然冰箱般的地下空間吧!

⚠ 注意這裡!
① 腳上最好穿運動鞋。特別是因為結冰,由於地面結冰,容易滑倒,因此穿高跟鞋很危險。
② 風穴的入口階梯下面和冰穴內部也有洞頂很低的地方。請彎腰慢慢行走,以免撞到頭。
③ 冰穴·風穴的洞窟內平均氣溫都是3度。即使是夏天,也建議備好外套。

也有導覽行程!
和指導員一起巡遊的預約制導覽行程也有受理報名。有專為較少人數或團體設計的行程,路線從介紹冰穴和風穴的簡單行程到能享受紅葉台等健行氣氛的行程應有盡有。

預約報名
☎0555-85-3089
🕘9:00～17:00
休無休

鳴澤

鳴澤冰穴 所需時間 30分
●なるさわひょうけつ

熔岩的水蒸氣噴出後形成的豎穴式洞窟。穿過高91cm的熔岩隧道,往下走到地下21m處,那裡就是平均溫度3度的冰之世界。冰牆和冰柱散布各處,即使是盛夏也很涼快。

MAP 附錄② P.12 F-3
☎0555-85-2301 🕘9:00～17:00
(視時期而異) 休無休(冬季不定休)
¥350円 🚉山梨県鳴沢村8533 交富士急行河口湖站搭巴士往本栖湖35分,冰穴下車,步行5分 P100輛

順路的地方

鳴沢氷穴売店
冰穴的出口附近有商店,可以盡情挑選伴手禮,也可以享用放有山梨名產信玄餅的和風聖代「信玄聖代」。

●名產!
信玄聖代
520円

西湖

富岳風穴 所需時間 30分
●ふがくふうけつ

因熔岩的流淌而產生的橫穴式洞窟。平坦的道路很多,能輕鬆地享受探險的氣氛。熔岩所打造的罕見光景、在1～8月(有變動)也能看見天然的冰柱,全都很夢幻。

MAP 附錄② P.12 F-3
☎0555-85-2300 🕘9:00～17:00
(視時期而異) 休無休(冬季不定休)
¥350円 🚉山梨県富士河口湖町西湖青木ケ原2068-1 交富士急行河口湖站搭巴士往本栖湖37分、風穴下車即到 P150輛

順路的地方

森の駅「風穴」
販售山梨、靜岡的伴手禮和原創商品、健行用品等。限定的「玉米霜淇淋」廣受歡迎。(→P.83)

●名產!玉米霜淇淋360円

以罕見的光苔
為目標探索

鼉·種子的貯藏庫遺跡
實際使用至昭和30(1955)年左右的貯藏庫。曾用於保存鼉卵和樹木的種子。

洞內通路
洞內是由氣泡很多的玄武岩所形成,因此聲音不容易反射。地面雖然平坦,卻很濕滑,因此請小心前進吧。

出入口

熔岩棚
在熔岩冷卻凝固之前,柔軟的表面部分剝落,捲成圓木般的熔岩棚。

熔岩樹型

冰柱

繩狀熔岩

熔岩棚

支洞

光苔

繩狀熔岩

鼉·種子的貯藏庫遺跡

熔岩池
融化的熔岩累積成水池般的模樣,並維持著這種形狀冷卻凝固的場所。遍布著波浪起伏般的獨特模樣。

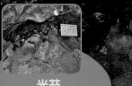

光苔
黏在岩壁上閃耀著綠白色光芒的珪酸華,通稱為「光苔」。碰到光就會反射成碧綠色。

只要掌握這個就完美了！

一邊眺望富士山，一邊和可愛的羊群親密接觸吧！

❍從露天座位眺望富士山和花田

❍春天還能遇見羊寶寶

在朝霧高原和動物遊玩吧！

馬飼野牧場

馬飼野牧場位在日本屈指可數的酪農地帶朝霧高原上。由馬飼野老闆和喜愛大自然的員工們共同經營。在夏天也很涼爽的高原牧場，暢享酪農體驗或和動物們親密接觸，並享用牧場美食吧。

人氣活動！

放牧羊群 免費

每天早晨舉辦的最受歡迎活動，讓羊從小屋移動到放牧場。羊毛厚重蓬鬆的羊成群行進的模樣十分療癒。
🕙10:00～（冬季有時會取消）

↑蓬鬆柔軟的羊走路的模樣很可愛！

輕鬆地體驗露營
不住宿的豪華露營

在時尚的帳篷中悠閒享受的不住宿露營。能一邊眺望富士山一邊體驗戶外活動。（需預約）
🕙11:00～15:00

💰附餐點
成人7000円
兒童4000円

和馬交流
親密接觸牧場 免費

踩前腳是撒嬌要求食物的信號。試著叫牠的名字，並給出胡蘿蔔吧。

💰20分
300円

和山羊一起巡遊園內！
散步山羊

握著牽繩和羊一起散步。雖然羊不會隨人的意思前進，但是不用著急，就悠閒地享受吧。

💰1個100円

抓住動物們的心
動物的點心

園內散布著能購買「動物的點心」的販賣機。把點心給喜歡的動物吃，讓關係變得親密吧。

確認牧場的精彩之處！
拖拉機巴士

可以一邊眺望富士山一邊遊覽園內一圈。員工會告知精彩之處，因此來到牧場之後，就先搭乘吧。

💰成人400円
兒童300円

朝霧高原 **馬飼野牧場**
●まかいのぼくじょう
☎0544-54-0342 🕙9:30～17:30（11月21日～3月20日為→16:30）休無休（12月～3月20日為週三休，有不定休）💰成人1000円、兒童600円（12月～3月19日為成人700円、兒童400円）所靜岡縣富士宮市內野1327 🚌JR富士宮站搭巴士往富士山駅30分，まかいの牧場下車即到 🅿800輛 **MAP附錄②P.15 B-3**

果然好想吃！
牧場美食!!

富士山起司蛋糕

混合2種起司製成，馬飼野牧場人氣第一名的伴手禮。

💰1350円

💰1瓶230円

優酪乳

用自產牛奶製作的優酪乳。味道清爽的超人氣商品。

牛奶（900㎖）

榮獲iTQi（國際風味暨品質評鑑所）風味絕佳獎2星等獎項的評價優良自製牛奶。

💰1瓶550円

牧場冰淇淋

使用牧場牛奶的霜淇淋不容錯過。香濃的奶香滋味。

💰400円

農場餐廳

可以用自助餐的形式品嘗大量使用富士山麓食材的料理。

💰自助餐
1890円

前往震撼壯觀的野生動物王國
富士野生動物園

這是日本國內首座森林型自然動物公園，位在標高850m處，活用富士山麓的自然生態。用各式各樣的風格遊覽園內，盡情享受和動物的相遇吧。

前往動物是主角的世界 進行一趟潛入任務！

應該先決定好遊覽方式！

行前想要先知道
野生動物區的玩法

從5種遊覽方式中選擇吧！

鐵則是當天先到先得的交通工具要立刻在諮詢處的售票機購票。請注意是否售罄。

A 自駕
不需預約

自駕可以依照喜歡的節奏遊覽野生動物區。由於視線比叢林巴士低，因此也是震撼力十足。

| 所需時間 | 50分 |
| 追加費用 | 免費 |

B 叢林巴士
當天先到先得

窗戶裝著鐵網而非玻璃的巴士。可以聆聽工作人員的導覽巡遊園內。隔著鐵網餵食獅子和熊的體驗廣受歡迎。

所需時間	50分
追加費用	1300円（3歲以上、附飼料）
運行時間	30分1班（週六、日、假日為約10分1班）

C 超級叢林巴士
WEB 可以預約

日本首輛連車頂部分都裝設鐵網的巴士。看著從頭頂上逼近過來的動物，興奮刺激的感覺更加高漲！可以在WEB事先預約。

所需時間	60分
追加費用	2000円（小學生以上、附飼料）
運行時間	視季節而異

D 野生動物區導航車
當天先到先得

駕駛斑馬花紋的4WD汽車行駛在越野道路上，近距離地接近動物。可以用觸控式平板電腦聆聽動物的解說，也能餵食長頸鹿等動物。

所需時間	50分
追加費用	1輛5000円（限乘7人）
運行時間	30分1輛（週六、日、假日為約10～15分1輛）

E 漫步野生動物區
不需預約

一邊進行森林浴，一邊在野生動物區的外側遊覽一圈。能隔著鐵網餵食獅子的Lion Lock等觀察地點到處都有。

所需時間	1小時30分～
追加費用	500円（4歲以上需付費，飼料費另計）
運行時間	3月中旬～11月，時間會視季節而異（天候不佳時中止）

在野生動物區 能遇見的動物們

老虎
分布在西伯利亞和中國東北部的東北虎。公老虎的體長有時也會長到將近3m

熊
可以看到美洲黑熊、亞洲黑熊、棕熊3種品種

大象
大象區有亞洲象、比亞洲象稍大的非洲象2種品種

獅子
生活在非洲疏林草原的萬獸之王獅子。注意觀看威嚴的表情吧

長頸鹿
生活在肯亞北部和衣索比亞的長頸鹿，圓滾滾的眼睛和身體的網狀花紋都好可愛

富士野生動物園
●ふじサファリパーク
MAP 附錄②P.6 E-2
☎055-998-1311
🕐9:00～16:30、11月～3月10日為10:00～15:30
休無休 ¥成人2700円，4歲～國中生1500円
所静岡県裾野市須山藤原2255-27 交JR富士站搭巴士往ぐりんぱ60分，富士サファリパーク下車即到
P1400輛

2 個性獨特的午餐時間
12:00
在SAFARI RESTAURANT 享用人氣美食！

以富士山和動物為設計主題的菜單廣受歡迎。在4家餐飲店中最為寬敞。

富士山咖哩
950円
仿造富士山的人氣咖哩。大塊的配菜也是狂野感十足

大象拼盤
750円
小朋友喜歡的食物都集中在這一盤。附迷你飲品也讓你開心

3 獲得可愛動物的療癒
13:00
在互動區和動物 悠閒玩樂

從常見的動物到罕見的動物都能一起玩，還可以餵食。尋找看看喜歡的動物吧。

互動牧場
能觀察小貓熊和狐獴等動物，也有可以親密接觸的動物。

動物村
不僅有羊駝和天竺鼠，還能看見生活在水邊的河馬。

貓館
全球罕見的貓咪們前來迎接。同樣還有狗館、兔子館。
追加費用 500円（3歲以上需付費）

園內區域地圖

```
老虎區
         500m
                    100m    一般草食動物區
獅子區        200m  獵豹區  200m   500m
         200m      500m
熊區    大象區          山岳草食動物區
漫步野生動物區路線
                          野生動物區
700m
    FRONTIER        互動牧場
                          叢林巴士
    叢林巴士             自駕出口
    自駕入口
漫步野生動物區
路線入口
         貓館
         兔子館
    SAFARI RESTAURANT      互動區
    野生動物園店鋪
    Alpen Rose
    麵包製作房
         狗館
售票處
諮詢處          動物村          P
園內巴士售票處
```

為了半日遊的時間表

下面介紹自駕遊覽野生動物區時一般的經典時間表。

1 以動物較活躍的早晨為目標
10:30
自己開車周遊 野生動物區

和散布在7個區域的全世界的動物見面吧。早晚都較為活躍，因此趁早為佳。

4 Get旅行的回憶！
16:00
在野生動物園 店鋪購物

從點心到雜貨、服飾等廣泛商品皆有販售。也留意看看原創的商品吧。

叢林巴士
1200円
人氣的叢林巴士變成迴力車登場。共有7種

原創的連帽上衣
3990円〜
吸汗材質的連帽上衣。尺寸豐富多樣，親子或情侶都能選擇相同款式

原創的布偶
1000円〜
可愛動物的布偶。尺寸和種類都豐富多樣

期間限定的活動也不要錯過，請確認看看吧！

夏季限定，震撼壯觀
游泳的大象

體重超過3t、身軀巨大的亞洲象在水中游泳。能隔著壓克力板觀看開心乘涼的身影。

追加費用 免費（野生動物區內）
舉辦期間 6月中旬〜9月

夢幻的夜間遊程
夜晚野生動物園

可以自己開車或搭乘夜間動物巴士參觀點燈的園內。窺看夜行性肉食野獸原本活潑矯健的模樣吧。

追加費用 1700円（4歲以上需付費，從日間延續使用為1000円）
舉辦期間 黃金週、暑假

※活動的舉辦期間和費用有可能變動，需洽詢（可能因天候或動物的健康狀況而停辦）

富士山 為背景的 IG 曬照景點

好想拍下怦然心動的旅行瞬間！

富士山四季都會展現出美麗的豐富表情。尋求拍照後變得想和大家炫耀的私房富士山風景，出門旅行看看吧！

"閃耀的粉紅色地毯為殘雪的富士山增添色彩"

BEST季節
5月上旬～中旬

芝櫻的觀賞佳機為5月上旬～中旬。祭典期間也有其他花卉點綴會場。

春 夏 秋 冬

☑ **CHECK!**

得吧

◆數量有限，盡快取

限定包裝的桔梗信玄餅！

會場也會販售當地山梨的伴手禮。裝在可愛櫻花色束口袋中的桔梗信玄餅，是只有這裡才買得到的限定商品！

望能眺山的特◆
富士芝櫻等席
◆讓直徑1.5cm形如櫻花的花朵綻放

攝影筆記！

從展望台一望芝櫻！

在會場西側的展望台能從離地3.8m的高度眺望富士山和芝櫻。

本栖湖
富士芝櫻祭
★ふじしばざくらまつり

在多達2萬4000㎡的廣大腹地約有80萬株芝櫻盛開。戴著白色殘雪的雄偉富士山和藍天、鮮豔的粉紅色芝櫻之間的合作美不勝收。

☎0555-89-3031
（富士芝櫻祭事務局）
⏱4月13日～5月26日、8:00～17:00
休期間中無休 ¥入場費成人600円、3歲～小學生250円 ㊟山梨県富士河口湖町本栖212 富士本栖湖リゾート内 🚃富士急行河口湖站搭專用接駁巴士（收費）約30分（僅祭典期間行駛）🅿1500輛
MAP附錄②P.13 B-5

山中湖
山中湖花之都公園
★やまなかこはなのみやここうえん

花之都公園從春天的鬱金香到夏天的向日葵、百日草等各個季節的花卉都能飽覽。紅色、粉紅色、橘色等色彩繽紛的百日草襯托出佇立在後面的富士山。

☎0555-62-5587 ⏱8:30～17:00（17:30閉園，視時期而異）休無休（12月1日～3月15日為週二休，逢假日則開園）¥收費區域500円（視時期而異）㊟山梨県山中湖村山中1650 🚃富士急行富士山站搭富士湖號巴士30分，花の都公園下車即到 🅿220輛

攝影筆記！ **MAP**附錄②P.11 D-3

從花之都大橋眺望花田吧

連結第一大門的花之都大橋，是環視寬廣花田和富士山的絕佳攝影景點。

◆花田有如包圍橋般一望無際

BEST季節
7月中旬～10月上旬

百日草是夏天到秋天。其他還能欣賞春天到秋天的各種花卉。

春 夏 秋 冬

☑ **CHECK!**

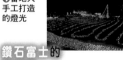

◆鑽石富士是冬天才有的絕景

◆當地人手工打造的燈光

鑽石富士的觀景點

冬季能觀賞在日落時分太陽和富士山頂重疊的「鑽石富士」，以及夢幻的燈光秀。

"在維他命色的花田讓心情也煥然一新"

富士吉田
新倉山淺間公園
★あらくらやませんげんこうえん

爬上長長的階梯後，位在眼前的是能一望富士山和富士吉田市區的名勝。櫻花、忠靈塔和富士山的風景猶如象徵日本般漂亮，從海外前來攝影的人也很多。

☎0555-21-1000
（富士吉田觀光振興服務處）
🚪自由入園 🏠山梨縣富士吉田市淺間2-3353 🚃富士急行下吉田站步行10分
🅿87輛 **MAP**附錄②P.4 E-2

☑**CHECK!**

→從「開耶姬階梯」也能欣賞絕景

一回頭就是富士山
前往有忠靈塔的廣場，要爬上398階的「開耶姬階梯」。疲累的時候就回頭看，眺望著富士山休息吧。

📷攝影**筆記**
位在忠靈塔後面的展望平臺很推薦
忠靈塔後面的山坡有一座展望平臺，可以把富士山和櫻花、五重塔收藏在1張照片中。

→忠靈塔是為了追悼戰亡者而興建的建築物
↓在展望平臺互相讓位，觀賞風景吧

BEST季節
4月中旬
歷年的櫻花觀賞佳機為4月中旬左右。新綠的季節和紅葉的時節也很推薦。
春 夏 秋 冬

情趣豐富的風景也受到海外的關注

"薰衣草點綴的清爽夏富士"

BEST季節
6月中旬～7月中旬
香草節舉行的6月中旬～7月中旬很推薦。
春 夏 秋 冬

☑**CHECK!**

→附設商店、餐廳、咖啡廳

藍莓的霜淇淋也廣受歡迎！
大石公園內的河口湖自然生活館有一家能看見富士山的咖啡廳，霜淇淋廣受好評。

↑附富士山造型餅乾的霜淇淋

河口湖
大石公園
★おおいしこうえん

大石公園可以隔著河口湖眺望富士山，是薰衣草的名勝。初夏的湖畔會裝飾成涼爽的紫色，彌漫清爽的香氣。也會在整個湖畔舉辦香草節。

☎0555-76-8230（河口湖自然生活館）
🚪自由入園 🏠河口湖自然生活館為無休 🏠山梨縣富士河口湖町大石2585 🚃富士急行河口湖站搭河口湖周遊巴士27～32分，河口湖自然生活館下車即到 🅿40輛
MAP附錄②P.9 D-1

📷攝影**筆記**
不妨沿著湖畔散步去吧
河口湖畔沿途有散步道整備完善，可以一邊眺望薰衣草，一邊享受散步的樂趣。

↓乘著微風，讓清爽的花香飄散

→湖畔般群生薰衣草有如包圍湖

BEST季節
11月上旬～中旬
空氣變冷且紅葉彩繪成紅色的11月上旬～中旬很推薦。
春 夏 秋 冬

河口湖
紅葉隧道
★もみじトンネル

湖北View Line的人氣攝影景點。著色的紅葉遮蓋住道路，打造出一條隧道，只要看向河口湖的方向，富士山就會出現。因為是在道路旁邊，所以攝影時請小心別發生車禍。

☎0555-72-3168（富士河口湖町觀光課）
🚪自由參觀 🏠山梨縣富士河口湖町大石 🚃富士急行河口湖站搭河口湖周遊巴士27～32分，河口湖自然生活館下車，步行20分 🅿20輛
MAP附錄②P.9 C-3

"懸掛在空中的鮮紅色拱門"

📷攝影**筆記**
沿著河口湖北岸的道路前進
河口湖北岸的留守岩附近。從大石公園方向往停車場不能右轉，必須繞路。

富士
大淵笹場
★おおぶちささば

富士市的大淵地區布滿秀麗的茶田，能飽覽茶葉產地靜岡縣特有的景觀。朝向富士山和新芽鮮綠清爽的茶田深呼吸看看吧。

☎0545-64-2430
（新富士站觀光服務處，8:45～17:30）🚪自由參觀 🏠靜岡縣富士市大淵 🚃JR富士站車程30分 🅿2輛
（活動期間會有變動）
MAP附錄②P.7 C-3

BEST季節
4月下旬～5月上旬
茶田全年都能觀賞，但是剛長出新芽的春天特別漂亮。
春 夏 秋 冬

📷攝影**筆記**
走在茶田右側的道路吧
前往眺望景點是從停車場沿著茶田右側的道路前進。請勿擅自走進茶田。

綠色鮮豔亮麗的茶田和富士山爭奇鬥豔

參拜開始！

大鳥居
おおとりい
佇立在境內東、西、南側的壯觀紅色鳥居。若是晴朗無雲，往後面還能看見富士山。

有時也能看見富士山

樓門
ろうもん
二層歇山頂式的莊嚴樓門。左右側安放著門神。

莊重地迎接參拜者的門

社殿
しゃでん
檜皮葺屋頂和紅色外觀讓人印象深刻的社殿。春天周圍會有櫻花綻放，相當漂亮。

德川家康所興建！

本殿
ほんでん
稱為「淺間造」的雙層樓閣式建築。也獲指定為國家重要文化財。

屋頂的形狀是富士山！

畫著富士山的御守一字排開

授與所
じゅよしょ
美麗富士山圖案的御守等商品一字排開。也有能在祈願後敬獻的繪馬。

領取朱印吧！

→朱印和朱印帳也要取得喔！

富士山本宮淺間大社
界
◎ふじさんほんぐうせんげんたいしゃ

已成為富士山信仰據點的神社

作為全日本淺間神社的總本宮而受到讚揚的神社。為了平息富士山的火山爆發，把淺間大神（木花之佐久夜毘賣命）當作主祭神祭祀。

✆0544-27-2002
⏰5:00～20:00（關門）、11～2月為6:00～19:00、3、10月為5:30～19:30 休無休 免費參拜 所靜岡縣富士宮市宮町1-1 車JR富士站步行10分 P150輛 MAP P.87 B-1

景點巡遊

富士山麓存在許多神祕的景點，像是已成為山岳信仰中心的神社、因火山爆發而形成的湖泊等。出門前往那樣的場所獲得能量吧！

田貫湖
◎たぬきこ

以鑽石富士而聞名

位在富士西麓的朝霧高原，湖面上映著富士山的美麗湖泊。能在4月和8月的20日前後一週內看見鑽石富士的名勝。

✆0544-27-5240（富士宮市觀光協會）
⏰自由參觀 所靜岡縣富士宮市佐折634-1 車JR富士宮站搭巴士往休暇村富士45分，終點下車即到 P使用田貫營場南側停車場 MAP附錄②P.15 A-3

→旭日閃耀的鑽石富士讓人感動

→浩庵露營場旁邊有導覽板

本栖湖
界
◎もとすこ

追尋畫在千圓紙鈔上的富士山！

以富士山為背景，閃耀著深藍色的模樣相當神祕。從西岸的中之倉峠展望地拍攝到的風景，也因為被畫在千圓紙鈔上而聞名。

✆0556-62-1116（身延町觀光課）
⏰自由參觀 所山梨縣身延町本栖湖畔 車富士急行河口湖站車程40分 P20輛 MAP附錄②P.13 A-4

→以水深121.6m全日本數一數二的深度為榮

→實際拿著紙鈔比較看看吧

和水有關的能量景點！

這裡也很推薦！

←也走遠一點去這裡吧！

←位在富士山本宮淺間大社的境內

→水可以裝入容器中帶回家

湧玉池
◎わくたまいけ

登拜者過去淨身的神聖水池

富士的伏流水湧出的秀麗水池。從前富士登山者會在這裡進行祓褉。水源上蓋著水屋神社。

MAP P.87 B-1

能感覺大自然能量的御神木

太郎杉
◎たろうすぎ
拜殿的兩側有御神木威風凜凜地佇立著，左手邊是太郎杉，右手邊是夫婦檜。

領取美之御守吧！

廣受女性參拜者歡迎的美之御守

北口本宮 富士淺間神社
世界遺產
◎きたぐちほんぐうふじせんげんじんじゃ

位在靈峰的北麓，氣氛嚴肅的神社

日本武尊選定為富士遙拜地的歷史悠久神社。除了桃山樣式的本殿、西宮本殿、東宮本殿以外，其餘8棟社殿也都獲指定為國家重要文化財。

☎0555-22-0221
🕐祈禱申請9:00～16:30（夏季會延長）　休無休　¥免費參拜
🏠山梨縣富士吉田市上吉田5558　🚃富士急行富士山站步行20分　Ｐ200輛
MAP 附錄②P.14 C-2

開始參拜！

在寧靜的參道深呼吸

參道
◎さんどう
氣氛莊嚴且杉木成排的參道。前方有日本最大的木造大鳥居。

祈願吧

拜殿
◎はいでん
氣氛莊嚴肅穆的拜殿已獲指定為國家重要文化財。

在拜殿合掌

授與所
◎じゅよしょ
參拜後在拜殿右手邊的授與所挑選御守吧。畫著富士山的美麗御守也一字排開。

手水舍
◎ちょうずや
獲指定為重要文化財的手水舍。大水盤是由一片岩石挖鑿而成的東西。

用清澈的水淨身吧

能量
在靈峰富士的下面提升運氣！

更加深入！
和🔥火與🟫土有關的能量景點!!

吉田火祭、芒草祭
◎よしだのひまつりすすきまつり

🔥火

◎祭典是國家指定重要無形民俗文化財

富士山麓被火炬的火焰染色

北口本宮富士淺間神社和諏訪神社的秋日祭典。神轎一抵達御旅所，就會點燃高約3m、約90根的火炬。

☎0555-21-1000（富士吉田觀光振興服務處）
🕐8月26～27日，火祭為15:00～23:00左右（26日）、芒草祭為14:00～20:00左右（27日）　🏠山梨縣富士吉田市 北口本宮富士淺間神社周邊上吉田地區　🚃富士急行富士山站即到（金鳥居）　Ｐ有臨時停車場
MAP 附錄②P.14 C-2

船津胎內樹型
世界遺產
◎ふなつたいないじゅけい

🟫土

◎洞內祭祀著木花開耶姬

全長約68m的熔岩樹型

在河口湖原野中心的船津胎內神社中有入口。因為像人的子宮（子宮的日文為「胎內」），所以被稱為御胎內。

☎0555-72-4331（河口湖原野中心）
🕐9:00～17:00　休週一（逢假日則營業，6～8月為無休）　¥200円　🏠山梨縣富士河口湖町船津6603　🚃富士急行河口湖站車程15分　Ｐ10輛
MAP 附錄②P.14 A-3

陣馬瀑布
◎じんばのたき

和源氏有關的清涼感十足瀑布

原本是源賴朝在建久4（1193）年進行富士圍獵時排兵布陣的場所。富士山的湧水懸掛在源頭五斗木川的瀑布。

☎0544-27-5240（富士宮市觀光協會）
🕐自由參觀　🏠靜岡縣富士宮市豬之頭　🚃JR富士宮站搭富士往豬的頭50分，陣馬的瀧入口下車，步行5分　Ｐ20輛
MAP 附錄②P.15 A-2

◎瀑布旁邊有能汲取湧水的景點

↑周圍彌漫著無法形容的清涼感

柿田川公園
◎かきたがわこうえん

◎翠鳥等清流的動植物棲息
◎藍色的漂亮湧水讓人覺得療癒

能感覺大自然的湧水廣場

由富士山伏流水湧出的柿田川上游部分整備而成的公園。在散步道等處能看見水從川底湧出的模樣。

☎055-981-8224（清水町都市計畫課）
🕐自由入園　🏠靜岡縣清水町伏見71-7　🚃JR三島站搭巴士經由三軍休往沼津商業高校14分，柿田川湧水公園前下車即到　Ｐ50輛
MAP 附錄②P.6 G-5

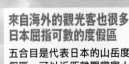

人氣的
攝影景點！
10

來自海外的觀光客也很多
日本屈指可數的度假區

五合目是代表日本的山岳度假區，可以近距離觀賞富士山的山頂，也可以俯瞰位置非常低的白雲。有許多來自日本國內外的觀光客造訪。

大型巴士的遊客也很多的圓環周邊

透過雲上自駕暢遊
富士山的山腰

前往標高**2305m**的另一個天地！

富士山五合目

暢快地行駛在富士山豐富大自然環繞的山岳道路吧！只要抵達標高2305m的富士斯巴魯線五合目，雄偉的富士山就會迫近眼前。

開在**富士斯巴魯線**，
朝向雲上世界前進吧！

GOAL	7	6	5	4	3	2	1	START
中央自動車道河口湖IC	←44分・30km 富士斯巴魯線五合目	←5分・4km 奧庭停車場	←10分・4km 大澤停車場	←15分・7km 樹海台停車場	←15分・7km 一合目下停車場	←3分・2km 富士斯巴魯線 來回2060円	←10分・4km 富士山旋律景點	中央自動車道河口湖IC

1 富士山旋律景點
●ふじさんメロディーポイント

仔細地聆聽〈富士山〉的旋律♪
此景點位在富士斯巴魯線的前面，車輛一通過指定區間，〈富士山〉的旋律就會流洩出來。
MAP 附錄②P.14 A-2

↗畫在道路上的高音譜記號是標誌

私家車管制資訊
2019年度
7月10日（三）17時起至9月10日（二）17時止

↗從收費站看到的富士山景色也美不勝收

2 富士斯巴魯線
●ふじスバルライン

連綿至富士山的山岳道路
從河口湖到富士山五合目大約24km的兜風道路。從收費站到五合目約40分鐘，能欣賞宏偉的景色。

☎0555-72-5244
（山梨縣道路公社 富士山收費道路管理事務所，平日8:30〜17:15）
休 全年可通行（有時會禁止通行），私家車管制時禁止通行 ¥普通車來回2060円 所山梨縣富士河口湖町・富士吉田市・鳴澤村 從中央自動車道河口湖IC走國道139號、縣道707號 P300輛（五合目停車場）、400輛（路旁停車場）
MAP 附錄②P.5 D-4

3 一合目下停車場
●いちごうめしたちゅうしゃじょう

富士山風景絕美的停車場
富士斯巴魯線上第一座停車場「一合目下停車場」，是能拍攝磅礴壯觀的富士山的絕佳景點。
MAP 附錄②P.5 D-3

↗能把愛車和富士山一起拍攝下來

4 樹海台停車場
●じゅかいだいちゅうしゃじょう

能眺望樹海的景點
從位在標高1663m處的「樹海台停車場」能環視青木原樹海的雄偉大自然。
MAP 附錄②P.5 D-3

↗開展在富士山腳緩坡的青木原樹海

5 大澤停車場
●おおさわちゅうしゃじょう

推薦的
展望景點！

眺望南阿爾卑斯
可以一望南阿爾卑斯連峰和八岳連峰的休息場所。若天氣晴朗，從展望台也能看見駿河灣。
MAP 附錄②P.5 D-4

↗享受從標高2020m眺望的景色吧

7 富士斯巴魯線五合目
●ふじスバルラインごごうめ

抵達！

標高2305m的山岳度假區
在吉田口登山道的入口有許多登山客和觀光客，相當熱鬧。也有許多休憩所比鄰而建。
MAP 附錄②P.5 D-4

↑有景色秀麗的的休息區

6 奧庭停車場
●おくにわちゅうしゃじょう

也能享受健行的樂趣
五合目前方大約3km處，隔著斯巴魯線有健行路線，山岳一側稱為御庭，山麓一側稱為奧庭。
MAP 附錄②P.5 D-4

↑前往日本落葉松生長的景觀勝地奧庭的入口

牛肉燴飯 **1000円**
➡富士山形狀的米飯會裹上牛肉醬汁

噴火丼 **1000円**
➡用會引起食慾的麻婆豆腐呈現出火山爆發的岩漿

富士山菠蘿麵包 **260円**
⬅裡面鬆軟、外皮香濃的知名美食

➡木屋風格的店內還販售許多伴手禮

品嘗富士山的美食吧
五合園休憩所
●ごごうえんレストハウス

噴火丼等富士山主題的菜單廣受歡迎。店內販售的あまの屋的富士山菠蘿麵包也很推薦。

☎0555-72-2121（富士登山觀光）
⬆4～11月、8:30～18:00 休期間中無休
所山梨縣鳴沢村富士山8545-1
MAP附錄②P.5 D-4

推薦的展望景點！

➡設置著傳統的紅色郵筒

富士山明信片 **1張700円＋郵票費用**
➡打造成可愛富士山形狀的木製明信片

➡位在五合園休憩所入口的簡易郵局

富士山五合目簡易郵局
●ふじさんごごうめかんいゆうびんきょく

寄出旅行的紀念信吧

位在五合園休憩所的郵局。信件投入郵筒就會蓋上富士山風景的郵戳。也販售富士山形狀的明信片。

☎0555-72-0005
⬆4～12月、8:30～18:00（有時段性變動）休期間中無休
所山梨縣鳴沢村富士山8545-1 五合園レストハウス內
MAP附錄②P.5 D-4

富士斯巴魯線五合目的
精彩之處
PICK UP!!

可以享用富士山特有的美食，也可以挑選伴手禮。下面介紹五合目特有的精彩之處！

⬆往五合目綜合管理中心的前方前進，就有登山口

最多登山者的必走路線
吉田口登山道
●よしだぐちとざんどう

在富士山的4條登山道中，登山人數最多的路線。能從富士斯巴魯線五合目出發。
MAP附錄②P.5 D-4

參拜山岳信仰的聖地吧
富士山小御嶽神社
●ふじさんこみたけじんじゃ

承平7（937）年創建的神社。主祭神是木花開耶姬命的姊姊磐長姬命。可以獲得結緣、健康長壽等保佑。

☎0555-72-1475
⬆4～11月、8:00～17:00
休期間中無休
所山梨縣富士吉田市上吉田小御岳下5617
MAP附錄②P.5 D-4

➡五合目數一數二的能量景點

⬆每年7月1日早上會舉行富士山的開山祭

⬆神社的右手邊有展望台，能眺望山中湖

➡授與所陳列著富士山造型的御守等商品

➡以富士山為主題的各種商品一字排開

取得富士山的伴手禮吧
富士急雲上閣
●ふじきゅううんじょうかく

氣氛時尚明亮的休憩所。商店陳列著許多富士山商品和原創伴手禮。

⬆不僅有商店，還具備住宿設施和餐廳

推薦的展望景點！

☎0555-72-1355
⬆4月下旬～12月下旬、9:00～17:00 休期間中無休
所山梨縣鳴沢村富士山8545-1 MAP附錄②P.5 D-4

袖珍面紙套 **1620円**
➡拉出來的面紙有如富士山頂的白雪

富士山汽水 **200円**
➡口味清爽，當作伴手禮廣受歡迎

若要從南麓前往！
富士山Skyline

前往俯瞰駿河灣的富士山表口

開在富士山Skyline上，以富士宮口五合目為目標前進，享受暢快的山岳自駕吧。

私家車管制資訊 2019年度
7月10日（三）9時起
9月10日（二）18時止

富士山 Skyline
●ふじさんスカイライン

連綿至標高2400m的道路

從富士宮市街方向開始延伸的縣道180號、從御殿場市街方向的縣道23號線和152號線，這3條共計34.5km的道路總稱。

☎0544-27-5240
（富士宮市觀光協會）
⬆4月下旬～11月上旬（夏季登山季時有私家車管制，禁止通行）
￥免費
所靜岡縣富士宮市粟倉
🚗新東名高速道路新富士IC車程50分
P350輛（五合目停車場）
MAP附錄②P.5 D-5

⬆獲選為日本道路100選
➡首位登頂富士山的外國人拉塞福·阿禮國爵士的浮雕
➡具備食堂和商店的休憩所

富士山Skyline的終點
富士宮口五合目
●ふじのみやぐちごごうめ

位在標高2400m處，往富士山頂的最短道路富士宮口登山路線的出發地點。有免費停車場和伴手禮店。
MAP附錄②P.5 D-5

白絲瀑布

充滿負離子的知名瀑布

這是天然的
能量景點♪

為什麼瀑布是呈一列流出呢?
由於讓水容易流過的地層和讓水難以流過的地層重疊,因此富士山融化的雪水就從地層的交界處呈一列橫排流出。

⑥ 展望場～距離瀑布最近!
遊客最多,相當熱鬧。可以藉由從瀑布飛濺過來的水花感受涼爽的清涼感。

一起向下流瀉的水
有如白色的絲線!

宛如被負離子包圍一般,相當舒服

白絲瀑布高約20m、寬約150m,水有如窗簾般從因富士山的火山活動堆積而成的地層交界處流瀉而下。不僅是世界遺產的構成資產,還獲指定為國家名勝及天然紀念物。展望場和柏油路都整備完善,所以就輕鬆地享受散步的樂趣吧。

朝霧高原
白絲瀑布
しらいとのたき
☎0544-27-5240
(富士宮市觀光協會)
🅿自由參觀 所靜岡縣富士宮市上井出 交JR富士宮站搭巴士往白糸の滝30分,白糸の滝觀光案內所前下車,步行5分 🅿120輛
MAP附錄②P.15 B-5

⑤ 滝見橋
把原本架設在上游的橋移建至下游。能看見白絲瀑布的遼闊全景。

⑦ 展望場～以富士山為背景!
位在階梯上面的觀景點。能同時眺望白絲瀑布和富士山的地方只有這裡!一定要拍攝下來。

④ 展望場～能看得很寬敞!
位在滝見橋的附近,舒適寬敞的眺望景點。能一望整個瀑布。

↑比白絲瀑布更加豪邁地流瀉

START!

① 音止瀑布
高25m的瀑布。傳說曾我兄弟在密談要報仇時,為了消除轟隆水聲而祈禱,於是聲音就消失了。

↑還設置著展望台

周邊MAP

③ 展望場～輪椅也可以
位在伴手禮店比鄰而立的街道。位在高處,因此能盡情享受從上方俯瞰白絲瀑布的風景。

② 伴手禮店
伴手禮店比鄰而立的景點。對於往下走到瀑潭後不再返回的人而言,已成能購買伴手禮的最終區域。

透過逆富士的設計，富士山出現在水盤上！

引入湧水的水盤下面是讓倒映的風景更加顯眼的黑御影石。建築物的形狀翻轉過來後，變成富士山的模樣呈現出來。擔任設計的是世界知名的建築師坂茂先生。聳立在遠處的實體逆富士也照映出來。

有更深的魅力！

牆面的材質是富士檜木

把在富士流域砍伐的富士檜木編織成格子狀，創造出曲線

夢幻的點燈也要關注

用LED照明裝飾的夜晚模樣也很漂亮。從日落到22時都能觀賞

靜岡縣富士山世界遺產中心

更加瞭解富士山，就會喜歡上它！

這座據點設施是為了守護及向後世傳達富士山的普遍性價值，而誕生在淺間大社的所在地富士宮。可以透過最新的數位技術更深入地瞭解富士山。讓人印象深刻的建築也廣受歡迎。

富士宮 靜岡縣富士山世界遺產中心
●しずおかけんふじさんせかいいさんセンター
📞0544-21-3776
🕐9:00～16:30（17:00閉館）、7～8月為～17:30（18:00閉館）　休第3週二（逢假日則翌日休，有檢修休館日）　¥300円　所靜岡縣富士宮市宮町5-12　🚉JR富士宮站步行8分　P無
MAP P.87 A-2

\ 富士山豐富多樣！ /
博物館店

免費入場的1樓聚集著富士山麓特有的菜單和商品。

富士山主題的雜貨
從富有設計感的富士山商品到山麓的名店伴手禮都一應俱全

霜淇淋 400円
比擬成春天和秋天的富士山的抹茶和焙茶霜淇淋也廣受歡迎

一望富士山的山腳緩坡！
展望大廳

延伸至斜坡前端的頂樓布滿遼闊天空和雄偉富士山的全景風景。天氣晴朗的日子有時會把玻璃窗全部打開，作為攝影景點廣受歡迎。

↑也能走到展望露臺上

🌀天候不佳時，也能觀賞漂亮的富士山

2個節目上映中
映像館（2樓）

用4K畫質的放映機播放在265英寸的銀幕上。特別推薦最前排。

透過螺旋斜坡進行模擬登山，以展望大廳為目標前進吧！

常設展示 從海拔0m前往山頂！
攀登參拜之山（展示棟1～5樓）

全長193m的螺旋斜坡。把富士山相關的定點照片依照時間順序連結成的縮時影片播放在牆面上。走上斜坡，挑戰模擬登山吧！

↑時刻變化的影像震撼力十足

常設展示
水所支持的生命奧祕
孕育之山（西棟屋頂）

從山頂到駿河灣海底為6000m。透過有如垂直斷面圖的巨大水泥牆面和動植物的標本介紹那裡的生態系。

↑泥水工匠的挾土秀平先生所製作

常設展示的
遊覽方式

有展示棟、北棟、西棟這3棟，展示分為6區。首先走上延伸至5樓的斜坡，再一邊往下走一邊觀賞各種展示。

START

美味食物大集合!!
品嘗當地美食吧

以全國性知名度為榮的富士宮炒麵、富士吉田的鄉土美食吉田烏龍麵等，富士山的山麓有豐富多樣的可口美食！實際體驗當地特有的飲食文化吧！

彈性十足讓人受不了

吉田烏龍麵

麵的粗度和彈性十足是最明顯的特徵，配料大多使用水煮高麗菜和甜鹹的燉馬肉。在紅辣椒中摻入芝麻等調味料的佐料「すりだね」也不可或缺。

分量飽滿！

店主刑部先生

在特別的日子品嘗的富士吉田傳統美食

用富士山造型的炸什錦讓肚子也超滿足

烏龍湯麵 400円
配菜會盛放油炸豆皮和水煮高麗菜

現在已成為傳統水煮高麗菜始祖店的

富士吉田
桜井うどん
● さくらいうどん
MAP 附錄② P.14 C-1

配料會盛放水煮高麗菜的始祖店。菜單只有「湯麵」和「沾麵」，以味噌和醬油調配而成的高湯是絕品。想要品嘗比較看看的人也有令人高興的半份能選擇。

☎0555-22-2797 ⏰10:00～14:30（售完打烊）休週日 🏠山梨縣富士吉田市下吉田5-1-33 🚃富士急行富士山站車程5分 🅿5輛

↑也一直受到當地人喜愛的名店

富士登山烏龍麵 （一般分量）600円
富士山形狀的炸什錦和豬肉會放在上面

富士吉田
ふじ山食堂。
● ふじさんしょくどう
MAP 附錄② P.14 C-2

接近北口本宮富士淺間神社的餐廳。Q軟的粗扁捲麵和用鰹魚、鯖魚、小魚乾熬煮湯頭的醬油味麵湯很相襯。生薑燒和炸雞等定食菜單也豐富多樣。

☎0555-23-3697
⏰11:00～14:00（週六、日、假日為～15:00）
休週二 🏠山梨縣富士吉田市上吉田6-9-6
🚃富士急行富士山站步行15分 🅿15輛

↑用自製的味噌享受味道的變化吧

↑風味豐富的辣味會引人食慾的すりだね

↑從北口本宮富士淺間神社參拜回來後順道去吃一頓

這裡也很推薦

焗烤風烏龍麵 750円

富士吉田
しゅんちゃんち
MAP 附錄② P.14 D-2

提供獨創的吉田烏龍麵。焗烤風烏龍麵和拿坡里烏龍麵、絞肉咖哩烏龍麵等餐點豐富齊全。

☎0555-22-9414 ⏰12:00～13:30、17:30～19:00 休週一 🏠山梨縣富士吉田市中曽根4-3-51 🚃富士急行富士山站步行20分 🅿4輛

玉喜亭烏龍麵 780円

富士吉田
玉喜亭
● たまきてい
MAP 附錄② P.14 B-2

位在國道139號旁邊的店。推薦盛放全部配料的玉喜亭烏龍麵。營業時間很長也令人開心。

☎0555-24-1573 ⏰10:30～16:30（週六、日、假日為～18:30）休無休 🏠山梨縣富士吉田市松山1386 🚃富士急行富士山站車程5分 🅿15輛

富士吉田
麵許皆伝
● めんきょかいでん
MAP 附錄② P.14 C-2

經常因許多客人而熱鬧的人氣店。帶有透明感的Q軟麵條搭配味噌和醬油口味的微甜麵湯最為相襯。

☎0555-23-8806
⏰11:00～14:00（售完打烊）
休週日 🏠山梨縣富士吉田市上吉田東1-4-58 🚃富士急行富士山站步行10分 🅿20輛

貪心烏龍麵 590円

狸貓烏龍冷麵 350円

富士吉田
美也川
● みやがわ
MAP 附錄② P.14 C-1

傳統的硬麵飽足感十足。不僅有招牌菜單的狸貓烏龍冷麵，配菜菜單也豐富多樣。

☎0555-23-2428 ⏰10:30～14:30（週六、假日為～14:00）休週日 🏠山梨縣富士吉田市松山5-9-12 🚃富士急行富士山站搭巴士往甲府5分，警察署前下車即到 🅿20輛

炒麵
（一般分量）450円
簡單的食材襯托出麵條的美味

只要掌握這個就完美了！

富士山麓外出旅遊景點③當地美食

當地系美食的王者

富士宮炒麵

蒸麵的口感讓人上癮

富士宮炒麵的特徵是獨特口感的蒸麵。除此之外，炒麵也會使用搾完豬油的肉渣、沙丁魚乾的魚粉等，根據學會規定的12條規則來製作。

在學會直營店享用王道的味道

MAP 富士宮

富士宮炒麵學會 特產直銷商店
●ふじのみややきそばがっかいアンテナショップ
MAP P.87 B-2

附設在富士宮炒麵學會事務局。可以單純地品嘗富士宮炒麵的麵條，其特徵是Q軟的獨特彈性。把炒麵麵包裝在杯中的限定商品「麵ブラン」也廣受歡迎。

☎0544-22-5341　⏰10:30～17:30　休無休
📍靜岡県富士宮市宮町4-23 お宮橫丁內
🚉JR富士宮站步行8分　P無

綜合炒麵
680円
麵條和甜味醬汁絕妙地拌在一起

如果來到富士宮一定要嘗一嘗！

↪工作人員齊心協力且手法俐落地逐一拌炒
↪位在御宮橫丁，可以輕鬆地順路過去

挑戰做成自己喜歡的富士宮炒麵

MAP 富士宮

鉄板お好焼 すぎやま
●てっぱんおこのみやきすぎやま
MAP P.87 B-2

每張桌子都備有鐵板，採取客人自行拌炒的方式。拌炒方法會細心地教導顧客，即使是新手也能放心。也能拜託店員在旁邊幫忙拌炒。

☎0544-24-8072
⏰11:00～21:00
休週一（逢假日則翌日休）
📍靜岡県富士宮市東町23-1
🚉JR富士宮站即到　P3輛

綜合炒麵
600円
用拌炒的程度和醬汁的分量調整看看吧

富士宮

鉄板焼 ちゃん 駅前店
●てっぱんやきちゃんえきまえてん
MAP P.87 B-2

炒麵使用富士宮製麵所叶屋的麵條，添加鰹魚高湯而非水製成，特徵是Q軟的口感和獨特的風味。御好燒和鐵板燒等菜單也很豐富。

☎0544-22-3835
⏰11:00～14:30、17:00～23:00（週六為11:00～23:00，週日、假日為11:00～22:00）　休週三（逢假日則翌日休）　📍靜岡県富士宮市中央町9-3　🚉JR富士宮站步行3分　P8輛

甜味醬汁香味四溢，有彈性的麵條廣受好評，帶

這裡也很推薦 👆

富士宮

ひまわり
MAP P.87 B-1

用L形吧檯的鐵板在顧客面前拌炒。盛放半熟荷包蛋的綜合炒麵廣受歡迎。也有和式座位。

☎0544-26-3279　⏰11:00～21:00
休週一　📍靜岡県富士宮市若の宮町32　🚉JR富士宮站步行15分
P4輛

綜合炒麵
600円

Page特製 富士宮炒麵
1050円

富士宮

Cafe Page
●カフェ ペイジ
MAP 附錄② P.7 B-3

能品嘗用橄欖油拌炒的特製富士宮炒麵。夾入套餐的自製麵包中再品嘗也很好吃。

☎0544-25-0242　⏰10:00～18:00（午餐11:30～14:30）晚餐為預約制～21:00　休週三、四　📍靜岡県富士宮市野中608-1　🚉JR西富士宮站步行10分　P10輛

富士宮

むすび屋 ●むすびや
MAP P.87 B-2

位在御宮橫丁的店，能品嘗罕見的鹽味富士宮炒麵。鹽和醬汁的Half & Half也廣受歡迎。

鹽味炒麵
500円

☎0544-25-2144　⏰10:00～17:30（週一為～15:00）　休無休　📍靜岡県富士宮市宮町4-23 お宮橫丁內　🚉JR富士宮站步行10分　P無

綜合炒麵
650円

富士宮

大阪屋
●おおさかや
MAP P.87 B-1

用長年用慣的鐵板拌炒得香味四溢。容器也使用鐵板，直到最後都能品嘗熱騰騰的炒麵。

☎0544-27-0237　⏰10:00～20:00（週一、二為～16:00）　休不定休　📍靜岡県富士宮市元城町12-10　🚉JR富士宮站步行7分　P7輛

餺飥麵

傳承自信玄公時代的傳統美食

以扁寬麵為特徵的甲州鄉土料理

據説是武田信玄公當成野戰口糧，之後便廣泛扎根。這道佳餚是用味噌熬製的高湯把扁平的生麵和蔬菜一起燉煮。蔬菜使用帶有甜味的南瓜是主流。

燉煮蔬菜的美味在高湯中擴散開來

黃金餺飥麵
1200円（未稅）
口感Q軟的麵條和慢慢熬煮的高湯很美味

不動餺飥麵
1080円
南瓜、白菜、山菜等豐富配料讓人心滿意足

鮑魚肝醬是味道的關鍵

特製的辣味佐料也請嘗試看看！

員工 木下先生

→寬敞的店內有和式座位和桌椅座位

河口湖
ほうとう蔵 歩成 河口湖店
●ほうとうくらふなりかわぐちこてん

MAP附錄②P.14 A-1
使用嚴選蔬菜和彈性十足的粗麵，用特製味噌和鮑魚肝醬熬煮的黃金餺飥麵是名產。以倉庫為印象的店裡面也有富士山景觀的座位。

☎0555-25-6180 ⏰11:00～21:00（有時期性變動） 休無休 所山梨縣富士河口湖町船津6931 P130輛

河口湖
甲州ほうとう小作 河口湖店
●こうしゅうほうとうこさくかわぐちこてん

MAP附錄②P.14 A-1
能在民俗工藝風格的閑靜店內品嘗餺飥麵。不僅有樸素香濃的南瓜餺飥麵，還有能用吃甜點的感覺享用的紅豆餺飥麵等大約10種菜單齊備。

☎0555-72-1181 ⏰11:00～20:20 休無休 所山梨縣富士河口湖町船津1638-1 交富士急行河口湖站搭河口湖周遊巴士3分，役場入口下車，步行7分 P70輛

南瓜餺飥麵
1150円
蔬菜大塊大塊地放入湯中，飽足感十足

變種的菜單也很豐富

河口湖
名物ほうとう不動 東恋路店
●めいぶつほうとうふどうひがしこいじてん

MAP附錄②P.14 A-1
白雲主題的純白外觀令人印象深刻的「ほうとう不動」4號店。為了直接傳達美味，餺飥麵的菜單只有1種。細細地品嘗自信的一碗麵吧。

☎0555-72-8511 ⏰10:30～20:00（售完打烊，傍晚後需洽詢） 休無休 所山梨縣富士河口湖町船津東恋路2458 交富士急行河口湖站車程7分 P70輛

↑打造成白雲般形狀的藝術店面

河口湖
森のレストラン
●もりのレストラン

MAP附錄②P.8 G-2
番茄基底的罕見西洋風高湯的餺飥麵廣受好評。麵條是Q軟的口感，能用有如在吃義大利麵的感覺品嘗。

☎0555-20-4111（河口湖音樂盒之森） ⏰9:30～18:00（有時期性變動） 休無休（有冬季休館日） 需另付河口湖音樂盒之森的入館費（成人1500円） 所山梨縣富士河口湖町河口3077-20 河口湖オルゴールの森內 交富士急行河口湖站搭河口湖周遊巴士19～24分，河口湖オルゴールの森美術館前下車即到 P300輛

王妃喜愛的西洋餺飥麵套餐
1500円

河口湖
ほうとうの店 春風
●ほうとうのみせはるかぜ

MAP附錄②P.8 H-1
自豪餐點是使用自製味噌基底的高湯和當季蔬菜的餺飥麵。也有豬肉泡菜口味和咖哩口味。

☎0555-76-6781 ⏰11:00～22:00 休週四不定休 所山梨縣富士河口湖町河口770-7 交富士急行河口湖站搭河口湖周遊巴士18～23分，河口湖美術館下車，步行3分 P10輛

豬肉泡菜餺飥麵
1500円

河口湖
庄屋乃家 ●しょうやのいえ

MAP附錄②P.4 E-2
能用桌子的瓦斯爐在眼前一邊煮餺飥鍋一邊吃。熟成2年的自製味噌是味道的關鍵。

☎0555-73-2728 ⏰11:00～20:30 休不定休 所山梨縣富士河口湖町小立3958 交富士急行河口湖站車程10分 P20輛

庄屋鴨肉餺飥麵
1580円

這裡也很推薦

精進湖
いろいろ料理ことぶき
●いろいろりょうりことぶき

MAP附錄②P.13 C-2
精進湖畔的餐廳。能品嘗添加中藥的藥膳餺飥麵和青竹餺飥冷麵等獨具個性的菜單。

☎0555-87-2303 ⏰10:00～18:30 休週二（5～11月為週二不定休） 所山梨縣富士河口湖町精進1049 交富士急行河口湖站搭巴士往本栖湖35分，精進湖下車即到 P40輛

藥膳餺飥麵
1680円

外觀和味道都超滿足！

富士山美食

遇見富士山麓特有的美食

在有富士山的山梨縣和靜岡縣，外觀也有趣的富士山主題的知名美食陸續登場。把美味富士山吃到飽，當作旅行的回憶吧！

味道和擺盤都是富士山等級的海鮮丼

醃漬鮪魚丼 富士山分量 1520円(未稅)
呈現出被來自御殿場的夕陽染色的赤富士

季節的單點料理也很推薦

老闆 堀內先生

除了架高的和式座位與桌椅座位，還有寬敞的一般和式座位

御殿場

すしぎん

MAP附錄② P.6 G-1

能品嘗以駿河灣的鮮魚為主的當季新鮮海味。附富士山造型海苔的海鮮丼為大塊生魚片，分量飽滿。經驗豐富的老闆所製作的各種和食菜單也廣受歡迎。

☎0550-89-6671 🕒11:30～21:30 (22:00打烊) 休週二 所静岡県御殿場市萩原992-501 🚃JR御殿場站車程10分 P18輛

把早上捕獲的魩仔魚做成富士山分量

Q彈生魩仔魚丼 富士山分量 950円
白色的清煮魩仔魚有如富士山頂的白雪

赤富士丼 850円
使用在特製醬油中醃漬的大隻魩仔魚

從能感覺海風的漁港也能看見富士山

富士

田子の浦港漁協食堂

●たごのうらこうぎょきょうしょくどう

MAP附錄② P.7 C-4

位在漁業組合的腹地內，早上現撈的魩仔魚能當場品嘗。採取「單船拖網」的捕魚方法，並把海鮮在活著的狀態下急速冷凍，因此新鮮度絕佳。伴隨著漁港的風景品嘗吧。

☎0545-61-1004 (田子之浦漁業協同組合) 🕒4月1日～12月28日、10:30～13:30 (售完打烊) 休8月13～16日 (需洽詢，天候不佳時) 所静岡県富士市前田新田866-6 🚃JR新富士站車程10分 P40輛

雞蛋香濃鬆軟的知名歐姆蛋牛肉燴飯

富士山歐姆蛋牛肉燴飯 1296円
比擬成白雪的白醬是重點

河口湖

SYLVANS

●シルバンズ

MAP附錄② P.14 A-3

能品嘗用富士山天然水釀造的富士櫻高原麥酒的餐廳。適合配啤酒的菜單很豐富，富士山歐姆蛋牛肉燴飯是廣受歡迎的佳餚。

☎0555-83-2236 🕒11:30～14:30、17:30～21:00 (週六、日、假日為11:30～21:00，冬季有變動) 休週四 (旺季除外) 所山梨県富士河口湖町船津剣丸尾6663-1 🚃富士急行河口湖站搭免費接送巴士10分 P350輛

藍玫瑰會散發柔和香氣的霜淇淋

富士山霜淇淋 370円
用霜淇淋重現白雪殘留的富士山

富士吉田

ふじやま屋

●ふじやまや

MAP附錄② P.14 C-1

富士山相關產品一字排開的店。也販售用藍玫瑰和香草2層口味製成的富士山霜淇淋，以及用富士山伏流水泡的咖啡。

☎0555-23-1120(Gateway Fujiyama 富士山駅店) 🕒8:00～18:00 休無休 所山梨県富士吉田市上吉田2-5-1 🚃富士急行富士山站內 P424輛

享用香濃鬆軟的絕頂幸福口感

富士山鬆餅 980円
特徵是馬斯卡彭起司和瑞可達起司的清爽風味

富士山歐風牛肉咖哩 1180円
把特製的肉汁清湯和香料熬煮2天的佳餚

河口湖

富士山パンケーキ

●ふじさんパンケーキ

MAP附錄② P.14 A-1

鬆餅以富士山的熔岩窯烘烤而成，多餘的水分因為遠紅外線的效果而沒有蒸發，因此能享用鬆軟的口感。除了用熔岩釜鍋烘烤的披薩和牛排以外，原創的咖哩也廣受歡迎。

☎050-5267-2512 🕒10:00～20:00 休無休 所山梨県富士河口湖町船津6832 THE NOBORISAKA HOTEL新館1F 🚃富士急行富士河口湖站車程5分 P130輛

位在THE NOBORISAKA HOTEL 1樓的店

金華豬的
燉煮腱肉
2320円
耗時5小時熬煮的
腱肉是柔
軟的口感

想走遠一點去品嘗!!

富士山麓餐廳

拳頭
漢堡排
1058円
用炭火烘烤得表面
香味四溢、裡面多汁

牛肉100%，
肉汁滿溢

御殿場
れすとらん力亭
・れすとらんちからてい

鄰近御殿場站乙女口，昭和54（1979）年創業的洋食店。御殿場生產的金華豬販賣店，使用金華豬帶骨腱肉的菜單廣受歡迎。除此之外，以金華豬漢堡排1340円、富士山水菜咖哩980円為目的造訪的觀光客也很多。

MAP附錄②**P.14 B-4**
☎0550-83-0362
⏰11:30～13:00、17:00～20:00
休週一 所靜岡県御殿場市東田中865
交JR御殿場站步行5分 P12輛

→店內是能在和式座位悠閒放鬆的氣氛

御殿場
炭焼きレストランさわやか
御殿場インター店・すみやきレストランさわやか
ごてんばインターてん

MAP附錄②**P.14 B-5**

炭烤漢堡排的專賣店。最受歡迎的拳頭漢堡排為250g，分量飽滿。醬汁有多蜜醬和洋蔥醬2種能選擇。表面烤得恰到好處，裡面因為遠紅外線的效果，所以可以盡情享用多汁肉塊的美味。

☎0550-82-8855
⏰11:00～24:00 休無休 所靜岡県御殿場市東田中984-1
交JR御殿場站步行7分 P32輛

→在靜岡縣內能大排長龍的人氣餐廳

慢慢熬煮的
多蜜醬是絕品

→爵士樂流瀉的閑靜店內

→外觀為和風裝飾的洋食店

燉煮牛肉
2300円
附湯、沙拉、白飯、自製麵包、咖啡

果然好想吃的
美味肉料理！

10小時蛋包
飯套餐 **1500円**
10小時蛋包飯附
沙拉和飲料

MAP附錄②**P.14 B-4**

御殿場
九良左衛門
・くろうざえもん

MAP附錄②**P.6 G-1**

重複進行把蔬菜和牛腱肉熬煮後過濾的作業，耗時1個半月製作的多蜜醬是關鍵。和牛相當柔軟，用筷子就能戳開。蔬菜和米為自家栽培，麵包、沙拉醬也全是自家製。經常上門的常客也很多。

☎0550-89-6666
⏰11:30～14:00、17:30～20:30 休週四
所靜岡県御殿場市北久原113-4 交JR御殿場站車程7分 P40輛

御殿場
ビストロかぼちゃのNABE
・ビストロかぼちゃのナベ

御殿場站附近的法式小餐館。最受歡迎的10小時蛋包飯為熬煮10小時的燉煮牛頰肉和雞蛋會在口中香濃地化開。中午另外還提供古岡左拉起司10小時蛋包飯等4種10小時蛋包飯。

☎0550-82-9950 ⏰11:30～14:00、18:00～21:00 休週三（逢假日則翌日休，黃金週、盂蘭盆節營業）所靜岡県御殿場市新橋1969-1 交JR御殿場站步行3分 P2輛

奢華的燉肉和
香濃鬆軟的雞蛋
合為一體

→TV也曾介紹的10小時蛋包飯是招牌菜單

42

鹽燒姬鱒定食
1780円

只有外形優良且超過22㎝的姬鱒進貨時才會提供

享用在富士名水中長大的魚料理吧！

用鹽燒簡單地品嘗姬鱒吧

SUN·LAKE
●サン レイク

MAP 附錄② P.12 H-2

名產是使用在西湖捕獲的姬鱒和西太公魚的料理。在只有限定場所才能捕獲的姬鱒當中，也只有獲得超過22㎝的魚時才能品嘗的鹽燒是絕品。店內寵物OK。也有小屋和簡易木屋等設施。

☎0555-82-2933

🕐8:00～19:00 休不定休 所山梨縣富士河口湖町西湖2204 🚃富士急行河口湖站搭河口湖周遊巴士30分，駒形下車即到 🅿50輛

➡豐富大自然環繞的民宿

松風 ●まつかぜ

MAP 附錄② P.13 B-4

鄰近本栖湖，富士山的風景也很優美的鄉土料理店。以蒲燒虹鱒為首，山豬和鹿等山肉料理、老闆在山裡採的山菜等豐富的當地珍味都能品嘗。沒有腥臭的新鮮生鹿肉也很推薦。

☎0555-87-2501

🕐10:00～日落 休不定休（平日需洽詢）所山梨縣富士河口湖町本栖120-1 🚃富士急行河口湖站搭巴士往本栖湖·新富士駅45分，本栖入口下車，步行5分 🅿20輛

➡能在和式座位度過悠閒放鬆的時光

蒲燒虹鱒是把自製醬料當作味道的關鍵

蒲燒虹鱒定食
1600円

恰到好處的扎實魚身裹上甜鹹醬汁

富士拿坡里義大利沾麵
（一般分量）1200円
（大）1250円

加麵為180円，添加櫻花蝦的加麵為230円

當地的推薦！

大膽地改造！富士拿坡里義大利沾麵

喫茶 アドニス
●きっさアドニス

MAP 附錄② P.7 C-4

富士市當地美食「拿坡里義大利沾麵」的名店。香濃豐富的番茄湯和Q軟的麵條十分相襯。在途中加入檸檬，享受味道的變化吧。

☎0545-52-0557 🕐11:00～湯頭售完打烊 休週二、三（逢假日則營業）所靜岡縣富士市吉原2-3-16 🚃岳南電車吉原本町站步行10分 🅿40輛

季節的品味全餐
（簡易全餐）5702円

能品嘗主廚推薦的6道法國菜

透過全餐享用自家農園的有機蔬菜

Restaurant Bio-s
●レストラン ビオス

MAP 附錄② P.7 A-2

料理摻入富士宮特產的虹鱒等當地食材和點綴季節的蔬菜，並大量使用在自家農園「ビオファームまつき」採摘的新鮮蔬菜。透過主廚推薦的季節品味全餐即可享用天然食材。

☎0544-67-0095 🕐11:30～14:00、17:30～20:00 休週二、三（黃金週、盂蘭盆節營業）所靜岡縣富士宮市大鹿窪939-1 🚃JR西富士宮站車程15分 🅿10輛

➡晴天的露天座位和窗旁座位都很舒服

充滿當地蔬菜的午餐也廣受歡迎！

5種蔬菜拼盤
1500円

1天限量15份。平日為套餐（附麵包、湯、甜點），週六、日、假日為單點1200円

堅持使用御殿場生產的新鮮食材

くいしんぼ五味
●くいしんぼごみ

MAP 附錄② P.6 G-1

道地的歐風料理使用御殿場生產的新鮮蔬菜和金華豬、駿河灣的海產等老闆嚴選的素材，廣受好評。午餐1天限量提供15份的5種蔬菜拼盤，可以享用以各種不同調理方法烹調的素材滋味。

☎0550-80-5353 🕐11:00～14:00、17:00～20:30 休週二、第3週三（黃金週、盂蘭盆節營業）所靜岡縣御殿場市萩原992-577 🚃JR御殿場站車程15分 🅿10輛

➡堅持使用當地食材的獨棟餐廳

私藏的 富士山麓 伴手禮

想要的東西豐富多樣！

下面介紹富士山主題的點心和商品、山梨&靜岡的人氣伴手禮等嚴選的富士山麓伴手禮！

商品

A 富士山布丁
432円

使用當地生產的蜂蜜和雞蛋，以及添加葡萄酒的焦糖。能享用白色層的滑順口感和黃色層的Q彈口感

D 富士山羊羹 抹茶
1條 1400円

堅持使用北海道生產的紅豆等素材，並表現出雄偉富士山的羊羹。除了抹茶風味以外，也有季節限定的羊羹

D 富士の錦
1條 2230円

每月22日（富士日）限量販售223條。用顏色和味道在1條羊羹中表現出春夏秋冬的富士山

A 世界的富士山
3456円

使用富士嶺牛奶和富士山蜂蜜的蛋糕。以世界遺產的登錄為契機，從日本的富士山改名為世界的富士山！

E 富士山汽水
230円

以在富士山的山麓汲取的礦泉水製作的汽水。因為是溫和的軟水，所以容易入口，口感清爽。可愛的標籤也很吸睛

B 富士戚風蛋糕
大1296円

使用富士山麓的食材細心烘烤而成的鬆軟戚風蛋糕。甜度適中的樸素味道廣受歡迎

B 麵包餅乾
669円

把切成富士山形狀的富士戚風蛋糕烤得香味四溢的麵包餅乾。可愛的富士山造型廣受歡迎

F 富士山餅乾
1塊 130円〜

使用日本國產麵粉和富士山蜂蜜等嚴選素材的人氣餅乾。紅茶和抹茶風味等種類也很豐富

C Fujisen
864円

富士山造型的一口尺寸仙貝。把白雪覆蓋在醬油味的米果上。包裝也是富士山造型

河口湖

E Gateway Fujiyama 河口湖駅店
● ゲートウェイフジヤマかわぐちこえきてん
MAP附錄②P.8 G-5
☎0555-72-2214
🕐8:00〜20:00　休不定休　所山梨縣富士河口湖町船津3641 富士急行河口湖駅構內　🚃直達富士急行富士河口湖站　P使用站前的收費停車場

河口湖

D 金多゛留満 本店
● きんだるまほんてん
MAP附錄②P.14 A-1
☎0555-72-2567
🕐9:00〜19:00（10〜3月為18:00）　休無休　所山梨縣富士河口湖町船津7407　🚃富士急行河口湖站車程10分　P5輛

沼津

C 花見煎餅
● はなみせんべい
MAP附錄②P.6 F-5
☎055-962-0394
🕐9:00〜17:30　休第1、3週日（會有變更）　所靜岡縣沼津市下條町28　🚃JR沼津站步行15分　P3輛

富士吉田

B シフォン富士
● シフォンふじ
MAP附錄②P.14 D-2
☎0555-24-8488
🕐10:00〜18:00　休週二、第4週三（逢假日則營業）　所山梨縣富士吉田市大明見2-23-44　🚃富士急行富士山站車程4分　P5輛

河口湖

A La Verdure 木村屋
● ラヴェルデュールきむらや
MAP附錄②P.14 A-1
☎0555-73-1511
🕐10:00〜19:00（1〜3月為18:00）　休週二（逢假日則翌日休）　所山梨縣富士河口湖町船津2547-3　🚃富士急行河口湖站車程5分　P8輛

44

I 御守小物包
3780円

以「每日是吉日」為主題的織物品牌kichijitsu的小物包。能當作智慧型手機或數位相機的收納包使用

E handkerchie-fuji
1080円

捏住手帕的中央拿起來，富士山就會出現的「手帕富士」。把富士山放入口袋中再露出門吧

I 富士山領帶
8640円

領帶布料專門織物工廠的渡小織物所製造。用100％絲綢的布料表現出能從工廠看見的富士山

想要特地去買！ 富士山

嚴格挑選出可愛富士山造型的伴手禮！買回去當作送給家人和朋友的禮物吧！

J めでたや炭々
1620円

仿造富士山的除臭炭。有表現出春夏秋冬的4種設計

J 富士山御朱印帳
1458円

めでたや原創。以富士山的四季為印象。也有相同花樣的筆記本

G こ・こ・ろ
540円

使用野生魚的魚板。包裝是用染物製法的型染來設計。富士山花樣為御殿場店限定

J 三角富士山信封袋
864円

在某些時候很方便的信封袋。想要加上留言，送出富士山的伴手禮

F FUJIYAMA SEKKEN
1塊 300円

使用天然香油的富士山造型香皂。有迷迭香、薰衣草、檸檬草3種，可以溫和地洗淨

H 富士五湖郵票貼紙
1600円

郵票貼紙上畫著從富士五湖看見的富士山。買來當作來過富士山的紀念也很推薦

H 富士山明信片
1張 700円＋郵票費用

木製的富士山造型明信片。明信片只要在富士山五合目簡易郵局投入郵筒，就會蓋上富士山的郵戳。試著寄出紀念信吧！

〔河口湖〕

J めでたや

MAP附錄②P.9 D-2

☎0555-72-8313
⏰9:30～18:00（冬季為～17:30）
休不定休 所山梨縣富士河口湖町大石1477-1 交富士急行河口湖站搭河口湖周遊巴士27～32分，河口湖自然生活館下車即到 P70輛

〔富士吉田〕

I ヤマナシ ハタオリ トラベル MILL SHOP

◎ヤマナシハタオリトラベルミルショップ

MAP附錄②P.14 C-1

☎0555-23-1111
（富士急百貨店）
⏰10:00～20:00 休不定休
所山梨縣富士吉田市上吉田2-5-1 Q-STA 1F 交直達富士急行富士山站

〔富士斯巴魯線五合目〕

H 富士山五合目簡易郵局

◎ふじさんごごうめかんいゆうびんきょく

MAP附錄②P.5 D-4

☎0555-72-0005
⏰4～12月，8:30～18:00（視時期而異）
休期間無休 所山梨縣鳴澤村富士山8545-1 五合園レストハウス內 交富士急行河口湖站搭巴士往富士スバルライン五合目50分，終點下車即到 P300輛

〔御殿場〕

G 鈴廣かまぼこ御殿場店

◎すずひろかまぼこごてんばてん

MAP附錄②P.14 C-5

☎0550-81-4147
⏰9:00～18:00（週六、日、假日為～19:00，1～3月除外）
休不定休 所靜岡縣御殿場市東山1074-12 交JR御殿場站車程5分 P25輛

〔河口湖〕

F FUJIYAMA COOKIE

◎フジヤマクッキー

MAP附錄②P.8 H-4

☎0555-72-2220
⏰10:00～17:00（視時期而異）
休無休 所山梨縣富士河口湖町淺川1165-1 交富士急行河口湖站步行12分 P3輛

私藏的
富士山麓
伴手禮

伴手禮

COUNTRY MA'AM
A 桔梗信玄餅
756円

在揉入黃豆粉和黑糖的麵糰中加入白巧克力的桔梗信玄餅風味。取得山梨縣特有的限定商品吧！

A 桔梗信玄餅
8塊裝 各1368円

山梨代表性的知名點心。把桔梗屋的黑糖滿滿地淋在裹著黃豆粉的柔軟麻糬上再品嘗吧

A 超值桔梗
信玄餅冰淇淋
345円

礦物質豐富的黑糖和香濃的黃豆粉。把桔梗信玄餅的風味直接做成冰淇淋！

A 桔梗信玄餅萬壽
108円

添加黃豆粉麻糬的內餡和黑糖的小麥麵糰既濕潤又柔軟。經過油炸因此外層相當酥脆

A 桔梗信玄餅生乳捲
216円

在鮮奶油中放入桔梗信玄餅，再用海綿蛋糕輕柔捲起的新感覺甜點

C はまなし
6個裝 1080円

淡粉紅色很漂亮的葡萄酒果凍。包入在富士山五合目自然生長的高山植物濱梨玫瑰果實

B 鰻魚派
12片裝 962円

50年以上持續受到喜愛的靜岡知名點心。以鰻魚粉和奶油、大蒜等食材調配而成

D こっこ
2個裝 230円

在大量使用雞蛋的鬆軟蛋糕中加入特製牛奶奶油的靜岡知名伴手禮

E 黑玉
4顆裝 594円

用黑砂糖的羊羹包裹青豆餡的山梨知名點心。不只適合配茶，也適合搭配咖啡。漆黑的模樣超級吸睛

E 公路休息站
富士吉田
●みちのえきふじよしだ

MAP附錄②P.14 C-3

☎0555-21-1225
⏰9:00～19:00 (視季節、設施而異) 休無休 所山梨縣富士吉田市新屋1936-6 中央自動車道河口湖IC走國道138號往山中湖車程4km P218輛

D 公路休息站
富士川樂座
●みちのえきふじかわらくざ

MAP附錄②P.7 B-4

☎0545-81-5555
⏰8:00～21:00 (視設施而異) 休無休 所靜岡縣富士市岩淵1488-1 東名高速道路富士IC走國道139號、縣道353號、一般道路、縣道396&10號，往身延車程8km (直通東名高速道路富士川SA上行線) P270輛

C 金多゛留滿
本店
●きんだるまほんてん

MAP附錄②P.4 A-1

☎0555-72-2567
⏰9:00～19:00 (10～3月為～18:00) 休無休 所山梨縣富士河口湖町船津7407 交富士急行河口湖站車程10分 P5輛

B 公路休息站
すばしり
●みちのえきすばしり

MAP附錄②P.4 F-4

☎0550-75-6363
⏰9:00～20:00 (視時期而異) 休無休 所靜岡縣小山町須走338-44 東富士五湖道路須走IC即到 P111輛

A 桔梗屋東治郎
富士吉田店
●ききょうやとうじろうふじよしだてん

MAP附錄②P.14 C-1

☎0555-21-1500
⏰9:00～19:00 休無休 所山梨縣富士吉田市松山5-8-14 交富士急行富士山站步行15分 P25輛

F 葡萄汁（甲州）
1755円（360㎖）
使用葡萄酒專用的葡萄製成的果汁，外觀也很像葡萄酒一樣。適合當作禮品

E 顎碎きMAX
454円
富士吉田市的名產吉田烏龍麵。當地高中生所研發，追求極限的粗度和十足彈性的生烏龍麵

D 富士宮炒麵 3包裝 918円
Q軟的麵條會附醬汁、高湯粉、yaki そばの友（肉渣），最適合當作伴手禮的商品

沒有買這個就無法開始！

超王道

代表山梨和靜岡的當地伴手禮也不要忘記！確認絕對要買的伴手禮吧！

E 激辛ゴマんぞく
540円
吉田烏龍麵不可或缺的佐料，公路休息站 富士吉田的餐廳也在使用相同的食材。能在自家重現正宗的吉田烏龍麵

E 吉田烏龍麵風味牛奶糖
216円
當地美食吉田烏龍麵味道的牛奶糖。甜鹹的懷舊口味說不定會意想不到地吃上癮喔

G 朝霧牛奶
900㎖ 1080円
從飼料開始嚴選製成的朝霧高原生產的牛奶。乳脂肪成分離，味道濃醇

為了瞭解差異的人

名水美食！

品嘗在富士山耗費時間鍛鍊的充滿恩惠的水吧！

J Fuji Premium Sparkling Water
200円
以富士山的天然水製成，氣泡質地細緻的氣泡水。口感柔和，味道清爽，因此適合搭配和食

I 富士櫻高原麥酒4瓶組
1900円
用富士山的天然水「富士櫻命水」釀造的精釀啤酒。能用套組享用4種口味

J 富士山的水凍
150円
水的美味可以直接品嘗的水凍。確實地冰鎮後，加工淋上黑糖或檸檬等食材也很好吃

H 波隆那香腸
100g 220円（未稅）～
使用嚴選食材，緊緊地塞滿豬肉原本的美味。火腿製造興盛的御殿場老店所製作的香腸

富士吉田
J Gateway Fujiyama 富士山駅店
●ゲートウェイフジヤマふじさんえきてん
MAP 附錄②P.14 C-1
☎0555-23-1120
🕐10:00～20:00 🈺不定休
🏠山梨縣富士吉田市上吉田2-5-1 Q-STA 1F 🚃直通富士急行富士山站 🅿424輛

河口湖
I SYLVANS
●シルバンズ
MAP 附錄②P.14 A-3
☎0555-83-2236
🕐11:30～14:30、17:30～21:00（週六、日、假日為11:30～21:00、冬季有變動） 🈺週四（旺季除外）
🏠山梨縣南都留郡富士河口湖町船津剣丸尾6663-1 🚃富士急行河口湖站搭費接送巴士10分 🅿350輛

御殿場
H 二の岡フーヅ
●にのおかフーヅ
MAP 附錄②P.6 G-1
☎0550-82-0127
🕐9:00～18:00 🈺週二（逢假日則營業）
🏠靜岡縣御殿場市東田中1729 🚃JR御殿場站車程5分 🅿20輛

富士宮
G 公路休息站朝霧高原
●みちのえきあさぎりこうげん
MAP 附錄②P.5 B-3
☎0544-52-2230
🕐8:00～17:30（12～2月為～17:00，視設施而異） 🈺無休
🏠靜岡縣富士宮市根原宝山492-14 🚃新東名高速道路新富士IC走國道139號往富士五湖車程29km 🅿135輛

河口湖
F 葡萄屋KOFU HANATERASU咖啡店
●ぶどうやコーフハナテラスカフェ
MAP 附錄②P.9 D-2
☎0555-72-8180
🕐9:00～18:00（冬季為10:00～17:00） 🈺無休
🏠山梨縣富士河口湖町大石1477-1 🚃富士急行河口湖站搭河口湖周遊巴士27～32分，河口湖自然生活館下車即到 🅿70輛

眺望富士山，浸泡溫泉
在不住宿溫泉 舒服地放鬆

位在富士山腳緩坡的高原地帶，優質的溫泉源源不斷地湧出。一邊眺望日本最高峰，一邊享受奢華的時間吧。

【山中湖】

山中湖溫泉 紅富士之湯
● やまなかこおんせんべにふじのゆ

MAP 附錄② P.11 D-3

從露天浴池和室內浴池都能眺望富士山。室內浴池除了全身浴以外，還備寢湯、氣泡湯、源泉溫湯等充實豐富的設備。額外付費還能享受岩盤浴（40分鐘700円）。

☎ 0555-20-2700
🏠 山梨県山中湖村山中865-776
🚌 富士急行富士山站搭富士湖號巴士30分，紅富士的湯下車即到
🅿 220輛

🌡 **入浴資訊**
⏰ 10:00～20:30（視時期而異，僅12～2月的週六、日、假日為6:00～）
休 週二（逢7～9月、假日則營業）
¥ 800円

只在日出時分才能看見的紅富士令人感動

為了從豐富森林環繞的露天浴池觀賞絕景而造訪的人也多很

冬天的早上從露天浴池有很高的機率能看見紅富士。飽覽朝霞暈染的莊嚴夢幻景色吧。
富士見 info

飽覽富士山的季節表情！
在露天浴池能飽覽紅富士、鑽石富士等隨著四季改變表情的富士山。

↑秋天時聳立在紅葉背後的富士山很美

↑山中湖村的冬季風物詩「鑽石富士」
↑在即將日出的時候就能看見「紅富士」

暢享絕景的瞭望和入浴
富士見浴池

下面會充分地介紹不住宿溫泉，而且都能眺望著雄偉的富士山暖和身心。浸泡泉質優良的溫泉，悠閒地療癒身體吧。

↑從室內溫泉能一望美麗的富士山

→用遠紅外線從體內開始溫暖身體的岩盤浴

←位在山中湖的西方，連日都有許多人，相當熱鬧

藉由充實的設備提升舒適感！
不僅泉質和地理位置優良，豐富充實的館內設備也提高了溫泉的滿足程度。在舒適的空間悠閒地放鬆吧。

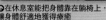

↑在休息室把身體靠在躺椅上，讓身體舒適地獲得療癒
↑大廳也有木地板的桌椅座位，以及能邊飽覽景色邊休息的吧檯座位

入浴資訊 有源泉放流 有露天浴池 有毛巾 有盥洗用品 有吹風機 有餐廳 ■=收費 ※有源泉放流也包含一部分是源泉放流的情況。 □=無

48

只要掌握這個就完美了！

從標高1000m的高地
眺望雄偉的富士山

↑在「靈峰露天浴池」能一邊泡湯一邊眺望富士山

↑消除疲勞會推薦碳酸泉

富士見info 從「靈峰露天浴池」「全景浴池」可以飽覽每個季節都會改變表情的富士山絕景。

鳴澤
富士眺望之湯 Yurari ●ふじちょうぼうのゆ ゆらり

MAP 附錄② P.12 G-3

鄰接「公路休息站なるさわ」的不住宿溫泉設施。有能眺望富士山的露天浴池等精心設計的16種溫泉浴池。在富士見的溫泉悠閒地治癒因駕駛而疲勞的身體吧。

☎ 0555-85-3126

所 山梨県鳴沢村8532-5
富士急行河口湖站搭巴士往本栖湖20分，富士緑の休暇村下車，步行3分
P 130輛

入浴資訊
⏰ 10:00～21:00(22:00閉館) 休 不定休 ¥ 1300円(週六、日、假日為1500円，平日的19:00～為1100円，週六、日、假日的19:00～為1300円)

小山
足柄溫泉 小山町町民休憩之家
●おやまちょうちょうみんこいのいえあしがらおんせん

MAP 附錄② P.4 H-5

這座溫泉設施不論是刺激較少且對身體溫和的鹼性淡泉，還是富士山的雄偉風景都很有魅力。位在東名足柄巴士站附近，從首都圈往返也很便利。

☎ 0550-76-7000

所 静岡県小山町竹之下456-1
JR足柄站車程3分 P 73輛

入浴資訊
⏰ 10:00～21:00(22:00閉館) 休 週二(逢假日則翌日休) ¥ 3小時500円

↑從露天溫泉能眺望座落在森林深處的富士

富士見info 不僅是露天浴池，從大窗戶的室內浴池眺望的景色也很迷人。若人很少，也能欣賞倒映在溫泉上的逆富士。

優雅地觀賞聳立在正面的富士山

出浴後
眺望富士山，悠閒放鬆！

位在「富士山溫泉」的展望休息室能一望富士山，深受好評。入浴之後，能一邊眺望靈峰一邊度過平靜的時光。

↑悠閒地享受獲評肌膚變得光滑的溫泉吧

↑展望休息室是鋪榻榻米，相當寬敞。富士山的景色也很秀麗

富士吉田
富士山溫泉 ●ふじやまおんせん

MAP 附錄② P.14 B-1

☎ 0555-22-1126

所 山梨県富士吉田市新西原4-17-1 富士急行富士山站搭免費巡迴巴士ハイランドリゾートホテル前下車，步行5分 P 157輛

從標高
磅礴壯觀的富士山

從露天浴池仰望

小山
須走溫泉 天恵
●すばしりおんせんてんけい

MAP 附錄② P.4 F-4

在具備「大ぷーろ」泳池和庭園露天浴池的泳衣區，充滿能期待美肌效果的碳酸泉等能和朋友同樂的浴池。男女分開的浴池區也有整備完善的室內溫泉和露天浴池。

☎ 0550-75-2681

所 静岡県小山町須走112-171
JR御殿場站搭巴士往河口湖駅25分，富士高原ゴルフ場下車即到
P 150輛

↑只要泡在充滿綠意和光線的露天浴池，心情就會很舒暢

入浴資訊
⏰ 6:00～22:00(23:00閉館) 休 無休 ¥ 900円(週六、日、假日為1500円)

入浴資訊
⏰ 7:00～8:30(晨間入浴，9:00閉館)、10:00～22:00(23:00閉館) 休 無休(有維護休館日) ¥ 成人1400円、3歲～小學生700円、2歲以下免費(週六、日、假日、過年期間、黃金週、夏季為成人1700円，3歲～小學生850円)，晨間入浴為成人620円、兒童310円

眺望全景富士山的源泉100%溫泉

富士見info 能從露天溫泉的浴池眺望靈峰富士山的遼闊全景，果真是絕景。正面開展著御殿場的街道。

→ 休憩所所品嘗當地食材的料理

御殿場
富士八景之湯
○ふじはっけいのゆ

MAP 附錄② P.6 H-1

📞 0550-84-1126

所 靜岡縣御殿場市深沢2564-19
🚃 JR御殿場站車程10分
🅿 80輛

↑身體緩緩地沉入溫泉中，盡情地享受周圍的自然之美吧

這處絕景溫泉建在乙女峠的山腰、眼前能眺望富士山的標高600m高地上。在注入室內溫泉和露天浴池的源泉100%溫泉中放鬆之後，想要在餐廳或休息處、小睡室度過療癒的時間。

富士見info 能從露天溫泉的浴池眺望靈峰富士山的遼闊全景，果真是絕景。正面開展著御殿場的街道。

御殿場
御胎內溫泉健康中心
○おたいないおんせんけんこうセンター

MAP 附錄② P.6 F-1

能享受四季自然之美和優質溫泉的設施。精心設計的各種浴池採取每月男女輪替制。

📞 0550-88-4126

所 靜岡縣御殿場市印野1380-25
🚃 JR御殿場站搭巴士往印野本村20分，富士山樹空的森下車即到
🅿 100輛

入浴資訊
🕙 10:00～20:20
休 週二（逢假日則翌日休）
¥ 500円（週六、日、假日為700円）

從露天浴池及木屋風格的「富士檜之湯」，把火山爆發時的熔岩做成圓頂型的「富士熔岩浴池」都能眺望富士山。

從豐富多彩的浴池飽覽富士的眺望風景

↑一邊吹著高原的清風，一邊泡湯

入浴資訊
🕙 10:00～21:00（22:00閉館）
休 第2、4週四（7～9月為無休）
¥ 3小時1000円（週六、日、假日為1300円）

在「時之栖」享受溫泉！

在複合度假區的「時之栖」有不住宿即可使用的2棟溫泉設施。兩者都是能在清爽的大自然中入浴的設施。

御殿場
時之栖
○ときのすみか　MAP 附錄② P.6 G-2

📞 0550-87-3700（時之栖客服中心，9:00～20:00）
🕙 休 視設施而異　¥ 免費入場

詳情請見 → P.91

優質的天然溫泉和豐富的溫泉浴廣受歡迎
天然溫泉 気楽坊
○てんねんおんせんきらくぼう

📞 0550-87-5126

和死海濃度相同且能漂浮在水面上的「死海之鹽浴池」、高濃度碳酸泉等，能飽覽雄偉富士山的露天浴池和各種變種浴池一應俱全。

↑不論男女從露天浴池都能眺望富士山

入浴資訊
🕙 10:30～23:00（24:00閉館）
休 無休　¥ 1小時800円、1日券1500円（週六、日、假日為1小時1000円、1日券2000円）

以男女每天輪替的方式享受的露天浴池「富士之湯」和「ほうえいの湯」。兩者都能從正面眺望雄壯的富士雄姿。

以富士山到箱根山的廣大風景而自豪

享受優雅的療癒時間
源泉 茶目湯殿
○げんせんちゃめゆどの

📞 0550-87-6426

除了具有大橫梁和開放感的大浴場、露天浴池以外，還有正面可以仰望富士山的「天空之湯」（露天浴池）。未滿18歲不可使用。

↓充滿開放感的「天空之湯」

入浴資訊
🕙 10:00～20:00（21:00閉館）
休 無休　¥ 1500円（週六、日、假日為2000円）

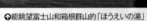
↑能眺望富士山和箱根群山的「ほうえいの湯」

御殿場
御殿場市溫泉會館
○ごてんばしおんせんかいかん

MAP 附錄② P.6 H-1

這座溫泉設施位在從御殿場市街前往乙女峠附近的高地上。大浴場裝著玻璃窗，白天遍布富士山的景觀，夜晚布滿夜景。JR御殿場站出發的免費接送巴士為1天4班來回，相當方便。

📞 0550-83-3303

所 靜岡縣御殿場市深沢2160-1
🚃 JR御殿場站搭免費接送巴士20分
🅿 70輛

入浴資訊
🕙 10:00～21:00
休 週一（逢假日則翌日休）
¥ 3小時500円

↑浴池為簡單的男女分開室內溫泉各一

裾野
すその美人の湯 ヘルシーパーク裾野
○すそのびじんのゆヘルシーパークすその

MAP 附錄② P.6 F-2

把能眺望雄偉富士山的露天浴池和室內溫泉裝滿的是自家源泉100%的美人之湯。在水療區（另外收費）也能享受流水泳池和按摩池等設施。

📞 055-965-1126

所 靜岡縣裾野市須山3408
🚃 JR岩波站車程12分
🅿 150輛

入浴資訊
🕙 10:00～20:30（21:00閉館）
休 週四（逢假日則營業）　¥ 520円

隔著寬敞明亮的大浴場的玻璃，可以眺望從山頂到山腳的整個雄偉富士山的身影。

俯瞰御殿場市街，環視富士的全景

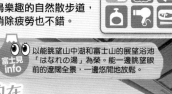

從高地眺望的富士
山景色美不勝收

能隔著大浴場的窗戶眺望富士山的絕景。在沒有人的時候進去，也能看見倒映在溫泉水面上的逆富士。

從田貫湖的湖畔飽覽逆富士

這裡也有富士山＆溫泉！

住宿設施的順路溫泉

富士山麓散布著不住宿也能泡溫泉的飯店。連同住宿設施特有的招待服務，暢享富士山的優美身影吧！

【朝霧高原】
休暇村富士 富士山惠みの湯
（きゅうかむらふじふじさんめぐみのゆ）

MAP附錄②P.15 A-3

入浴資訊
- 🕐 11:00～13:30（14:00閉館）　休 週二
- ¥ 800円（週六、日、假日為1000円）

☎ 0544-54-5200
🏠 静岡県富士宮市佐折634
🚃 JR富士宮站搭巴士往休暇村富士45分，終點下車即到　P 80輛

位在以鑽石富士的攝影勝地而聞名的田貫湖旁邊，富士山西麓的珍貴天然溫泉。能享受對肌膚溫和的鹼性淡泉。

【河口湖】
美富士園酒店
（ホテルみふじえん）

MAP附錄②P.8 H-3

在河口湖區域難得受理不住宿溫泉入浴的飯店。想在從地下1500m湧出的優質溫泉療癒身心。

➡ 位在河口湖的東岸，諸多住宿設施比鄰而建的區域

住宿資訊請見 →P.93

☎ 0555-72-1044
🏠 山梨県富士河口湖町浅川207　🚃 富士急行河口湖站搭巴士往甲府・芦川5分，浅川温泉街下車即到　P 40輛

入浴資訊
- 🕐 13:00～20:00　休 不定休
- ¥ 1200円

同時欣賞富士山與河口湖的風景

大浴池位在7樓，富士山與河口湖的眺望景色最有魅力，右手邊能一望河口湖到富士吉田間的街景。

➡ 從室內浴池的大玻璃窗能飽覽美不勝收的景色

【山中湖】
富士山酒店
（ホテルマウントふじ）

MAP附錄②P.10 E-3

50年以上持續受到喜愛的度假飯店。有景色秀麗的中庭和能享受賞鳥樂趣的自然散步道，因此散步後浸泡溫泉來消除疲勞也不錯。

入浴資訊
- 🕐 14:00～18:00
- 休 無休
- ¥ 1700円

☎ 0555-62-2111
🏠 山梨県山中湖村山中1360-83　🚃 富士急行富士山站搭巴士往旭日丘23分，富士山・山中湖下車，車程5分（有送接服務，需預約）　P 150輛

以能眺望山中湖和富士山的展望浴池「はなれの湯」為榮。能一邊眺望眼前的遼闊全景，一邊悠閒地放鬆。

在佇立於寧靜山林的紅富士名勝休息

住宿資訊請見 →P.94

➡ 飯店建在山中湖西北方，標高約1100m的高地上

➡ 從具有開放感的展望浴池眺望絕景

【御殿場】
Rembrandt Premium Fuji Gotemba
（レンブラントプレミアムふじごてんば）

MAP附錄②P.6 H-1

位在御殿場市街的東南方、乙女峠的山腰，能享受可以眺望富士山的浴池。度假飯店特有的奢華空間也想一併享受。

☎ 0550-82-9600
🏠 静岡県御殿場市深沢2571　🚃 JR御殿場站搭巴士往仙石16分，溫泉会館前下車，步行5分　P 32輛

溫泉大浴場位在4樓，往御殿場市街的對面能看見富士山從山頂到山腳的平緩曲線之美。

用當天來回的方式享受度假氣氛

➡ 有奢華的氣氛也很有魅力

➡ 能一望御殿場市區和富士山

入浴資訊
- 🕐 15:00～20:00　休 無休　¥ 1000円

衝撃度 MAX! 最高速度 180km/h

○已更新最高速度的新型機器

FVP 從高度79m下墜後，右手邊能看見富士山，而且連山腳都看得很清楚！

FVP 你有餘力一邊在圓環軌道上飛馳一邊眺望絕景嗎!?

FVP也想要征服！ FVP就是富士山的觀景點。從雲霄飛車上能看見的日本第一山是超級絕景！各個遊樂設施皆有絕佳的FVP，因此絕不容錯過！

衝擊度 MAX! 全長 2045m 最高處 79m

世界最大規模的圓環也登場!!

Yeahhhh!!

AHHHHH...!

Specs
全長	2045m
最高處	79m
最高時速	130km/h
所需時間	約3分36秒
最大墜落角度	65度
費用	2000円

使用限制
身高110cm～（在身高110～130cm的情況下，需要成人陪同），年齡～64歲

絕叫優先券 販售對象

Specs
全長	1244m
最高處	49m
最高時速	180km/h
所需時間	約1分30秒
最大墜落角度	90度
費用	2000円

使用限制
身高130cm～、年齡～64歲

絕叫優先券 販售對象

用1.56秒達到最高速度！
DODODONPA

只用1.56秒就達到時速180 km的最高速度。用高速雄糾糾地衝過園內。巨大的圓環軌道也好好地享受吧。

雲霄飛車之王
FUJIYAMA

富士山旁邊的知名雲霄飛車。包含最大落差70m在內，長度、高度、速度的黃金比例不愧是「雲霄飛車之王」！

免費入園 樂趣倍增！

Q富士急樂園

完全攻略指南

樂趣超凡的遊樂設施聚集的主題樂園。入園改為免費，爽快感UP！這裡會介紹引人矚目的遊樂設施和各種設施！

❶ 若要暢玩1天，就買通行護照！

若要搭乘4次以上的遊樂設施，通行護照絕對很划算。也有絕望堡壘3等只有通行護照才能體驗的遊樂設施。

★4大雲霄飛車	2000円×1次	
★中型遊樂設施	1500円×3次	5800円的通行護照很實惠！
	共計6500円	

※若有通行護照，不僅能實惠地暢玩戰慄迷宮，還會附富士山溫泉的折價券等特典！

●**通行護照就用E-TICKETS事先購買吧！**
只有Club Fuji-Q的會員才能購買。當天在入口附近的售票機掃瞄QR Code就會發放票券，因此不必在窗口排隊。

詳情在這裡！

入園免費！
富士急樂園
完全攻略的 入門基礎

富士急樂園備有豐富多彩的票券。購買符合自己計畫的票券，聰明實惠地盡情玩樂吧！

富士急樂園
●ふじきゅうハイランド

☎0555-23-2111
🕘9:00～17:00（視時期而異）
休 不定休（需在官網確認）
¥ 自由入園，通行護照成人5700円、國高中生5200、3歲～小學生4300円
所 山梨県富士吉田市新西原5-6-1
🚃 富士急行富士急樂園站即到
Ｐ5000輛（收費）
HP http://www.fujiq.jp/
MAP 附錄② P.14 B-1

Nooooo!

FVP
旋轉過度，連富士山都看不見了。你能忍受住衝擊嗎！？

衝擊度
MAX!
總旋轉數
14次

衝擊度
MAX!
最大墜落角度
121度

FVP
從垂直的塔以121度下墜的前一刻，是園內第一的FVP！

Wow!

Specs

全 長	1153m
最高處	76m
最高時速	126km/h
所需時間	約2分
最大墜落角度	89度
費 用	2000円
使用限制	身高125～200cm、年齡～64歲

絕叫優先券
販售對象

腳碰不到地面的飄浮感！
Eejanaika

旋轉次數為座位7次、軌道的圓環2次、軌道的旋轉5次。3種旋轉要素和腳碰不到地面的驚愕世界正在等你。

如挖鑿般下墜，旋轉7次
高飛車

絕叫優先券
販售對象

Specs

全 長	1004m
最高處	43m
最高時速	100km/h
所需時間	約2分40秒
最大墜落角度	121度
費 用	2000円
使用限制	身高125cm～、年齡～64歲

超過垂直角度的121度最大墜落角度和墜落前一刻的暫時停止，襯托出恐怖感。旋轉和最高時速也讓心跳數UP♪

去征服！
絕叫**4大**雲霄

用實惠的通行護照獲得**滿足度120%**

墜落角度、速度、旋轉次數、長度＆高度，每一項都是最高等級的遊樂設施。連富士山的景觀也要飽覽，挑戰絕叫體驗吧！

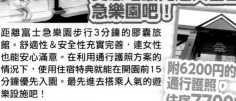

利用膠囊旅館，聰明實惠地最先進入富士急樂園吧！

距離富士急樂園步行3分鐘的膠囊旅館。舒適性＆安全性充實完善，連女性也能安心滿意。在利用通行護照方案的情況下，使用住宿特典就能在開園前15分鐘優先入園。最先進去搭乘人氣的遊樂設施吧！
※單純住宿不可優先入園

附6200円的通行護照，住宿7700円～！

Cabin&Lounge 富士急樂園站膠囊旅館
キャビンアンドラウンジ ハイランドステーションイン
☎0555-21-6688　**IN** 15:00　**OUT** 10:00　**¥**4000円～　**🛏**男性88床、女性66床　**📍**山梨縣富士河口湖町船津6663-11　**🚃**富士急行富士急樂園站步行3分　**P**使用共同停車場（從入住到退房期間）　※學齡前謝絕入住，小學生需有同性別的保護者陪同　※2019年2月時的資訊

MAP附錄②P.14 B-1

④ 若要來4次，就買全年通行護照吧！
全年通行護照為成人18600円，比4張通行護照便宜許多。若要來富士急樂園好幾次就可以考慮購買，像是僅有通行護照才能體驗的「絕望堡壘3」的愛好者等。

⑤ 透過臉部辨識入場毫無壓力！
富士急樂園在進出場的系統中導入臉部辨識技術。通行護照的購買者只需透過臉部辨識，就能乘坐遊樂設施囉！

② 若要從下午開始玩，午後通行護照最划算
僅下午有效的票券為午後通行護照。在17～18時結束營業的日子為13時以後販售，在19時以後結束營業的日子為14時以後販售。

③ 絕叫優先券就在WEB購買吧
幾乎不需等候時間就能暢遊人氣遊樂設施的優先票。自使用日前3天起預先售票，能在E-TICKETS購買。

超人氣 遊樂設施

不只4大雲霄飛車！

能感受異於平常的夢幻世界。
浪漫和嚴峻、恐怖都一同體驗吧！

絕「凶」的恐怖體驗 （整新開幕！）
最恐戰慄迷宮
~容納病房的故事~

時間指定券 販售對象

在悲劇的病房中等候的恐怖

讓400萬人以上恐懼發抖的恐怖遊樂設施。舞臺是殘酷的人體實驗反覆上演的隔離病房遺址。不只是視覺，還會利用五感把挑戰者們推入恐怖的深淵。

Specs	
所需時間	約50分~∞
步行距離	900m
費用	1組（最多4人）8000円，若有通行護照則為1組4人4000円，3人為上3000円 ※繁忙時期有變動，售票從遊樂設施營業的30分鐘前開始
使用限制	小學生~（※小學生需要國中生以上的監護人陪同）

啊啊~

99.9999%不可能攻略!? （整新開幕！）
絕望堡壘3

絕叫優先券 販售對象

潛入要塞，達成任務！

讓許多挑戰者感到絕望，來回走動搜索類型的遊樂設施。這次要挑戰與占領研究所的AI「ALCON」戰鬥。你能順利進入通訊室，阻止ALCON的失控嗎？

Specs	
所需時間	約20分~
名額	180名
費用	僅通行護照可以利用
使用限制	小學生~（※小學生需要國中生以上的監護人陪同）

絕景的虛擬實境
富士飛行社

時間指定券 販售對象

能從天空眺望！磅礴壯觀的富士山

巨大的銀幕上會放映四季的富士山。坐在會動的椅子上觀看那幅影像，就能感受宛如在富士山上空飛來飛去的體驗。

好像正在飛！

Specs	
所需時間	約7分15秒
名額	40名
費用	成人、國高中生1800円、小學生以下1300円
使用限制	身高110㎝~，學齡前兒童需要成人陪同

NEW 遊樂設施資訊！
※僅供參考

■ 恐怖遊樂設施新登場！
在漆黑的坑道中勇往直前的全身體感型恐怖乘坐設施！

引人矚目的遊樂設施陸續誕生

■ 超人氣忍者動畫《NARUTO》《BORUTO》的主題區在2019年7月登場！

以能和慕留人一起進行忍術體驗的遊樂設施為中心，週邊商品店和遊戲機等設施都能暢享動畫的世界觀。

©岸本斉史 スコット／集英社・テレビ東京・ぴえろ

伴手禮能在
SHOP FUJIYAMA 購買！

限定商品、和遊樂設施有關的商品大集合。購物就在SHOP FUJIYAMA解決！

富士急限定
桔梗信玄餅
8塊裝1240円

富士山餅乾
白巧克力
5片裝750円

富士急絕叫仙貝
（黑胡椒、青蔥味噌、醬油、純辣椒粉）
各200円

激辣柿種絕叫對決
430円

遊樂園內的店鋪是日本首家！
星巴克咖啡
富士急樂園店
● スターバックスコーヒーふじきゅうハイランドてん

唯一一家位在日本遊樂園內的星巴克。一邊聆聽DODODONPA和FUJIYAMA的雲霄飛車的聲音，一邊享用飲料吧！

挑戰多層漢堡排
2500円

若想吃肉，就到這裡！
グリルキッチン MEAT×MEET
● グリルキッチンミートミート

漢堡排和牛排等讓人心滿意足的肉類菜單齊備。從進入店裡的瞬間開始，用鐵板煎烤的肉的香味就會引起食欲。

貪心肉類拼盤
1400円

遊樂設施有關的料理集結
美食廣場
● フードスタジアム

豐富多彩的店聚集的美食區型餐廳。在色彩繽紛的店內品嘗分量飽滿的菜單吧。

戰慄迷宮漢堡
850円

鐵骨洋蔥番長
700円

也可以只用餐或是購物！

可以用餐！ 可以購物！

知名美食＆伴手禮

免費入園，只利用餐廳和商店也OK！在肚子餓的時候、想要購物的時候，都可以輕鬆地順路過去，令人開心。

以武田信玄公為主題
甲斐寶刀信玄館
● かいほうとうしんげんかん

能充分地品嘗餺飥麵等當地美食。店內是以信玄公為主題裝飾，能在宛如身處戰國時代的氣氛中享用餐點。

武田騎馬隊餺飥麵
1300円

傳說的武田埋藏金
餺飥麵
1800円

（500円）

湯瑪士與培西的列車旅行

坐上湯瑪士、培西、詹姆士所拖曳的客車後，出發前往多多島探險吧！也能遇見許多歡樂的同伴。

湯瑪士的幸福笑容 （400円）

搭乘湯瑪士或培西的乘坐設施緩緩地旋轉。從稍高的位置能環視園區，相當暢快！

立體迷宮 湯瑪士馬戲團 （400円）

一邊收集湯瑪士和夥伴們的印章，一邊以迷宮的頂樓為目標前進吧！

迷宮為3層樓！

在富士急樂園和「湯瑪士小火車」相遇吧！

湯瑪士樂園

THOMAS LAND

充滿小小孩們也能玩的遊樂設施，氣氛猶如進入湯瑪士的世界中一般歡樂！咖啡廳和攝影景點也很豐富。

湯瑪士樂園 充滿興奮和期待！

要去湯瑪士樂園就搭電車＆巴士前往吧！

湯瑪士樂園號＆高速巴士行駛中！

原創商品和美食豐富多樣！

除了能購買原創的點心和商品以外，在「湯瑪士餐廳」還能品嘗以湯瑪士的夥伴為主題的料理！

湯瑪士樂園原創橢圓仙貝
540円

蛋包飯
900円
（成人分量1050円）

2019年3月室內型的乘坐遊樂設施登場!!

尋找「寶物」，出發去探險吧！

※僅供參考

GO!GO! 布斯卓 （400円）

搭乘在港口工作的布斯卓貨船的遊樂設施。能透過擺動的動作享受有如被海浪搖晃的感覺！

湯瑪士小火車天地 （500円）

下雨也能放心遊玩的室內設施。立方體形狀的迷宮和運動場、迷你球池等樂趣豐富多樣！

搖滾鄧肯小飛車 （400円）

若和成人一起，3歲以上即能暢玩的迷你雲霄飛車。挑戰宛如搭火車在空中奔馳的興奮體驗吧！

3歲以上就能乘坐喔！

湯瑪士樂園園內圖

克蘭奇起降機
GO!GO!布斯卓
搖滾鄧肯小飛車
湯瑪士的幸福笑容
立體迷宮湯瑪士馬戲團
大家來旋轉
湯瑪士紀念塑像
培西紀念塑像
驚險水上飛船
Thomas' Party Parade
往富士急樂園
湯瑪士樂園入口
湯瑪士與培西的列車旅行

卡斯柏 小鎮

La ville de Gaspard et Lisa

時尚晴朗的巴黎氣氛！

麗莎和卡斯柏是？

主角是白色身體搭配紅色圍巾的女孩麗莎，以及黑色身體搭配藍色圍巾的男孩卡斯柏。這個繪本作品是描繪兩位主角和睦相處的日常生活，他們住在巴黎，不是狗也不是兔子。

↑因為可愛所以也有許多成人粉絲的人氣角色

前往有如巴黎的街道！

此區域重現了法國繪本的人氣角色「麗莎和卡斯柏」所居住的巴黎街道。在咖啡廳和商店櫛次鱗比的空間中獲得療癒吧。

麗莎與卡斯柏小鎮

リサとガスパール タウン

☎0555-23-2111
🕗8:30～17:30※富士急樂園開園前30分鐘到閉園後30分鐘（視設施而異）🈺不定休 ¥免費入園（遊樂設施需另外付費，可使用富士急樂園的免費巴士）🚩山梨縣富士吉田市新西原5-6-1 🚉富士急行富士急樂園站步行15分 🅿5000輛（收費，富士急樂園）
MAP 附錄②P.14 B-1

必看景點

尋找喬治先生的親筆插畫吧！

Les Rêves Salon de Thé 巴黎劇院有作者喬治‧哈朗斯勒繪製的親筆插畫！來尋找看看吧。

↑週六、日或假日會舉辦麗莎和卡斯柏的迎賓會

麗莎和卡斯柏可麗餅 600円

↑裝飾著麗莎和卡斯柏的巧克力、草莓、奇異果等水果的可麗餅

下午茶套餐 1人2500円

↑用西點師傅特製甜點和嚴選紅茶享受優雅的下午茶時間（照片為2人份）

Point ①

悠閒的咖啡廳 & 下午茶店

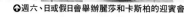

Les Rêves Salon de Thé巴黎劇院

從有如巴黎劇院的店內眺望富士山 & 艾菲爾鐵塔，並在正統的下午茶店休息吧！

Café Brioche麵包房

現烤麵包

在氣氛時尚的咖啡廳能品嚐麵包師傅製作的現烤麵包。晴天也很推薦露天座位。

↑原創的可愛麵包種類豐富

也能前往鄰接的富士山溫泉！

在日本最大規模的純木造浴室享受優質的溫泉。用美肌之湯把肌膚變得光滑水嫩吧！
☎0555-22-1126（富士山溫泉）
詳情見→P.49

前往麗莎與卡斯柏小鎮的 輕鬆簡單！ 交通資訊！

若要利用電車‧巴士!!
免費的巡迴巴士很便利！

發抵地點

●海蘭德水療度假酒店（麗莎與卡斯柏小鎮最近站）
●富士急行線 富士山站（2號巴士站）
●富士山車站飯店
●富士急行線 富士急樂園站（富士急樂園站膠囊旅館最近站）
●富士急行線 河口湖站（4號巴士站）
●PICA 富士吉田
●PICA Fujiyama
※2019年2月時的資訊

富士急集團的設施使用者專用免費巡迴巴士行駛中。可以輕鬆地從河口湖站或富士山站前往麗莎與卡斯柏小鎮。

時刻表

步行就能立刻前往！

鄰接的景點也要確認！

享受美食和絕景的奢華時間

海蘭德水療度假酒店

ハイランドリゾートホテルアンドスパ

建在富士急樂園旁邊的官方酒店。客房有樂園景觀和富士山景觀，還有專供家庭居住的湯瑪士房等房間。也有日式、西式、中式的餐廳及咖啡廳、卡啦OK，服務無微不至，十分周到！

Executive Floor的小型套房

↑菜單豐富的餐廳「富士山露台」的自助餐也廣受歡迎！

☎0555-22-1000
IN 15:00 **OUT** 12:00 ¥單人房16000～26000円、雙床房29000～62000円、雙人房29000～44000円※12歲以上需另付泡湯稅150円 室161間（客房分靠樂園與靠富士山，需在預約時確認）休無休（有維護休館日）所山梨縣富士吉田市新西原5-6-1 交富士急行富士站搭免費巡迴巴士ハイランドリゾートホテル前下車 P180輛（1小時500円～，酒店住宿免費）HPhttps://highland-mountfuji.com/zh-tw

MAP 附錄②P.14 B-1

矚目 住在「麗莎和卡斯柏」的客房吧！

就連裝潢、家具、織物等細節部分都表現成繪本的世界，氣氛會變得有如來到2位主角的房間遊玩一般。

☎0555-22-1000 ¥52000円～（2人住1晚的房間費用，金額會依季節而變動）室麗莎房1～4人、卡斯柏房1～5人（面積皆為60㎡）

麗莎房

卡斯柏房

若是粉絲會想去！

富士山美術館

フジヤマミュージアム

展示東山魁夷等代表日本的近現代畫家們，以獨特的視點捕捉的各種富士山的繪畫。持通行護照即可免費入館，也是令人開心的一點。

↑以富士山為背景建造的美術館

☎0555-22-8223 ⏰10:00～17:00（17:30閉館，有時期性變動，詳情請至官網確認）休不定休 ¥1000円 所山梨縣富士吉田市新西原5-6-1 交富士急行富士山站搭免費巡迴巴士ハイランドリゾートホテル前下車 P180輛 **MAP** 附錄②P.14 B-1

矚目 展示「麗莎和卡斯柏」的原畫！

原作者喬治·哈朗斯勒本繪製的原畫即使不是粉絲也一定要看。把珍貴的作品深深地印在腦海裡！
※展示的原畫視季節而異

↓麗莎和卡斯柏的永恆之友鐘

↓乘坐FUJIYAMA的麗莎和卡斯柏

富士急樂園旁邊能暢遊宛如繪本世界的主題樂園

麗莎與

Patisserie甜點屋

在店內附設的廚房烘烤的酥脆原創餅乾很有魅力的甜點屋。有麗莎和卡斯柏、富士山的造型等，每一種都是想要買回家的商品。

富士山餅乾 STYLE BOX
2片裝790円

↑附可愛外盒的餅乾，適合當作伴手禮♪

雲霄飛車布偶（高飛車）
2200円

↑搭乘雲霄飛車的富士急樂園限定商品！

Point ②

可愛的伴手禮和商店

富士山餅乾
1片130円～

→堅持使用富士山的蜂蜜等食材的餅乾

商店

店內有許多麗莎和卡斯柏的商品。限定商品和時尚雜貨也一字排開。尋找喜歡的商品吧。

Point ③

浪漫的風景

艾菲爾鐵塔旋轉木馬

使用費用／600円

優雅的旋轉木馬為2層的樣式，從上層能一望小鎮內的景色。以忠實重現實物、約25分之1尺寸的艾菲爾鐵塔為背景，盡情享受巴黎的氣氛吧。

春天至夏天有色彩繽紛的花卉！

冬天是燈光秀

艾菲爾鐵塔廣場從春天到夏天都會被花卉裝飾得色彩鮮明

夜晚會點燈，非常浪漫！
※僅冬季

※圖片為示意圖

知道賺到資訊

富士山溫泉的入浴免費
附設的富士山溫泉可以免費利用。也有住宿者專用的包租浴池（45分鐘收費）

富士急樂園可以優先入園！
住宿者有富士急樂園的入園券＋開園前15分鐘的優先入園特典！

NEW 遊樂設施資訊！

2019年3月「鏡子迷宮」登場！

也有許多可愛攝影景點的迷宮開放。大家一起來挑戰吧。

河口湖

かわぐち

是這樣的地方！

這個人氣區域位在富士五湖當中度假氣格外濃厚，湖畔沿途有美術館等建築比鄰而建。以在薰衣草的開花季節舉辦的香草節而聞名的大石公園等，精彩景點也很多。

洽詢處 ☎0555-72-3168（富士河口湖町觀光課）
MAP 附錄②P.4-5·8-9·14 交通資訊 P.98

最接近富士山的鐵道！

富士急行線的鐵道之旅

富士急行線全長26.6km，連結標高落差約500m的大月～河口湖站。搭乘喜歡的列車，享受前往富士山的浪漫風情吧。

搭乘高級的客車享受前往富士山的旅行

車體是以JR九州等列車而聞名的水戶岡銳治所設計。只要坐上車，朝向世界遺產富士山的這段旅途就會變成目的。以鐵鏽紅色塗裝的列車車內是圍坐的空間，能感覺到木頭的溫暖，享受更加特別的時間。預約甜點方案，享受更加特別的時間吧。

新型觀光列車！

富士山景觀特急列車

被富士山和恬靜的風景療癒♪

↑座位的類型為對坐式雅座等3種

↑往右或往左改變位置，富士山就會出現

需預約

富士山景觀特急列車
● ふじさんビューとっきゅう MAP附錄②P.14 C-1

行駛區間	富士急行線 大月～河口湖
停靠站	大月·都留文科大學前（甜點方案不可上下車）·富士山·富士急樂園·河口湖
所需時間	約45分（大月～河口湖）
行駛時刻表	需確認官網 ※週六·日·假日有設立甜點方案
乘車費用	特別車廂1號車（對號座）為乘車券＋特急券＋特別車廂費用900円（需在乘車日的1個月前～1天前預約），2·3號車（自由座）為乘車券＋特急券。甜點方案為成人4000円、兒童3000円（需在乘車日前一個月的1日～使用日的3天前預約）
洽詢處	特別車廂1號車（對號座）☎0555-73-8181（富士急電話客服中心）甜點方案設立列車 ☎0555-22-8877（富士急Travel）
HP	http://www.fujikyu-railway.jp

※費用有變更的可能性

絕佳的車廂

1號車是對號座

完全預約制！

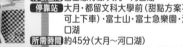

全部都是對號座，共26個座位，免費飲品的服務也讓人心滿意足。在附寬敞桌子且能放鬆的車內，能體驗特別感十足的列車旅行。

↑也能享用充滿當地食材的火車便當「富士山麓の味 彩」2000円

※在富士景觀特急列車5號等車內限定販售。需於3天前預約。

鐵道	新宿站	特快「富士回遊」	河口湖站
	●所需時間／1小時52分	●費用／4060円	
巴士	バスタ新宿（新宿駅新南口）	高速巴士	河口湖駅
	●所需時間／1小時45分	●費用／1950円	
車	河口湖IC	中央自動車道 國道139號、縣道707號	河口湖站
	●所需時間／10分	●距離／約4km	

第2代的8000系！
時尚的車體上畫著59個吉祥物

角色也很可愛耶！

既獨特又可愛！
富士山特快

和富士山的吉祥物一起旅行吧

富士山特快由3節車廂組成，車體上畫著許多富士山的吉祥物。1號車為對號座的展望車廂，2、3號車為自由座。景色優美的休息室和小朋友的駕駛座等設施，都讓旅行的氣氛更加高漲。

富士山特快 ●フジサンとっきゅう
MAP 附錄②P.14 C-1

行駛區間	富士急行線 大月～河口湖
停靠站	大月・都留文科大學前・富士山・富士急樂園・河口湖
所需時間	約45分鐘（大月～河口湖）
行駛時刻表	平日3班往返・假日3班往返
乘車費用	乘車券＋特急券，1號車需另付對號座車票200円
洽詢處	☎0555-73-8181（富士急電話客服中心）
HP	http://www.fujikyu-railway.jp

能度過特別時間的1號車！

展望休息室
➡從寬敞的窗戶能奢侈地飽覽富士山和恬靜的田園風景

小朋友駕駛座
➡有方向盤和速度儀錶的模型，可以體驗當司機的氣氛

還有這些！
富士急行線車輛 精選

現役
湯瑪士樂園20週年紀念號
從車體到座位都畫著「湯瑪士小火車和夥伴們」，廣受小朋友歡迎的車輛。

現役
富士登山電車
開業當時的「モ1形」的外觀，鐵鏽紅色的復古時尚車輛。由赤富士和青富士的2節車廂組成。

退休
モ1号
曾在富士山麓電氣鐵道開業當時行駛，陡坡路線專用車輛。現在展示於河口湖站。

現役
6000系
「日本第一豐裕的通勤電車」。地板和吊環都使用木材，特徵是車內帶有溫馨感。

在車內能購買

原創伴手禮

富士山景觀特急列車啤酒 500円
➡在清里的釀造廠細心製成的富士山景觀特急列車的原創精釀啤酒

取得會讓人回想起愉快的旅行回憶的可愛商品吧。

郡內織手帕 1800円
➡用當地名產郡內織製成的手帕。富士急行線的沿線是被稱為郡內的地區

PLARAIL「富士急行8500系富士山景觀特急」 2000円
➡富士山景觀特急列車變成鐵道模型登場。由3節車廂組成，可以分開

2・3號車是自由座

和1號車相同，活用木頭質感的2號車和3號車的座位都是躺椅。不需預約即可利用。

3號車
➡3號車為60個座位。有如樹木環繞般閑靜舒適的車內

2號車
➡57個座位的2號車。遮陽的窗簾為木製，帶有溫暖的氣氛

請享用原創的甜點！

最推薦!!

需預約週六假日限定！

甜點方案設立列車

1號車的特別方案，僅在週六和假日來回行駛2班。座位備有特製甜點，45分鐘的乘車時間會變成美妙的咖啡廳時光。

↑乘務員會準備現泡的咖啡等美食

➡充滿山梨味覺的特製甜點

搭**富士急行**線前往

沿線散步

在適合觀光的迷人景點很多的富士吉田或河口湖，悠閒隨意地中途下車。享受看看當地的旅行吧。

從河口湖站搭
巴士**11**分

～河口湖～
富士山全景
纜車 ➡P.23

眺望河口湖的空中遊覽及從山頂展望台眺望的富士山都精彩壯觀

6

河口湖站
即到

決定要做
就是吉日！

河口湖站

富士急行線的轉運站，標高達857m，高度最高。只要利用在這裡發車和停車的河口湖周遊巴士，就能輕鬆前往湖岸的人氣景點。

河口湖周遊巴士 ➡P.66

這個區域不可或缺的交通方式。2天內能無限次上下車的FREE COUPON也很推薦

從富士急樂園站
步行**即到**

富士急樂園 ➡P.52

入園改為免費，使用範圍更加廣泛，順路前往用餐或暢玩遊樂設施也很推薦

只是在園內走一走也很愉快♪

啊

從禾生站
步行**20**分

山梨縣立磁浮
展示中心 ➡P.78

除了能參觀超電導磁浮列車的行駛測試以外，也能實際體驗利用模型等工具學習相關構造

1

禾生站

沿著中央自動車道往北前進，就會逐漸看到山梨磁浮實驗線。最好先記住列車在禾生站前方1km附近會經過高架橋下方。

→ 猿橋

大月 JR中央本線

初狩 ←

上大月

田野倉

禾生

赤坂

都留市

谷村町

都留文科大學前

十日市場

東桂

三峠

壽

葭池溫泉前

下吉田

月江寺

富士山

富士急樂園

富士山
的觀景點！

三峠站～壽站之間能眺望美麗的富士山。車速也會變慢，因此悠閒地飽覽吧

下吉田站
附設

下吉田俱樂部

最適合休息的火車景觀咖啡廳。能享用原創特調「下吉田咖啡」

☎0555-22-1777
🕐10:00～17:00 休第1週一（逢假日則翌日休）
MAP 附錄②P.14 D-1

從下吉田站
步行**10**分

新倉山
淺間公園 ➡P.31

走上長階梯後，眼前就是遼闊全景的富士風景，把它深刻地印在腦海中吧

2

下吉田站

前往富士山和五重塔的風景蔚為話題的新倉山的最近車站。車站出自也經手車輛設計的水戶岡銳治之手。車站內也有臥鋪特快藍色列車的展示。

河口湖

6 河口湖

5

2 下吉田

3 月江寺

4 富士山

LONGTEMPS ➡P.75

當地的人氣選貨店。也販售雜貨和家具、富士吉田當地工房的作品

5

富士急
樂園站

位在車站北側的膠囊旅館是富士急樂園的官方飯店，附通行護照的實惠方案受好評。車站南側有前往富士急樂園的入口。

從富士急樂園站
步行**7**分

富士山
美術館 ➡P.78

收藏許多富士山愛好者會愛不釋手的富士山作品的藝術殿堂

富士山站

成為在富士吉田和山中湖方向遊玩的據點。車輛在此站以Z字形的方式折返，行進方向會變相反。車站大樓的Q-STA有豐富多樣的當地美食和富士山伴手禮。

4

從月江寺站
步行**6**分

從月江寺站
步行**5**分

お茶の春木屋 ➡P.75

把茶飲專賣店特有的香濃抹茶霜淇淋當作散步的點心

3

月江寺站

此區域能在也用於電影拍攝的復古街道散步，相當有趣。不只有傳統的老店，近年來由年輕人經營的新店也持續誕生。

ヤマナシ ハタオリ
トラベル MILL SHOP ➡P.45

位在Q-STA 1樓的專賣店，主要販售富士吉田周邊的織物製品。優質的傘是憧憬的逸品。

富士山
站內

富士山
站周邊

吉田烏龍麵 ➡P.38

從以前就受到喜愛的當地靈魂美食。許多店家的打烊時間都很早，敬請注意

山梨縣立 富士山世界遺產中心

瞭解越深，富士山就會變得更有趣！

發現富士山的全新魅力

開心地學習，當個富士山的專家吧

介紹世界遺產富士山相關知識的設施。在南館能透過使用最新技術的展示，學習富士山和人之間的關係。在北館也充滿商店和咖啡廳、富士講的行衣和金剛杖的租賃等令人開心的服務！

用ＡＰＰ更加詳細！
只要使用展示導覽APP「ふじめぐり」，就會為遊客導覽、解說館內的展示。聲音為松岡修造先生。

可以從所有方向仔細地觀察富士山

遙拜所銀幕
用約8分鐘的影片介紹圍繞富士山的大自然及與人之間的關係。

榮獲COOL JAPAN AWARD 2017！

富嶽三六○
用光呈現出因一天的更迭和季節的變化而改變表情的富士山身影。

COOL JAPAN AWARD 2017

先從2F開始！ ②F

映 入眼簾的巨大富士山裝置藝術品。一邊觀賞變化成五顏六色的富士山，一邊沿著迴廊前進吧。

⬆和影片連動而染成紅色的富士山
➡以信仰之路「御中道」為印象的迴廊

學習信仰的對象和藝術的源泉 ①F

富 士山從以前就是信仰對象。以信仰和藝術為焦點，誠摯地介紹人們和富士山的關係。

➡也展示與富士山信仰相關的許多資料

➡傳達在富士山頂巡拜的模樣
➡告知館內暢享方法的旅遊諮詢櫃檯
➡能用約5分鐘進行超高速登拜體驗

★やまなしけんりつふじさんせかいいさんセンター

山梨縣立 富士山世界遺產中心

☎0555-72-0259
🕐9:00～16:30（夏季會延長）
🚫南館為第4週二，北館無休
💴免費
📍山梨縣富士河口湖町船津6663-1
🚌富士急行河口湖站搭鳴澤・精進湖・本栖湖周遊巴士12分，富士山世界遺產センター下車即到
🅿100輛

MAP 附錄②P.14 B-1

山口晃的富士北麓參詣曼荼羅也蔚為話題！

現 代美術家山口晃親手繪製的大作。夏夜的莊嚴富士山和燈火照耀的街道相當夢幻。

放大 也發現了富士急樂園等現代設施！

高5・4m、寬7・7m，磅礡壯觀的大尺寸

（也走過去北館吧！）

隨著季節展現出各種表情的富士山。從中心北館的展望平臺能觀察只有那個時刻才能看見的富士山的模樣。1樓也有展示室，因此順道過去看看吧。

➡有能學習富士山的自然和歷史的展示
➡在銀幕上能觀賞富士山相關的電影

⬆從北館展望台觀賞的富士山

夏威夷香氣彌漫的人氣烤肉店

網燒HANA
あみやきハナ

以「在河口湖散發夏威夷香氣的店」為主題。能一邊從正面眺望湖泊和富士山一邊用餐，堅持使用A5等級的甲州牛、以麥芽為飼料的麥芽牛、山梨縣產富士櫻花豬等素材。除了網燒料理以外，多達4種的石燒料理菜單也很推薦。

📞0555-73-4129 🕐11:30〜14:00、17:30〜21:00 休週三 所山梨縣富士河口湖町淺川205-1 🚃富士急行河口湖站搭巴士往芦川·甲府駅5分，淺川溫泉街下車即到 🅿10輛

MAP 附錄②P.8 H-3

推薦菜單
石燒夏威夷米飯漢堡 SET1260円
把半熟蛋和醬汁拌入鍋巴後品嘗。附沙拉、湯、甜點

↑甜點的蛋糕全是手工製作

能看見富士山

↑從窗戶旁邊的座位能隔著河口湖眺望富士山

在絕佳的地理位置享受!!

河口湖畔的度假午餐

能眺望富士山和湖泊的餐廳、大自然環繞的咖啡廳等店家，就連地理位置也很絕妙。享受美味午餐和度假氣氛吧♪

ハーブガーデンレストラン 四季の香り
ハーブガーデンレストランしきのかおり

這家餐廳附設以無農藥的方式栽培約30種香草的香草園。義大利麵和漢堡排、嫩煎等料理都大量使用早晨採摘的新鮮香草。不只在自家農園培育的香草，就連醬汁和沙拉醬也都堅持自製，一直以手工製作。

📞0555-73-3338
🕐11:30〜14:30
休不定休
所山梨縣富士河口湖町船津1200-1
🚃富士急行河口湖站步行15分 🅿20輛

MAP 附錄②P.8 F-5

推薦菜單
和風漢堡排牛排 1620円
甲州葡萄酒牛肉100%。沙拉和米飯or麵包、飲料的套餐

↑建築物的1樓是香草的溫室。2樓是餐廳

能看見富士山

一邊眺望雄偉富士山，一邊享用餐點

一邊眺望富士山，一邊享用新鮮的香草午餐

◐建在能環視美麗富士山的河口湖湖畔的散步道路上

在絕佳的地理位置享受午餐時光

推薦菜單

義大利麵午餐
2000円
附沙拉、咖啡or紅茶
（照片為茄子香辣番茄
義大利麵）。＋500円
會附迷你聖代

富士山與河口湖所展現的四季模樣也美不勝收。

老闆外川小姐

Café Mimi
カフェミミ

「希望顧客能在大自然中度過療癒的時間」，因而開放自家房屋，從陽臺觀賞的富士山風景也美不勝收。招待顧客使用有機蔬菜和嚴選食材製作的手工義大利麵和蛋糕、40種香草茶。不定期舉辦的音樂會也廣受好評。露天座位帶寵物也OK。

☎0555-76-6669 ⏰10:00～18:00（晚間需預約）
🚫不定休 🏠山梨縣富士河口湖町河口3033 🚌富士急行河口湖站搭河口湖周遊巴士20～25分，猿まわし劇場・木の花美術館下車，步行5分 🅿5輛
MAP附錄②**P.8 G-1**

◐半夜的河口湖 1500円
（附咖啡or紅茶）

活用自家栽培蔬菜的絕品法式全餐

推薦菜單

季節午餐套餐
1620円
主餐的料理有4種可以選擇，附湯和沙拉等配菜。照片為芥末烤半雞。

◐氣氛寧靜舒適的店內

ROMARIN
ロマラン

熟知蔬菜的主廚所經營的法式餐廳。在1000坪以上的田地中堅持以無農藥的方式栽培的蔬菜和香草有100種以上，使用那些食材的料理充滿創造性。花費心力製作的肉和魚料理也是絕品。

☎0555-73-3717 ⏰11:30～14:30、18:30～21:00（晚間僅供應全餐，採預約制）🚫週三（逢假日則營業）🏠山梨縣富士河口湖町船津6713-73 🚌富士急行河口湖站搭河口湖周遊巴士7～12分，河口湖ハーブ館下車即到 🅿10輛

MAP附錄②**P.8 F-4**

Happy Days Cafe
ハッピーデイズカフェ

附設在河口湖 北原博物館（→P.66）的咖啡廳。店內擺滿可愛的玩具。漢堡排和炸豬排三明治、咖哩等菜單多彩豐富，能一邊眺望整片的河口湖，一邊享用午餐。露天座位寵物也能偕同。

☎0555-83-3321 ⏰10:00～17:00（視時期而異）🚫無休 🏠山梨縣富士河口湖町小立1204-2 🚌富士急行河口湖站搭河口湖周遊巴士或西湖・青木原周遊巴士7～12分，河口湖ハーブ館下車即到 🅿150輛（使用大池公園公共停車場）

MAP附錄②**P.8 G-4**

博物館咖啡廳的絕品漢堡排

推薦菜單

多蜜醬起司漢堡排
1270円
以多蜜醬汁為關鍵的熱騰騰漢堡排

◐在明亮的店內度過舒適的時間吧

推薦菜單

各種西班牙海鮮燉飯
（2～3人份）
3280円（未稅）～
充滿海味的奢華西班牙海鮮燉飯

Partita
パルティータ

能環視河口湖和公園綠地的獨棟餐廳。不只是露天座位，店內也能帶著寵物入店，讓人相當開心。能一邊品嘗老闆製作的披薩和義大利麵，一邊和寵物一起度過悠閒的時間。

☎0555-73-2333 ⏰12:00～20:00（視時期而異，冬季需預約）🚫不定休 🏠山梨縣富士河口湖町勝山3867-4 🚌富士急行河口湖站搭西湖周遊巴士16分，富士御室浅間神社下車，步行3分 🅿5輛

MAP附錄②**P.9 D-4**

在寧靜的湖畔品嘗手作料理

◐河口湖就開展在眼前

以「達洋貓」的作品裝飾的店內

充滿童話世界觀的店

オルソンさんのいちご

全年都能享用的草莓菜單讓人嘖嘖稱讚

附設在河口湖木之花美術館中，童話故事般的建築物會迎接來客的店。不只有咖啡廳的菜單，使用高級和牛的「和牛漢堡排牛排」（1490円）等餐點也豐富多樣。

📞0555-76-6789
（河口湖木之花美術館）
🕐9:00〜16:30（12〜2月為10:00〜15:30）
休不定休　所山梨県富士河口湖町河口3026-1 河口湖木ノ花美術館內　🚃富士急行河口湖站搭河口湖周遊巴士20〜25分，猿まわし劇場・木の花美術館下車即到
Ｐ40輛　MAP 附錄②P.8 G-1

Cafe menu

草莓聖代
864円
奢侈地使用草莓製作的聖代是人氣菜單

Cafe menu

オルソンさんの私藏布丁
（附飲料）**864円**
1天限量20份的布丁帶有濃厚的雞蛋味道，好吃得讓人受不了

Cafe menu

草莓奶油茶
648円
從館長的構想中誕生的一杯茶飲，充滿了鮮奶油

不禁想要待久一點
時尚的咖啡廳 ＆麵包店

眺望美麗富士山的店內。蛋糕套餐（950円）也廣受歡迎！

Cafe menu

王妃喜愛的西洋餺飥麵套餐1500円
改良成西洋風的番茄湯基底餺飥麵

森のレストラン
●もりのレストラン
（河口湖音樂盒之森內）

奢華的建築物和庭園露臺呈現出華美舒適的氛圍

用會讓人聯想到中世紀歐洲街道的奢華外觀接待顧客，河口湖音樂盒之森內的咖啡廳＆餐廳。可以一邊眺望雄偉的富士山和美麗的庭園，一邊品嘗主廚自豪的特製午餐或西洋餺飥麵等餐點，享受一段優雅的時光。

📞0555-20-4111（河口湖音樂盒之森）
🕐9:30〜18:00（有時期性變動）　所山梨県富士河口湖町河口3077-20 河口湖オルゴールの森內　🚃富士急行河口湖站搭河口湖周遊巴士19〜24分，河口湖オルゴールの森美術館前下車即到　Ｐ300輛　※需另付河口湖音樂盒之森的入館費（詳情請見→P.66）　MAP 附錄②P.8 G-2

時尚的店內讓人想到美國西海岸

只有在這裡才能品味的美食和景色。能和那樣的幸福相遇的景點肯定會變成無法忘記的回憶。只要順路前往一生只相遇一次的美妙咖啡廳，一整天肯定會更加〜充實！

CISCO COFFEE
●シスココーヒー

用舊金山發祥的咖啡度過幸福時光

八木崎公園附近的咖啡店。每一杯都是把在舊金山烘焙的咖啡豆用手沖的方式沖泡成咖啡再供應。自9時30分起營業，因此也能一邊眺望湖泊和富士山，一邊品嘗優雅的早餐。

📞0555-73-4187
🕐9:30〜17:00
休週三　所山梨県富士河口湖町小立927-1　🚃富士急行河口湖站搭河口湖周遊巴士8分，河口湖ミューズ館下車即到　Ｐ7輛
MAP 附錄②P.8 E-3

Cafe menu

手沖咖啡480円＋Union Street三明治1000円
早餐最適合人氣三明治搭配香濃咖啡

Cafe menu

奶油＆楓糖吐司
450円
糖漿的甜味和奶油的鹹味搭配絕妙的厚切吐司

日本10大絕景寺社

1 嚴島神社
いつくしまじんじゃ

廣島縣廿日市市

人人出版
日本神社與寺院之旅

作者：K&B PUBLISHERS
規格：224頁 / 14.6 x 21 cm
定價：450 元

一輩子一定要去一次的朝聖之旅

花與紅葉的絕景寺社
日本10大絕景寺社
超美主題別的絕景寺社

櫻

紅葉

神社與寺院不僅是日本人的信仰象徵，也與日本人的生活有著密切的關係。本書帶您依主題走訪超過130間的神社與寺院！朝聖＋賞景，一輩子絕對要去一次！精美的大圖、詳細的解說、參訪＆交通資訊、周遭的觀光景點地圖。更有大型祭典、神社與寺院的建築、宗派等知識，參訪四季的美景與祭典格外教人感動！

水邊的神社

‖ **山頂的神社** ‖　‖ **斷崖絕壁上的寺院** ‖

‖ **擁有美麗五重塔的寺院** ‖　‖ **庭園景觀優美的寺院** ‖

Pick up麵包店激戰區 河口湖畔的人氣店！

當地的味道，老店的技術。人氣麵包店的暢銷商品是在富士山麓培育的素材和職人技術的結晶。也適合當作伴手禮，絕對不容錯過！

能一邊從露天座位眺望富士山，一邊品嘗麵包

Bakery menu
Lake Bake熟成麵包 **550円**
在使用全粒粉的麵糰中揉入核桃、葡萄乾的推薦商品

EAT in OK

湖畔のパン工房 Lake Bake
●こはんのパンこうぼうレイクベイク

不使用多餘添加物的人氣自製酵母麵包

堅持使用自製酵母的麵包廣受好評，位在河口湖自然生活館附近的麵包店。也推薦利用附設的咖啡廳。

☎0555-76-7585　🕐10:00～16:30
休週三、第2&4週四（黃金週、假日為無休）
所山梨縣河口湖町大石2585-85
富士急行河口湖站搭河口湖周遊巴士27～32分，河口湖自然生活館下車，步行3分
P11輛
MAP 附錄②P.8 E-1

EAT in OK

パン工房&カフェ Slow Garden砧
●パンこうぼうアンドカフェスローガーデンきぬた

以使用數種酵母創造的獨特香氣而自豪。添加無花果和核桃的Figue Noix等麵包也廣受歡迎

Bakery menu
砧10天熟成麵包
（竹籃內右上）**560円**
讓從葡萄開始培養的菌種慢慢熟地在10天內熟成的招牌商品

熟成

自然的香濃味道是吃不膩的絕品口味

販售使用天然酵母的麵包，讓人能簡單地感覺到素材的優質。甜味絕妙的「堅果巧克力麵包棒」是無庸置疑的逸品。

☎0555-76-7413
🕐3～12月、11:00～17:00
休週一～四、隔週週日　所山梨縣富士河口湖町大石310　富士急行河口湖站搭河口湖周遊巴士27～32分，河口湖自然生活館下車，步行5分　P5輛　**MAP** 附錄②P.9 D-1

Bakery menu
堅果巧克力麵包棒
180円（1個）
白巧克力和核桃的香味與口感是會讓人吃上癮的美味

Bakery menu
法國家常菜 **300円～**
自製法式醬糜和法國葡萄酒、食材等也豐富齊全

附設在餐廳「Café de Boulogne」中。人氣商品是添加橄欖和鯷魚的法式葉子麵包

EAT in OK

La Boulangerie
●ラブーランジュリー

販售正宗法國麵包和搭配麵包的家常菜

販售的是在法國平常也會吃的麵包。添加發酵麵糰，讓素材的美味和香味直接發揮出來。

☎0555-72-3336
🕐10:00～19:00　休週二、三
所山梨縣富士河口湖町船津5521-2
富士急行河口湖站車程10分
P4輛
MAP 附錄②P.14 A-2

河口湖
● かわぐちこ

MAP 附錄②P.4-5・8-9・14

產屋崎
河口湖　MAP附錄②P.8 G-3　景點
● うぶやがさき

絕佳的「逆富士」景點

這裡是突出在河口湖東岸的岬角，也是作為富士山展望地的推薦景點。在波浪平穩的晴天，逆富士會倒映在湖面上。

☎0555-72-3168（富士河口湖町観光課）
⏰自由參觀　所山梨縣富士河口湖町浅川・河口　富士急行河口湖站搭河口湖周遊巴士21分，湖山亭うぶや前下車即到　P無

→許多攝影師前來追尋絕景

山梨寶石博物館
河口湖　MAP附錄②P.8 G-4　景點
● やまなしほうせきはくぶつかん

地球創造的奇蹟藝術

山梨縣擁有作為水晶加工產地的悠久歷史。展示1270kg的巨大水晶等從全世界收集而來的貴重寶石，從原石到飾品應有盡有。

☎0555-73-3246　⏰9:00～17:30（11～2月為9:30～17:00）　休週三（假日、黃金週、7&8月為無休）　¥600円　所山梨縣富士河口湖町船津6713　富士急行河口湖站搭河口湖周遊巴士8～13分，山梨宝石博物館・河口湖下車即到　P40輛

→震撼力十足的巨大水晶原石

八木崎公園
河口湖　MAP附錄②P.8 F-3　景點
● やぎさきこうえん

香草節廣受歡迎

位在河口湖南岸的公園。6月中旬～7月中旬約有4000株薰衣草盛開，和大石公園一起變成香草節的會場。

☎0555-72-3168（富士河口湖町観光課）
⏰自由入園　所山梨縣富士河口湖町小立923　富士急行河口湖站搭西湖周遊巴士12分，八木崎公園下車即到　P50輛

↑在清爽香氣彌漫的薰衣草綻放時期造訪吧

久保田一竹美術館
河口湖　MAP附錄②P.8 F-1　景點
● くぼたいっちくびじゅつかん

「一竹辻花」染法復興的往昔時光

陳列著讓興盛於室町時代的夢幻染法「辻花」復興的久保田一竹先生的作品。呈金字塔形狀的建築物的設計和美麗庭園也值得一看。

☎0555-76-8811
⏰9:30～17:00（12～3月為10:00～16:00）　休週二　¥1300円　所山梨縣富士河口湖町河口2255　富士急行河口湖站搭河口湖周遊巴士21～26分，久保田一竹美術館下車即到　P100輛

→在日本以外也廣受好評的傑作很多

河口湖音樂盒之森
河口湖　MAP附錄②P.8 G-2　景點
● かわぐちこオルゴールのもり

美麗音色包圍的美術館

19世紀末～20世紀初製造的古董音樂盒和自動演奏樂器齊聚一堂。刻著美麗音色的華麗演奏具有震撼力。

☎0555-20-4111
⏰9:30～18:00　休無休（有冬季休館日）　¥1500円　所山梨縣富士河口湖町3077-20　富士急行河口湖站搭河口湖周遊巴士19～24分，河口湖オルゴールの森美術館前下車即到　P300輛

→美麗的建築物與庭園也值得一看　→能租借禮服的公主體驗（90分鐘1000円～）

河口湖 北原博物館 Happy Days～幸福時代的東西們～
河口湖　MAP附錄②P.8 G-4　景點
● かわぐちこきたはらミュージアムハッピーデイズしあわせなじだいのものたち

北原照久先生的博物館

展示北原先生收集的多不勝數的懷舊物品，像是馬口鐵和賽璐珞的玩具、黑膠唱片、騎乘玩具、珍貴的寶藏等。

☎0555-83-3220　⏰9:00～17:00（12月1日～3月19日的平日為10:00～16:00）　休無休　¥800円　所山梨縣富士河口湖町小立1204-2　富士急行河口湖站搭河口湖周遊巴士7～12分，河口湖ハーブ下車即到　P150輛

藏品　→電視上常見的北原先生的收

河口湖美術館
河口湖　MAP附錄②P.8 H-2　景點
● かわぐちこびじゅつかん

在湖畔享受藝術的時光

不只會常設展示以富士山為題材的繪畫、版畫、照片，還會舉辦富含變化的企劃展。鑑賞後想要在景色優美的咖啡廳稍作休息。

☎0555-73-8666
⏰9:30～16:30（17:00閉館）、12～3月為～16:00（16:30閉館）　休週二（逢假日則開館，6～8月為無休）、更換展品期間　¥800円　所山梨縣富士河口湖町河3170　富士急行河口湖站搭河口湖周遊巴士18～23分，河口湖美術館下車即到　P50輛

→在寬敞的館內悠閒地鑑賞作品
→也有眺望河口湖的咖啡廳，風景秀麗

旅行要點

搭乘便利的周遊巴士聰明地巡遊河口湖區域吧！

大型車輛的「OMNIBUS」會從富士急行河口湖站出發，巡遊「～河口湖～富士山全景纜車」和「河口湖美術館」等主要的觀光設施。請利用看看吧。

河口湖周遊巴士
● かわぐちこしゅうゆうバス
MAP附錄②P.8 G-5

☎0555-72-6877（富士急山梨巴士）
⏰9:00～17:45（約15分鐘1班）　休無休　¥河口湖、西湖、鳴澤・精進湖・本栖湖區域共通FREE COUPON（2天內自由上下車）1500円※富士急行河口湖站巴士售票處與車上皆可購買　所山梨縣富士河口湖町船津　富士急行河口湖站巴士乘車處1號

人人出版
日本絕景之旅
作者：K&B PUBLISHERS
規格：224頁 / 14.6 × 21 cm
定價：450 元

安排2天1夜
深入奇觀美景！

精選全日本美景 67 個絕景行程

行程範例．交通方式．最佳造訪季節．在地人貼心叮嚀

源自江戶
合掌造民宅

日本絕景之旅　人人出版

河口湖　MAP附錄② P.8 H-4　玩樂

河口湖遊覽船「Ensoleillé號」
かわぐちこゆうらんせんアンソレイゆごう

從遊覽船眺望富士山吧

遊覽船「Ensoleillé號」是以南歐的湖泊度假勝地為印象打造成時尚的氣氛。若天候良好，從船上也能看見逆富士。

☎0555-72-0029（富士五湖汽船）
⏱9:00～16:30（每隔30分鐘出航）※視時期而異
休無休 ¥930円 所山梨県富士河口湖町船津4034
🚃富士急行河口湖站步行10分 P50輛

➡Ensoleillé在法文中是「日照良好！」的意思

河口湖　MAP附錄② P.8 G-1　景點

河口湖藝猴雜技劇場
かわぐちこさるまわしげきじょう

一回過神，大家都露出笑容

獲指定為無形民俗文化財，日本唯一能欣賞動物雜技的劇場。猴子們的精湛演技讓大人小孩都看得目不轉睛。

☎0555-76-8855 ⏱10:00～16:00（會有變動，需洽詢）休無休，12～3月中旬為不定休（需洽詢）
¥1500円 所山梨県富士河口湖町河口2719-8 🚃富士急行河口湖站搭河口湖周遊巴士20～25分，猿まわし劇場・木ノ花美術館下車即到 P100輛

➡展現出療癒可愛的表情和英勇的姿態
➡大家都會展露笑容的猴子劇場

河口湖　MAP附錄② P.14 A-3　玩樂

富士SUBARU樂園
ふじすばるランド

富士山山腳的主題樂園

親子能一起玩的遊樂設施豐富多樣，還能和狗狗親密接觸。日本初次登陸的「Rollglider」也廣受歡迎。

☎0555-72-2239 ⏱10:00～17:00（視時期而異）
休週四（黃金週、7月中旬～8月下旬為無休）
¥1500円（冬季1200円），陪伴犬（1隻）500円
所山梨県富士河口湖町船津剣丸尾6663-1 富士急行河口湖站前有接送服務（定時制）P350輛

➡乘坐「Rollglider」在大自然進行空中散步
➡在大自然中和愛犬一起讓身心充電

河口湖　MAP附錄② P.8 F-4　景點

河口湖香草館
かわぐちこハーブかん

河口湖唯一的香草專賣店

香草茶和香草商品都是專賣店特有的豐富品項。使用香草和花卉的體驗也廣受歡迎，從大人到小孩都能輕鬆地樂在其中。

☎0555-72-3082
⏱9:00～18:00 休無休 ¥免費入館（各種體驗需另付費）所山梨県富士河口湖町船津6713-18 富士急行河口湖站搭河口湖周遊巴士7～12分，河口湖ハーブ館下車即到 P50輛

➡建在鄰近河口湖畔的場所
➡乾燥花的花籃製作體驗也廣受歡迎

河口湖　MAP附錄② P.9 D-1　玩樂

大石紬傳統工藝館
おおいしつむぎでんとうこうげいかん

能體驗傳統的技藝

介紹江戶時代在大石地區誕生的大石紬的歷史和特徵，以及從製線到織布的作業。輕鬆簡單的蠶繭動物製作體驗800円～也廣受歡迎。

☎0555-76-7901
⏱9:00～18:00（12～3月為～17:30）休無休
¥免費入館 所山梨県富士河口湖町大石1438-1
🚃富士急行河口湖站搭河口湖周遊巴士27～32分，河口湖自然生活館下車，步行即到 P20輛

➡可愛的蠶繭動物600円～

河口湖　MAP附錄② P.8 E-1　玩樂

Country LAKE SYSTEMS
カントリーレイクシステムズ

戶外活動的體驗豐富多樣

獨木舟和登山車、四輪沙灘車、樹海洞窟探險、觀賞白頰鼯鼠等戶外活動全都能暢玩。

☎0555-20-4052
⏱8:00～18:00（20:00打烊），需預約 休無休 ¥獨木舟體驗行程5400円 所山梨県富士河口湖町大石2954-1 富士急行河口湖站搭河口湖周遊巴士26～31分，北浜荘前下車即到 P10輛

➡在指導員的教導之下，連新手也能暢玩

河口湖 ［MAP附錄②P.5 D-2］ 美食

MOOSE HILLS BURGER
●ムースヒルズバーガー

分量飽滿的漢堡

把用澳洲牛肉100%的粗絞肉製成的多汁漢堡肉，夾入以天然酵母製作的Q軟漢堡麵包中。素材的優質和美味讓人心服口服。

☎0555-72-6691
🕐週一～五為11:00～19:30（20:00打烊），週六、日、假日為11:00～20:30（21:00打烊）　休無休
📍山梨縣富士河口湖町勝山3290-1　🚃富士急行河口湖站車程10分　🅿30輛

➡不禁想要大口咬下的特製煙燻培根漢堡1590円

河口湖 ［MAP附錄②P.8 G-1］ 玩樂

KBH河口湖ボートハウス
●ケービーエイチかわぐちこボートハウス

搭船暢遊河口湖

在絕佳的富士山觀景點能租借釣具和船、自行車。導遊會細心地教導，即使是新手和女性也能安心遊玩。

☎090-9328-9422　🕐6:00～18:00（預約優先，需確認）🚤划艇1小時1500円　休不定休　📍山梨縣富士河口湖町河口2308-1　🚃富士急行河口湖站搭河口湖周遊巴士21～26分，久保田一竹美術館前下車即到　🅿30輛

➡天氣好的日子也能眺望逆富士

河口湖 ［MAP附錄②P.14 A-3］ 美食

SYLVANS
●シルバンズ

獲得全球賞識的當地啤酒在這裡

用富士山的天然水釀造富士櫻高原麥酒的餐廳。適合搭配啤酒的菜單很豐富。也附設英式庭園。

☎0555-83-2236　🕐11:30～14:30、17:30～21:00（週六、日、假日為11:30～21:00，冬季有變動）休週四（旺季除外）📍山梨縣富士河口湖町船津剣丸尾6663-1　🚃富士急行河口湖站搭免費接送巴士10分　🅿350輛

➡相當適合搭配啤酒的料理齊備

➡在露天座位能和愛犬一同享用餐點

河口湖 ［MAP附錄②P.14 A-2］ 美食

Café de Boulogne
●キャフェドゥブローニュ

享受法國小食堂的氣氛

享用「身穿不拘束的便服品嘗的法國菜」和在法國平常就能品嘗的味道。從外觀和氣氛來看，也宛如置身在法國的食堂一般。

☎0555-73-3236
🕐10:00～21:00（週日為12:00～）
休週三、第3週二（8月為第3週二營業）
📍山梨縣富士河口湖町船津5521-2
🚃富士急行河口湖站車程10分
🅿4輛

➡午餐各能選擇1份前菜和主菜

➡2樓有復原成當時房間的太宰治紀念室

➡猶如畫在畫上的秀麗富士山

➡把自製麵條用當地味噌煮熟的鱈魠麵1080円和自製甜酒500円

旅行要點

太宰治曾眺望的富士山

在御坂峠的天下茶屋遠望

太宰治曾停留並提筆寫作的天下茶屋。同時也是以「富士山與月見草最相配」這一段話而聞名的《富嶽百景》的舞臺。從天下茶屋佇立的御坂峠瞭望，中央是富士山，山的下方是河口湖，真不愧是絕景。一邊眺望和太宰治的時代毫無差別的景色，一邊品嘗甜酒休息吧。

天下茶屋 ●てんかちゃや
［MAP附錄②P.4 E-1］
☎0555-76-6659
🕐9:00～日落（冬季為10:00～）
休無休（天候不佳時休）
📍山梨縣富士河口湖町河口2739　🚃富士急行河口湖站搭巴士往天下茶屋28分，終點下車即到　🅿10輛

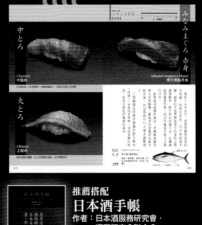

河口湖

P.58
山中湖・忍野
P.70
富士吉田
P.74
西湖・本栖湖・精進湖
P.80
朝霧高原・富士宮
P.84
御殿場・十里木
P.88

河口湖　MAP附錄②P.8 F-4　購物

石ころ館 河口湖
●いしころかんかわぐちこ

和能量石的相遇

販售世界上的各種天然石和鑲嵌著天然石的飾品。也能參加選擇能量石來製作原創飾品的體驗。

☎0555-73-4000　⏰9:00～18:00（11～3月為9:30～17:30）　休無休　入免費入館，體驗費僅需材料費　所山梨縣富士河口湖町小立1221-1　富士急行河口湖站搭河口湖周遊巴士10分，河口湖ハーブ館下車即到　P80輛

→也有石頭的說明，因此容易挑選

河口湖　MAP附錄②P.8 H-4　購物

河口湖Cheese Cake Garden
●かわぐちこチーズケーキガーデン

嚴選適合甜點的起司

使用優質奶油起司的烘烤型「富士完熟起司蛋糕」廣受歡迎。若是選擇內用，咖啡會變成1杯免費。

☎0555-72-3654　⏰9:00～18:00（有時期性變動）　休無休　所山梨縣富士河口湖町淺川1173-1　富士急行河口湖站下車，步行10分　P6輛

↑起司蛋糕愛好者會喜歡到受不了的專賣店

→烘烤類型或舒芙蕾類型等種類也很豐富

河口湖　MAP附錄②P.14 A-1　購物

赤富士ワインセラー
●あかふじワインセラー

若要在河口湖購買山梨生產的葡萄酒

以日本數一數二的知名度為榮的釀酒廠的葡萄酒能先試喝再購買。有嚴選的葡萄酒一字排開的精選區等，豐富品項應有盡有。

☎0555-20-9222　⏰9:00～17:30（18:00閉館）　休無休　入入館及試喝免費　所山梨縣富士河口湖町船津2020-1　富士急行河口湖站車程5分　P25輛

→也相當適合搭配料理的「勝沼遺產」白/紅（各720㎖）2700円等

河口湖　MAP附錄②P.14 A-1　美食

赤から 河口湖店
●あかからかわぐちこてん

甜辣的高湯讓人吃上癮

辣度有11種程度能選擇的赤辛鍋是名產。不只能享用烤肉，還能品嘗山梨特有的生馬肉和信玄冰淇淋、甲州葡萄酒。

☎0555-73-8629　⏰11:00～15:00、17:00～24:00　休無休　所山梨縣富士河口湖町船津6854　富士急行河口湖站車程3分　P30輛

→美味和辣味相當絕妙炒的赤辛鍋990円（未稅，2人份～）

河口湖　MAP附錄②P.14 A-3　咖啡廳

miu's cafe
●ミウズカフェ

能和愛犬一同享受的狗狗咖啡廳

氣氛流行時尚的狗狗咖啡廳。店內僅室內犬（已學會不隨意吠叫、上廁所等教育的小型、中型犬）OK。遵守禮儀，度過和愛犬在一起的下午茶時光吧。

☎0555-73-3986　⏰11:00～19:00（冬季為～17:00）　休週一、二不定休（逢假日則翌日休，冬季可能因天候而休息）　所山梨縣富士河口湖町船津6607-2　富士急行河口湖站車程10分　P10輛

→藝術的店內。料理和飲料的菜單也很豐富

河口湖　MAP附錄②P.14 A-1　美食

レストラン ルッコラ

平價的套餐料理

位在富士河口湖町公所旁邊，小而可愛的歐風料理店。午餐和晚餐都能享用簡單的套餐菜單，在當地也廣受好評。

☎0555-72-3937　⏰11:30～14:00、18:00～21:00　休週四　所山梨縣富士河口湖町船津1666-2　富士急行河口湖站搭河口湖周遊巴士3分，役場入口下車，步行3分　P8輛

→燉煮多蜜醬漢堡排1200円。套餐（附咖啡or紅茶、沙拉、麵包）1530円。附甜點為1 or 米飯1760円。

充滿當地生產蔬菜的新鮮健康菜單

附季節的沙拉、主菜、麵包or米飯、咖啡or紅茶

山中湖

FUJIYAMA KITCHEN

●フジヤマキッチン

位在住宿設施「PICA Yamanaka Lake Village」內的自然派餐廳。健康的菜單是使用富士山麓周邊的新鮮食材，並活用素材的純粹滋味，廣受好評。在綠意豐沛的大自然中享用素材原本的味道吧。

☎ 0555-62-4155（PICA Yamanaka Lake Village）
⏰ 8:00～20:00（視時期而異）　休 週三、四（旺季為無休）　所 山梨縣山中湖村平野506-296 PICA山中湖ヴィレッジ內　富士急行富士山站搭巴士往旭日丘30分，旭日丘下車即到　P 20輛

MAP 附錄② P.10 F-5

推薦菜單
本日午餐
1980円（視時期而變動）
FUJIYAMA KITCHEN
原創咖哩飯
1200円

開放感十足的店內→

添加原創香料和小扁豆的鮮蔬咖哩

美食午餐

在作為別墅勝地也廣受歡迎的山中湖，美味的餐飲店豐富多樣。在高原的清爽空氣中品嘗絕品午餐吧！

用特製砂鍋保持熱度！專賣店的熟成燉煮料理

①充滿木頭溫度的店內有愛犬陪同也OK
②店家最受歡迎的菜單。充滿燉煮後入口即化的柔軟肉塊

山中湖

煮込み Stew の店 Casserole

●にこみシチューのみせキャセロール

反覆加湯熟成後製作的自豪燉菜。味道凝縮著肉和蔬菜的美味及濃郁滋味，口感清爽，讓人印象深刻。用特製的法國砂鍋供餐，直到最後一口都能品嘗溫熱的溫度，也令人心滿意足。

推薦菜單
燉煮牛肉套餐
2700円
（單點2300円）

☎ 0555-65-6311　⏰ 11:30～19:00　休 週一（8月為無休，1～2月有不定休）　所 山梨縣山中湖村平野548-104　富士急行富士山站搭巴士往平野47分，平野下車，步行15分　P 6輛

MAP 附錄② P.10 H-4

山中湖・忍野

湖泊耀眼美麗的高原別墅勝地

●やまなかこ・おしの

山中湖在富士五湖當中最接近富士山，就連廣大的面積也是最大。此區域散布著能一邊眺望雄壯的富士山身影一邊暢遊的遊樂場。名水之鄉忍野八海也不容錯過。

是這樣的地方！

洽詢處
☎ 0555-62-9977（山中湖村觀光課）
☎ 0555-84-3111（忍野村觀光產業課）

MAP 附錄② P.4・10-11　交通資訊 P.98

鐵道	特急「富士回遊」
	新宿站 ━━━ 富士山站
	●所需時間／1小時47分　●費用／3940円

巴士	富士急山梨巴士
	富士山駅 ━━━ 山中湖 旭日丘
	●所需時間／30分　●費用／640円

巴士	高速巴士
	バスタ新宿（新宿駅新南口）━━━ 山中湖 旭日丘
	●所需時間／2小時15分　●費用／2250円

車	東富士五湖道路 國道138號
	山中湖IC ━━━ 旭日丘
	●所需時間／10分　●距離／約5km

河口湖
P.58

山中湖·忍野

P.70

富士吉田

P.74

西湖·本栖湖·精進湖

P.80

朝霧高原·富士宮

P.84

御殿場·十里木

P.88

在有如自己家的舒適氣氛中，
享受休閒午餐的招待

海鮮青醬義大利麵

可以悠閒地
放鬆。一個人來
也超級歡迎喔！

老闆
片見小姐

主餐附湯、沙拉、
飲料的一盤午餐

山中湖
Cafe & Auberge 里休

●カフェアンドオーベルジュりきゅう

佇立在山中湖寧靜湖畔的咖啡廳。不只致力於地產地消的料理，連甜點也是手工製作，能輕鬆地過去喝杯咖啡。如同在故「里」「休」息的店名，能一邊眺望眼前的山中湖一邊悠閒地度日，魅力十足。也作為1天限2組能住宿的民宿營業。

✆0555-65-7870 ⏰11:00～20:00 休一個月有1～2天不定休（夏季為無休）所山梨縣山中湖村平野2408-1 富士急行富士山站搭巴士往平野47分，平野下車，步行20分 ᴘ6輛

MAP附錄②P.10 G-3

➡從露天座位能眺望山中湖

➡加540円還會附上店家精選的甜點

➡氣氛明亮居家的店內

➡披薩和義大利麵也能選擇尺寸，因此也推薦共享

眺望山中湖的休閒義式餐廳

山中湖
CHIANTI CoMO

●キャンティコモ

建在湖畔的氣氛閒適的義式餐廳。帶有濃郁滋味和美味的特製沙拉醬的沙拉、前菜、披薩、義大利麵等菜單經常有110種以上。葡萄酒也有120種以上，相當豐富。

✆0555-62-9010 ⏰11:30～22:00（週六、日、假日為11:00～）休無休 所山梨縣山中湖村山中213-7 富士急行富士山站搭巴士往平野26分，一の橋下車即到 ᴘ50輛

MAP附錄②P.10 E-4

➡從窗戶能眺望山中湖

山中湖
Ristorante Parco Del Cielo

●リストランテパルコデルチェロ

店名在義大利文中是「空中庭園」的意思。店面被照葉樹林圍繞，白天陽光會從樹葉間灑落下來。除了前菜和義大利麵等單點料理以外，也有全餐料理。中午和晚上都推薦事先預約。

✆0555-62-0603 ⏰11:30～14:00，17:30～20:00 休不定休 所山梨縣山中湖村平野2468-1 富士急行富士山站搭富士湖號42～58分，ままの森下車即到 ᴘ15輛

MAP附錄②P.10 F-4

➡猶如在繪本中出現的綠意環繞的森林餐廳

在山中湖畔享受暢快的時光！

在大自然中品嘗頂級的義大利菜

午餐時間會附沙拉、前菜。照片為「海鮮和小番茄的義大利直麵」

山中湖 | MAP附錄②P.10 F-5 | 玩樂

遊覽船「白鳥之湖」
●ゆうらんせんはくちょうのみずうみ

搭「白鳥之湖」號遊覽山中湖

巡遊旭日丘棧橋～山中棧橋～旭日丘棧橋，用約25分鐘繞行山中湖一圈的遊覽船。船內活用木紋營造出溫馨感，廣獲攜家帶眷的遊客好評。

📞0555-62-0130（富士汽船）
🕐9:30～16:30（有時期性變動）😫天候不佳時、湖面結冰時🈹1000円🅟山梨縣山中湖村平野506-1🚌富士急行富士山站搭巴士往旭日丘30分，山中湖 旭日丘下車即到🅿使用鄰近停車場

←寵物也能一起搭船，令人開心

山中湖 | MAP附錄②P.10 H-4 | 景點

全景臺
●パノラマだい

雄偉富士山的絕景勝地

位在山中湖通往三國峠的縣道途中的瞭望勝地。能眺望山中湖布滿眼前、原野一望無際的秀麗富士山。作為攝影景點也很有名。

📞0555-62-3100（山中湖觀光協會）
🕐自由參觀🅟山梨縣山中湖村平野🚌富士急行富士山站車程30分🅿10輛

←能把山中湖和富士山收在1張照片中的絕景景點

山中湖 | MAP附錄②P.10 F-3 | 景點

長池親水公園
●ながいけしんすいこうえん

也能眺望逆富士的公園

面朝山中湖，設置著停車場、自行車道。從園內看見的富士景觀美不勝收。小丘上也有涼亭。

📞0555-62-3100（山中湖觀光協會）
🕐自由入園🅟山梨縣山中湖村平野🚌富士急行富士山站搭富士湖號40分，長池親水公園前下車即到🅿80輛

↑能在湖畔散步的步道也整備完善的公園

山中湖 | MAP附錄②P.10 G-4 | 玩樂

クラフトの里 DALLAS VILLAGE
●クラフトのさとダラスヴィレッジ

具備13種體驗內容

能享受吹玻璃、陶藝、玻璃珠等手作體驗。設施內也有餐廳，能坐在眺望富士山的露天座位品嘗BBQ。

📞0555-62-2774🕐10:00～18:00（餐廳為11:00～，週六、黃金週、8月為～22:00）😫週四（假日、黃金週、8～9月為無休）🈹視體驗而異🅟山梨縣山中湖村平野479🚌富士急行富士山站搭巴士往平野35分，三国山ハイキングコース入口下車即到🅿100輛

←吹玻璃體驗為15分鐘2720円～

忍野 | MAP附錄②P.11 B-1 | 景點

岡田紅陽寫真美術館·小池邦夫繪畫信紙美術館
●おかだこうようしゃしんじゅつかんこいけくにおえてがみびじゅつかん

接觸富士山的照片和繪畫信紙

附設畢生都在拍攝富士山照片的岡田紅陽及繪畫信紙的第一人小池邦夫的美術館。從庭園能眺望雄偉的富士山。

📞0555-84-3222🕐10:00～16:30😫週二（逢假日則翌日休）🈹500円（2館共通）🅟山梨縣忍野村忍草2838-1🚌富士急行富士山站搭巴士往內野・平野12分，忍野 しのびの里下車即到🅿20輛

←美術館前面是具有開放感的庭園，還能眺望富士山

山中湖 | MAP附錄②P.10 E-4 | 玩樂

山中湖MARINE HOUSE momo
●やまなかこマリンハウスモモ

新手也能享受的西太公魚釣魚體驗

期間限定的釣西太公魚廣受歡迎。因為是從圓頂的船內釣魚，所以很舒適。有出租的釣竿，因此連小朋友和新手也能輕鬆地順路去玩。

📞0555-62-9393🕐釣西太公魚為9～6月的7:00～15:00，水上運動為6～9月的7:00～17:00😫期間中不定休（天候不佳時休）🈹釣西太公魚體驗3小時4000円、香蕉船15分2000円🅟山梨縣山中湖村山中212-5🚌富士急行富士山站搭巴士往旭日丘27分，一之橋下車即到🅿30輛

←打造成西太公魚造型的「わかさぎ丸」
←在溫暖的船內舒服地釣西太公魚

忍野 | MAP附錄②P.11 C-1 | 景點

森之中水族館。山梨縣立富士湧水鄉水族館
●もりのなかのすいぞくかんやまなしけんりつふじゆうすいのさとすいぞくかん

觀察在名水中長大的淡水魚

位在忍野村的森林中，以全日本數一數二的規模為榮的淡水魚水族館。水槽隔成2層，讓內側的小型魚和外側的大型魚看起來像是在一起游泳，這是透明度高的湧水才能辦到。

📞0555-20-5135🕐9:00～18:00😫週二（逢假日則翌日休）🈹420円🅟山梨縣忍野村忍草3098-1🚌富士急行富士山站搭巴士往內野・平野14分，さかな公園下車，步行3分🅿100輛

←能觀賞約100種1萬隻的淡水魚

旅行要點

山中湖巡遊以周遊巴士「富士湖號」最划算！

在忍野八海和山中湖周邊觀光很方便的「富士湖號」，也開始開進河口湖站了。2天內能自由乘車上下車的自由乘車券也廣受好評，只要出示車票，觀光設施的門票就會打折。

右側車輛也備有無障礙設備。配色可愛的車

富士湖號 ●ふじっこごう

MAP附錄②P.10 F-5

📞0555-72-6877（富士急山梨巴士）🕐7:05～17:15😫無休🈹富士吉田・忍野・山中湖區域共通FREE COUPON 1500円※富士急行河口湖站、富士山站、旭日丘巴士總站售票處與車上皆可購買🅟山梨縣山中湖村平野506-296 旭日丘バスターミナル🚌富士急行富士山站巴士乘車處3號

河口湖

P.58

山中湖·忍野

P.70

富士吉田

P.74

西湖·本栖湖·精進湖

P.80

朝霧高原·富士宮

P.84

御殿場·十里木

P.88

Hammock Cafe
山中湖　ＭＡＰ附錄②Ｐ.10 Ｆ-5　咖啡廳

○ ハンモックカフェ

能被吊床搖晃，悠閒地放鬆

位在PICA Yamanaka Lake Village內的咖啡廳。能在森林中一邊被吊床搖晃，一邊放鬆。能和愛犬一同利用也令人開心。

☎0555-62-4155（PICA Yamanaka Lake Village）🕚11:00～16:30，週六、日為10:00～（冬季休業，夏季無休，黃金週營業，需洽詢）🏠山梨縣山中湖村平野506-296 🚃富士急行富士山站搭巴士往旭日丘30分，旭日丘下車即到 🅿20輛

↻能暢享大自然的咖啡廳

牛舍
忍野　ＭＡＰ附錄②Ｐ.11 Ｃ-2　美食

○ ぎゅうしゃ

用實惠的價格享用高級烤肉

能品嘗老闆親自採購的和牛五花肉和甲州地雞、全國的知名牛。酒具備葡萄酒、韓國的酒「生馬格利米酒」等，也廣受老饕歡迎。

☎0555-84-7556 🕚16:30～21:00 🈺週二（逢假日則營業）🏠山梨縣忍野村忍草3233-4 🚃富士急行富士山站搭巴士往內野·平野14分，さかな公園下車，步行10分 🅿40輛

地雞1人份1296円、甲州和牛五花肉1人份1296円等讓人嘖嘖稱讚

山中湖JUPITER
山中湖　ＭＡＰ附錄②Ｐ.11 Ｄ-4　玩樂

○ やまなかこジュピター

在山中湖享受超充實的假日！

提出能暢玩山中湖的遊樂活動。能挑戰搭乘太陽能電池多功能船（圓頂船）釣西太公魚和寬板滑水等活動。

☎090-8641-6698 🕚日出～日落（湖上運動為6～9月，釣西太公魚為9～6月）🈺期間中無休（天候不佳時休）💴寬板滑水體驗行程（20分）5000円，釣西太公魚5000円 🏠山梨縣山中湖村山中72 🚃富士急行富士山站搭巴士往旭日丘23分，ホテルマウント富士入口下車即到 🅿150輛

↻能在指導員的指導之下放心地體驗

FUJIYAMA BAZAAR 森の駅
山中湖　ＭＡＰ附錄②Ｐ.10 Ｆ-5　購物

○ フジヤマバザールもりのえき

交通位置良好的伴手禮店&咖啡廳

附設在旭日丘的巴士總站。富士山麓的山珍海味和山梨伴手禮豐富齊全。2樓也有能品嘗當地名產的咖啡廳。

☎0555-62-4177 🕚10:00～17:00，2樓為～16:30（有時期性變動）🈺無休 🏠山梨縣山中湖村平野506-296 旭日丘バスターミナル 1～2F 🚃富士急行富士山站搭巴士往山中·旭日丘30分，山中湖 旭日丘下車即到 🅿35輛

↻2樓的出口有水陸兩用巴士「山中湖的河馬」搭乘處

↻正宗茶燒酒富士山すそ野の三七七六（180㎖）1620円

天祥庵
忍野　ＭＡＰ附錄②Ｐ.14 Ｄ-3　美食

○ てんしょうあん

品嘗用富士名水桿製的蕎麥麵

使用日本國產蕎麥粉和富士湧水的手打蕎麥麵，帶有彈性，口感滑順非凡。配自家栽培的佐料、烤味噌、醬汁品嘗的「醬汁乾拌蕎麥麵」是絕品。

☎0555-84-4119 🕚11:00～售完打烊 🈺週三（逢假日則翌日休）🏠山梨縣忍野村忍草2848-2 🚃富士急行富士山站搭巴士往內野13分，忍野溫泉前下車，步行5分 🅿22輛

↻把烤味噌融入醬汁中再品嘗的醬汁乾拌蕎麥麵1350円

山中湖平野溫泉 石割の湯
山中湖　ＭＡＰ附錄②Ｐ.10 Ｈ-3　溫泉

○ やまなかこひらののおんせんいしわりのゆ

位在石割山山腳的不住宿溫泉

不僅有大浴場，石造的露天浴池、寢湯也整備完善。溫泉據說有消除疲勞和美肌的效果。在休息室也能品嘗輕食。

☎0555-20-3355 🕚10:00～20:30 🈺週四（逢假日則營業，黃金週、7&8月為無休）💴800円 🏠山梨縣山中湖村平野1450 🚃富士急行富士山站搭巴士往平野47分，平野下車，步行15分 🅿150輛

↻鹼性溫泉具有消除疲勞和美肌的效果

燻製工房 古志路
山中湖　ＭＡＰ附錄②Ｐ.10 Ｇ-5　購物

○ くんせいこうぼうこしじ

手工香腸和燉菜的店

在提味祕方中添加鮮奶油等食材的無添加香腸適合買來品嘗。能在具有露臺的附設餐廳品嘗的燉煮牛肉也廣受好評。

☎0555-62-3187 🕚11:00～19:00 🈺週四（逢假日則營業，黃金週、8月為無休）🏠山梨縣山中湖村平野508-375 🚃富士急行富士山站搭巴士經旭日丘往平野34分，撫岳莊前下車，步行15分 🅿9輛

↻原創香腸1包600円～

PAPER MOON
山中湖　ＭＡＰ附錄②Ｐ.10 Ｇ-4　咖啡廳

○ ペーパームーン

以自製蛋糕自豪的成人咖啡廳

10歲以下不能入店的成人專屬咖啡廳。每天早上現烤的原創蛋糕和派廣受好評，時常具備15種以上。

☎0555-62-2041 🕚11:00～18:00 🈺無休 🏠山梨縣山中湖村平野481-1 🚃富士急行富士山站搭巴士經旭日丘往平野33分，湖山莊前下車即到 🅿20輛

↻慢慢烘烤而成的蘋果杏桃厚皮水果派810円

Curry House JIB
山中湖　ＭＡＰ附錄②Ｐ.11 Ｄ-4　美食

○ カレーハウスジブ

享用豐富種類的咖哩

以精選食材和數十種香辛料製成的咖哩相當絕妙。辣度也備有7種，能選擇喜歡的辣度再品嘗。

☎0555-62-4406 🕚11:00～14:00、17:00～21:00 🈺週三（8月為無休）🏠山梨縣山中湖村山中401 🚃富士急行富士山站搭巴士往旭日丘25分，TBS寮前下車，步行5分 🅿15輛

↻以饢餅和米飯為套餐的瑪莎拉咖哩（限量）1600円

Check it!

自由裁縫師
原田小姐

Look!

➡在黑板上的地圖確認目標的織物工廠的位置！

⬆也販售富士山造型的原創小物收納包1512円

是這樣的地方！

富士吉田

ふじよしだ

富士信仰的歷史與文化棲息的街道

北口本宮富士淺間神社是富士信仰的重要存在，同時也是登山道的起點。許多人造訪的人氣閒遊樂景點富士急樂園，以及作為當地美食名聞遐邇的吉田烏龍麵也廣受矚目。

QR Code

知道賺到的資訊

富士吉田為什麼是織物之街呢？

因為在富士山麓能豐富地獲得染色所需的清水。色彩鮮艷的布料在日本國內外都受到高度評價。

Route 1
若要收集資訊，就先來這裡！

先到位於富士山站的HATAORI-MACHI觀光服務處獲取街道的織物資訊。從手冊和布料樣品尋找喜歡的織物工廠吧。

HATAORI-MACHI觀光服務處 ●ハタオリマチあんないじょ

📞0555-22-2164 ⏰10:00～16:30 休不定休 所山梨縣富士吉田市上吉田2-5-1 直通富士急行富士山站 🅿424輛 MAP 附錄②P.14 C-1

⬆也有用手機就能獲得各工廠資訊的布料樣品

時尚 散步

Route 2
參觀亞麻布誕生的工廠！

繼承在富士山麓持續傳承的郡內織技術，製作亞麻布製品。工廠直營店（需事先聯絡）備有溫和觸感的自家公司品牌製品。

showroom

TENJIN-factory
●テンジンファクトリー

📞0555-22-1860 ⏰11:00～17:00（需預約）休週六、日、假日（逢每月第3週六則營業）所山梨縣富士吉田市下吉田7-29-2 富士急行月江寺站車程6分 🅿2輛 MAP 附錄②P.14 D-1

factory

工廠是這樣的地方

只要在預約時事先商量，也能參觀工廠。工匠專注工作的模樣、梭織機悅耳的聲音，都讓人對織物更加戀戀不忘。

⬆LOPEN的亞麻布領帶8100円

⬅也能當作毛毯使用的浴巾是特別價格

洽詢處 📞0555-21-1000（富士吉田觀光振興服務處）
MAP 附錄②P.4・14 交通資訊 P.98

鐵道	特急「富士回遊」	
	新宿站	富士山站
	●所需時間／1小時47分 ●費用／3940円	

巴士	高速巴士	
	バスタ新宿（新宿駅新南口）	富士山駅
	●所需時間／1小時50分 ●費用／1950円	

車	中央自動車道 國道139・137號	
	河口湖IC	富士山站
	●所需時間／7分 ●距離／約3km	

HATAORI★活動
EVENT information

每年10月舉辦
HATAORI-MACHI FESTIVAL

在城鎮中會舉辦HATAORI工廠祭和道具市集、工作坊等活動，可以全部暢遊。

📞0555-22-1111（HATAFES執行委員會）所山梨縣富士吉田市下吉田 MAP 附錄②P.14 D-1

⬆道具市集是在小室淺間神社和新世界乾杯通舉行

每月第3個週六開店
Factory Shop

富士吉田和西桂町的工廠只在每月第3個週六開門經營直營店。也有能遇見限定商品的可能性。

📞0555-22-2164（Hataorimachi no Hatajirushi Project）⏰11:00～17:00 所視店鋪而異

⬆開店的月份視工廠而異，請事先洽詢

河口湖 P.58

山中湖・忍野 P.70

富士吉田

P.74

西湖・本栖湖・精進湖 P.80

朝霧高原・富士宮 P.84

御殿場・十里木 P.88

走遠一點 **富士山站車程16分**

創業超過150年!工匠親手製造的美傘
槇田商店 ●まきたしょうてん

把線染色後,以高密度編織的郡內織技術為基礎,製造出獨特時尚的傘。在工廠附設的商店取得喜歡的商品吧。

☎0555-25-3113 🕘9:00~18:00(每月第3週六為10:00~17:00)
休週六、日、假日(每月第3週六則營業) 所山梨縣西桂町小沼1717
🚃富士急行三峠站步行5分
🅿4輛 **MAP** 附錄②P.4 F-1

胡蘿蔔
21600円
以蔬菜為印象的陽傘系列「菜-sai-」。也販售以白菜和豆子為主題的傘。

在當地才有的發現! **月江寺站步行即到**

紅豆餡愛好者會喜歡到不行♥
倉沢製餡所的紅豆餡自動販賣機
●くらさわせいあんじょのあんこじどうはんばいき

因為罕見而在SNS等處蔚為話題。僅能使用100日圓的錢幣,因此請事先準備零錢,或是在製餡所(營業時間不固定)換錢。

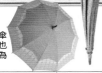

☎0555-22-3346 🕘24H 休無休 所山梨縣富士吉田市綠ケ丘1-1-17 🚃富士急行月江寺站步行即到 🅿無 **MAP** 附錄②P.14 C-1

能中購買紅豆餡和最中餅組合「最中ちゃん」(全商品中最低400円)

→1樓販售雜貨,2樓販賣古董家具

Route 4

肯定會找到能長時間喜愛的雜貨!

能長時間陪伴的生活用品所聚集的選貨店。R&D.M.Co和ALDIN等當地織物也一應俱全。

→優質觸感廣受歡迎的披肩
7344円

LONGTEMPS ●ロンタン

☎0555-22-0400 🕘10:00~19:00 休週二 所山梨縣富士吉田市下吉田3-12-54 🚃富士急行月江寺站步行6分 🅿7輛 **MAP** 附錄②P.14 D-1

R&D.M.Co-的棉質托特包S為9180円、TALL為12960円

走去尋找喜歡的物品吧!
在織物之街

持續傳承1000年以上的織物產地「富士吉田」。街上散布著工廠,現在也仍在製造許多織物。在復古的街道散步,尋找自己喜歡的商品吧。

Route 3 Cafe time!

在茶屋稍作休息

當地居民經常前往的茶飲專賣店。使用高級抹茶的抹茶霜淇淋260円,相當適合在散步的休息途中享用。把美味的茶葉當作伴手禮也很推薦。

お茶の春木屋 ●おちゃのはるきや

☎0555-24-1603 🕘9:00~19:00 休無休 所山梨縣富士吉田市下吉田3-19-12 🚃富士急行月江寺站步行5分 🅿5輛 **MAP** 附錄②P.14 C-1

↑除了抹茶以外,焙茶(每週更換)的霜淇淋也廣受好評

Route 5 Meal time!

↓建築物是以50多年前建造的長屋翻修而成

蔬菜很美味的餐廳

位在新世界乾杯通的餐廳。能品嘗採用當地蔬菜和香草的新鮮義大利麵和小皿料理。也想享用和甲州葡萄酒完美結合的滋味。

レストラン かぎしっぽ

☎0555-73-8858 🕘11:00~14:00、18:00~23:00(週五、六為~翌2:00,午餐需預約) 休週日 所山梨縣富士吉田市下吉田3-12-72 🚃富士急行月江寺站步行6分 🅿無 **MAP** 附錄②P.14 D-1

↑瑪格麗特披薩900円、凱薩沙拉700円

Welcome!
老闆 高橋先生

新世界乾杯通
在過去作為繁華街道而繁榮的西裏地區的巷弄中,餐飲店和酒吧陸續開幕。作為新世界乾杯通重生,展現出熱鬧氣氛。

Route 6

有保佑結緣的益處

以秋天的流鏑馬祭而聞名的神社。有長著心形樹瘤的御神木,因為作為結緣的能量景點,所以參拜客年年增加。

小室淺間神社 ●おむろせんげんじんじゃ

☎0555-22-1025 🕘境內自由參觀 所山梨縣富士吉田市下吉田3-32-18 🚃富士急行下吉田站步行3分 🅿100輛 **MAP** 附錄②P.14 D-1

↻作為「結緣的御神木」受到祭祀的櫻花樹。櫻花印章很可愛的御朱印(初穗費300円)也廣受歡迎

↻中世紀是作為武田家的祈願所而獲得眾人信奉

佇立在吉田口登山道的入口

↑社殿右後方的鳥居是登山道的入口

↑掛著敬獻給神明的巨大天狗面具

GOAL!

↑拜殿的莊嚴氣氛讓人感覺到歷史

北口本宮富士淺間神社
きたぐちほんぐうふじせんげんじんじゃ

祭祀富士的女神，擁有1900年歷史的古老神社。曾作為富士講的據點和登山者祈求登山平安的場所而繁榮。日本最大木造鳥居的富士山大鳥居和一片岩的手水缽、光彩絢麗的本殿等，至今仍傳揚著當時的繁榮。

☎0555-22-0221 ⏰祈禱申請9:00～16:30（夏季會延長）休無休 ¥免費參拜 所山梨縣富士吉田市上吉田5558 🚃富士急行富士山站步行20分 ℗200輛
MAP附錄②P.14 C-2

↑莊嚴氣氛彌漫的杉樹參道

步行14分

↑沿著細長的道路前進，就會出現重要文化財的中門

御師舊外川家住宅
おしきゅうとがわけじゅうたく

明和5（1768）年建造的最古老御師住宅。也已作為富士山的構成資產之一登錄為世界遺產。開放一般人參觀內部，持續傳揚富士山信仰到底是什麼樣的東西。

☎0555-22-1101 ⏰9:30～16:30（17:00閉館）休週二（黃金週、夏季為無休）¥100円 所山梨縣富士吉田市上吉田3-14-8 🚃富士急行富士山站步行7分 ℗12輛
MAP附錄②P.14 C-2

↑過去迎接登山者的御師住宅

↑修行者過去在信仰登山時穿著的服裝

探訪富士山信仰的源頭

御師町巡遊
おしまち

御師是神職，指那些為富士山的登拜者提供寺內住宿的人。在據說從前有80多家御師房舍的富士吉田街道散步，接觸看看富士山信仰的歷史吧。

佇立在富士道的御師町象徵

↑雄偉的富士山聳立在金鳥居的中間

START!

富士山站
ふじさんえき

走吧！

詳情請見→P.77

步行4分

金鳥居
かなどりい

佇立在國道139號和137號的交叉路口，是富士山信仰的象徵。因為是位在吉田口登山道上的首座鳥居，所以也稱為「一之鳥居」。**MAP**附錄②P.14 C-1

步行4分

若想更深入地瞭解富士山

富士山博物館
●ふじさんミュージアム

公開許多富士山信仰相關珍貴資料的博物館。能一邊觀看光雕投影和民間故事的動畫等展示，一邊快樂輕鬆地學習關於富士山的事情。

☎0555-24-2411 ⏰9:30～16:30（17:00閉館）休週二（黃金週、夏季為無休）¥400円 所山梨縣富士吉田市上吉田2288-1 🚃富士急行富士山站搭巴士往山中湖15分，サンパークふじ下車即到 ℗50輛
MAP附錄②P.14 D-3

↑充滿富士山魅力的博物館

用飲食體驗富士講的文化！

ふじ山食堂。
●ふじさんしょくどう

以十足彈性自豪的當地美食「吉田烏龍麵」。相傳從前造訪富士山的登拜者在登山前，為了淨身會品嘗受招待的湯盛りうどん。快來品嘗這種烏龍湯麵吧。

☎0555-23-3697 ⏰11:00～14:00（週六、日、假日為～15:00）休週二 所山梨縣富士吉田市上吉田6-9-6 🚃富士急行富士山站步行15分 ℗15輛
MAP附錄②P.14 C-2

↑外觀也很清爽的烏龍湯麵500円

獲得御師町的資訊吧

御師町 お休み処
●おしまちおやすみどころ

同時附設富士吉田觀光資訊中心的免費休息處。也展示重現御師町過去街道的立體模型。

☎0555-24-8660 ⏰9:00～17:00 休無休 所山梨縣富士吉田市上吉田3-14-10 🚃富士急行富士山站步行10分 ℗11輛
MAP附錄②P.14 C-2

↑位在御師舊外川家住宅的旁邊

也順路前往這裡吧！

GOAL!
北口本宮富士淺間神社

富士山博物館

西念寺

ふじ山食堂。

道路兩旁至今仍有十幾家御師住宅比鄰而建

139

河口湖駅・大月駅

御師舊外川家住宅

御師町 お休み処

START!
富士山站

金鳥居公園

富士急行

金鳥居

137

河口湖
P.58
山中湖・忍野
P.70
富士吉田
P.74
西湖・本栖湖・精進湖
P.80
朝霧高原・富士宮
P.84
御殿場・十里木
P.88

確認直通車站的 Q-STA

在直通富士山站的車站大樓「Q-STA」有許多伴手禮和當地美食、從展望平臺眺望富士山等暢遊重點。務必一起順路前往喔！

Q-STA

6F 展望平臺

位在屋頂的展望平臺。從這裡眺望的富士山是左右對稱的模樣，獲評特別漂亮。

1~6F 階梯

階梯周圍展示著富士山相關的Q＆A和照片的看板，能學習富士山的歷史。

1F Gateway Fujiyama 富士山駅店

若要買伴手禮，一定會想順路前往。嚴選的富士山伴手禮有豐富多樣的商品陣容。

☎0555-23-1120
🕙10:00～20:00　**詳情請見→P.47**

1F ヤマナシ ハタオリ トラベル MILL SHOP

販售富士吉田市周邊的特產品、織物製品。傘、領帶等優質商品一應俱全。

☎0555-23-1111
（富士急百貨店）
🕙10:00～20:00
詳情請見→P.45

B1F とがわ

能品嘗當地美食「吉田烏龍麵」。把自行調配的麵粉用富士山的湧水製成麵條。高湯是海鮮湯，味道香濃。

☎0555-23-9858
🕙10:00～19:15　休週四（逢假日則翌日休）

富士山烏龍麵　770円
配料豐富。酥脆的富士山形狀炸什錦只有這裡才吃得到

前往富士山的交通據點！

在富士山站遊玩吧！

水戶岡銳治先生設計的車站充滿精彩之處。暢遊富士山喜愛之情滿溢的車站吧！

車票
車票的切口也是富士山的形狀，千萬別錯過了！

月台
月台前端有富士山的絕景景點。

候車室
帶有木頭溫馨氣氛的候車室也是水戶岡銳治先生設計

紅色鳥居會迎接來客的魅力十足車站

因為觀光或富士登山而有許多人利用的富士急行的富士山站。車站正面塗裝成紅色的鳥居是仿造北口本宮富士淺間神社的大鳥居所打造的建築。大量使用木材的車站內部是明亮閑靜的空間。從車站能眺望的富士山、電車出發和抵達時的音樂旋律也會想要關注。美食和富士山伴手禮聚集的車站大樓「Q-STA」也別忘記確認囉。

富士山站　●ふじさんえき

☎0555-22-7133　**MAP**附錄②P.14 C-1
所山梨県富士吉田市上吉田2-5-1　P10輛（Q-STA為424輛）

Q-STA美食！

以十足的彈性和Q軟口感自豪

老闆
外川先生

富士山車站內 ふじやま屋

販售知名的鯛魚燒和霜淇淋、有機栽培的咖啡等美食。位在剪票口旁邊。

☎0555-23-1120
（Gateway Fujiyama 富士山駅店）
🕙8:00～18:00

車站商店美食！

富士山鯛魚燒　160円～
外皮酥脆，內層Q軟。口味為小倉紅豆、巧克力、奶油、季節內餡等4種

富士山霜淇淋　370円
用藍色和白色的2層呈現出富士山。藍玫瑰風味的霜淇淋

※從富士山站到富士斯巴魯線五合目為1天4～16班巴士運行（視時期而異，需洽詢☎0555-72-6877富士急山梨巴士）

富士吉田 | MAP附錄② P.14 C-2 | 美食

浅間茶屋 本店
●せんげんちゃやほんてん

能品嘗講究的餺飥麵

建在北口本宮富士淺間神社附近的餐廳。除了自豪的餺飥麵以外，炸蝦天婦羅烏龍麵等菜單也很豐富，廣受家庭客和團體客的歡迎。

☎0555-30-4010
🕐11:00～18:00 休無休
所山梨縣富士吉田市上吉田5562-7 交富士急行富士山站搭巴士往旭日丘6分，淺間神社前下車，步行5分
P30輛

↑氣氛獨具風情的店面

↑南瓜餺飥麵1130円

富士吉田 | MAP附錄② P.14 B-1 | 景點

富士山美術館
●フジヤマミュージアム

鑑賞知名畫家的富士山藝術品

橫山大觀和東山魁夷等近現代知名畫家所繪製的各種富士山作品齊聚一堂。用富士急樂園的通行護照就能入館。

☎0555-22-8223 🕐10:00～17:00 (17:30閉館，有時期性變動，詳情請至官網確認) 休不定休 ¥1000円 所山梨縣富士吉田市新西原5-6-1 交富士急行富士山站搭免費巡迴巴士，ハイランドリゾートホテル前下車 P180輛

↑背對富士山而建的美術館本館

富士吉田 | MAP附錄② P.4 E-2 | 景點

新倉山淺間公園
●あらくらやませんげんこうえん

市內屈指可數的富士山觀景點

位在新倉山的山腰，能一望富士山和富士吉田的市區。忠靈塔建在登上398層階梯的地方，現在也是富士吉田地標般的存在。

☎0555-21-1000(富士吉田觀光振興服務處)
🕐自由入園 所山梨縣富士吉田市淺間2-3353 交富士急行下吉田站步行10分 P87輛

↑許多觀光客以絕景為目標造訪

富士吉田 | MAP附錄② P.14 D-2 | 美食

フランス料理店 CHEVAL
●フランスりょうりてんシュヴァル

以「日常的法國菜」為經營理念

2003年創業以來就受到當地喜愛的小間法式餐館。曾任日本大使公邸廚師的主廚大展廚藝。也廣受單獨客的歡迎。

☎0555-23-5680
🕐11:30～14:00 (15:00打烊)、18:00～20:00 休不定休 (需洽詢) 所山梨縣富士吉田市上吉田6107-10 交富士急行富士山站車程5分 P10輛

↑午餐限定的每日更換法國菜定食(附自製小圓麵包、咖啡)1200円(未稅)

↑木質的店內是閑靜的氣氛

富士吉田 | MAP附錄② P.14 B-2 | 溫泉

富士山溶岩の湯 泉水
●ふじさんようがんのゆせんすい

使用富士山熔岩的不住宿溫泉

浴場的牆壁和地板是使用富士山的熔岩。不僅有具備促進血液循環效果的微氣泡產生器的露天浴池，還有效能豐富的室內溫泉。

☎0555-24-2438
🕐10:00～22:30 (23:00閉館) 休無休 (有檢修休館日) ¥800円 所山梨縣富士吉田市上吉田4261 交富士急行富士山站車程5分 P130輛

↑美肌、手腳冰冷、消除疲勞等方面很有效的露天浴池

富士吉田 | MAP附錄② P.14 B-1 | 美食

FUJIYAMA TERRACE
●フジヤマテラス

望著眼前的富士山，享用自助餐

均衡地使用山梨的當地食材和當季食材的料理具備80種以上，推薦自助餐的午餐2600円。從大窗戶能眺望富士山。

☎0555-22-1000 (海蘭德水療度假酒店) 🕐6:00～10:00、11:30～14:00、17:30～20:00 休無休 所山梨縣富士吉田市新西原5-6-1 ハイランドリゾート ホテル&スパ內 交富士急行富士山站搭免費巡迴巴士ハイランドリゾートホテル前下車 P180輛

↑能一邊眺望富士山，一邊享用80種以上的料理

旅行要點

觀看、學習、體驗以時速500km行駛的超電導磁浮列車！

走遠一點，順路前往位在都留市的山梨縣立磁浮展示中心吧。這裡是日本唯一除了能參觀世界最快磁浮列車的行駛測試以外，還能透過豐富多彩的裝置體驗學習磁浮列車構造的設施。鄰接的わくわくやまなし館販售著限定的磁浮列車商品。

↑也有不進行行駛測試的日子，因此時刻表至官網等處事先確認

↑迷你磁浮列車能體驗透過磁力懸浮行駛

↑適合當作伴手禮的原創印花餅乾

山梨縣立磁浮展示中心 ●やまなしけんりつリニアけんがくセンター
MAP附錄② P.2 E-1

☎0554-45-8121 🕐9:00～16:30 (17:00閉館) 休週一(逢假日則翌日休，若週二為假日則開館)、假日翌日(若翌日為週五～日則開館) ¥入館費成人420円、高中生310円、中小學生200円、學齡前兒童免費(わくわくやまなし館免費) 所山梨縣都留市小形山2381 交JR大月站搭巴士往リニア見學中心15分，終點下車即到 P140輛

河口湖

p.58

山中湖·忍野

p.70

富士吉田

p.74

西湖·本栖湖·精進湖

p.80

朝霧高原·富士宮

p.84

御殿場·十里木

p.88

富士吉田 — つきや工房

MAP附錄②P.14 C-2 購物

つきや工房
● つきやこうぼう

販售可愛的民俗工藝品

這家工房會用和紙等素材一個一個地手工製作出富士山主題的民俗工藝品。只要事先預約，也能參觀工房內部。

📞0555-23-0141
🕐10:00～17:00 休不定休 所山梨縣富士吉田市上吉田東3-17-26 🚉富士急行富士山站搭巴士往旭日丘·內野7分，新屋公民館入口下車即到 🅿5輛

➡以富士山為主題的富士不倒翁2000円

➡表情豐富的土鈴各1000円

富士吉田 — urban's camp fuji

MAP附錄②P.14 C-2 美食

urban's camp fuji
● アーバンズキャンプフジ

能品嘗山梨生產的野味料理

野味料理廣受好評的咖啡廳＆餐廳。使用山梨生產的鹿肉和無農藥蔬菜的菜單一應俱全。與甲州葡萄酒和當地啤酒也非常相襯。

📞0555-25-7531 🕐9:00～22:00（週六、日、假日為～22:30），冬季為10:00～18:00（週六、日、假日為9:00～，晚間需預約18:00～21:00）休週四 所山梨縣富士吉田市上吉田7-14-12 🚉富士急行富士山站步行18分 🅿7輛

➡山梨縣生產的各種野味的豐盛拼盤2180円（未稅）

富士吉田 — 手打ちそば 而今庵

MAP附錄②P.14 D-1 美食

手打ちそば 而今庵
● てうちそばにこんあん

用富士山的湧水製作的蕎麥麵

老闆每天都用八岳山麓生產的蕎麥粉手工製作蕎麥麵的名店。香味和甜味會擴散的「竹籠蕎麥麵」廣受歡迎。無論如何都想享用精緻的味道。

📞0555-22-9737
🕐11:30～14:00，17:30～21:30（22:00打烊，週日為～21:00，售完打烊）休週四，每月1次週三 所山梨縣富士吉田市下吉田2-14-27 🚉富士急行月江寺站步行10分 🅿7輛

➡香氣濃郁的手打蕎麥麵756円

富士吉田 — リカーステーションNADAYA

MAP附錄②P.14 C-2 購物

リカーステーションNADAYA
● リカーステーションナダヤ

用富士山的湧水釀造的正宗燒酒

堅持使用富士山湧水的燒酒和日本酒等酒類齊聚。尤其是用嚴選原料和富士山清涼湧水製成的「富士山燒酒」特別受到好評。

📞0555-23-1311 🕐9:00～20:00 休週日、假日 所山梨縣富士吉田市上吉田3-13-18 🚉富士急行富士山站步行3分 🅿7輛

➡種類也有米燒酒和麥燒酒等豐富多彩的商品

富士吉田 — Abend

MAP附錄②P.14 C-2 咖啡廳

Abend
● アーヴェント

講究素材的和洋菓子廣受歡迎

也能購買富士山相關點心的咖啡廳。老闆原本是和菓子的師傅，生菓子和燒菓子、聖代等原創甜點全是自己製作。

📞0555-24-5888
🕐8:00～21:00（22:00打烊）
休無休
所山梨縣富士吉田市新西原1-8-1
🚉富士急行富士山站步行3分
🅿10輛

➡與人氣商品水凍使用相同名水的奶油餡蜜700円

富士吉田 — 糸力

MAP附錄②P.14 C-1 美食

糸力
● いとりき

中午是咖哩，晚上是地酒的人氣店

中午提供咖哩和40種定食。晚上會變成居酒屋。文案撰稿人糸井重里先生讚不絕口的香濃椰漿咖哩無論如何都想品嘗。

📞0555-22-8032
🕐11:30～13:30，17:30～22:00（週二、四僅中午營業）休週三 所山梨縣富士吉田市下吉田5-11-15 🚉富士急行富士山站步行10分 🅿8輛

➡椰漿咖哩中午700円，晚上為850円

➡畫著趣味插畫的門簾是標誌

富士吉田 — 月の江書店

MAP附錄②P.14 C-1 購物

月の江書店
● つきのえしょてん

月江寺的街道上廣受喜愛的書店

昭和24（1949）年創業。現在仍保留著昭和書店的懷舊風貌。富士山相關的書籍和塑膠模型等商品也在店面一字排開。

📞0555-22-0036
🕐9:00～20:00 休不定休 所山梨縣富士吉田市下吉田3-12-4 🚉富士急行月江寺站步行6分 🅿無

➡獨具風情的大招牌是標誌

富士吉田 — 大西肉店 竜ヶ丘本店

MAP附錄②P.14 C-1 購物

大西肉店 竜ヶ丘本店
● おおにしにくてんたつがおかほんてん

富士櫻花豬的絕品可樂餅

昭和10（1935）年創業的老牌精肉店。販售甲州葡萄酒牛肉等品牌肉和山梨傳統的生馬肉、家常菜等。手工可樂餅也廣受歡迎。

📞0555-24-0024 🕐10:00～19:00 休無休 所山梨縣富士吉田市竜ヶ丘2-6-7 🚉富士急行富士急樂園站步行10分 🅿7輛

➡使用甲州富士櫻花豬的富士山可樂餅1個120円

富士吉田 — 地ビール＆カフェレストラン ふじやまビール

MAP附錄②P.14 D-3 美食

地ビール＆カフェレストラン ふじやまビール
● じビールアンドカフェレストランふじやまビール

新鮮蔬菜分量飽滿的午餐

與釀酒廠相連，以富士山的名水釀造的當地啤酒是新鮮現做。不只有適合搭配啤酒的菜單，還能品嘗嚴選當季素材的料理。

📞0555-24-4800 🕐11:00～21:00（視時期而異）休不定休 所山梨縣富士吉田市新屋1936 🚉富士急行富士山站搭巴士往旭日丘·內野10分，サンパークふじ前下車即到 🅿150輛

➡德國傳承製法的當地啤酒

➡推薦Harves午餐1230円

前往農村風景恬靜漂亮的的世界

西湖療癒之鄉 根場

富士見橋
這處絕景景點能眺望老宅和富士山共同打造的美景

在茅葺民宅的村落暢享手作體驗！

「西湖療癒之鄉 根場」復原了茅葺屋頂的民宅，能遇見往昔懷舊的農村風景。可以在各個建築物暢享傳統工藝體驗和鄉土料理。一邊眺望美麗的景色，一邊度過療癒的時光吧。

售票處（販售門票）

在ねんば橋附近的售票處購買門票吧！

見晴らし屋　從這裡看的風景！

2樓是能一望農村和富士山的景點。當作攝影景點也很推薦

水車小屋

在入口附近有會讓人回想起從前生活的水車小屋出來迎賓

風景變成有如穿越到過去的氣氛

能進行這樣的體驗！

製作桃子香包

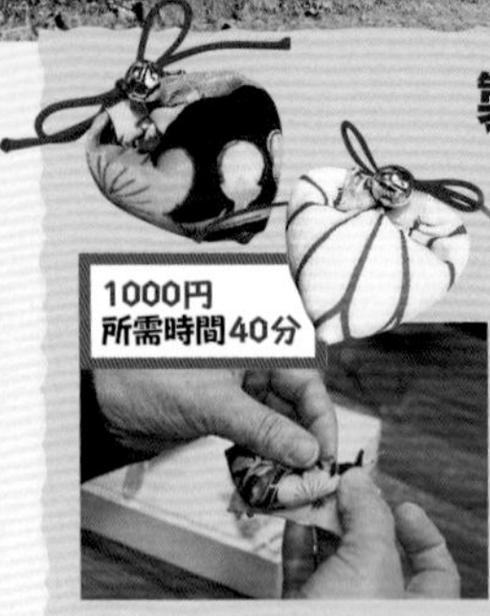
1000円
所需時間40分

展示、販售用古布製作的雛人偶吊飾。也能享受使用和服碎布製作香包的體驗。

ちりめん細工・つるしかざり
●ちりめんざいくつるしかざり
✆090-6141-5859

製作蠶繭動物

500円～
所需時間20分

介紹從養蠶到織布都親力親為的傳統工藝大石綢的設施。蠶繭玩偶的製作體驗廣受歡迎。

大石紬と布の館
●おおいしつむぎとぬののやかた
✆0555-25-6131

西湖 西湖療癒之鄉 根場
●さいこいやしのさとねんば
✆0555-20-4677　L9:00～16:30（17:00閉館）、12～2月為9:30～16:00（16:30閉館）　休無休　¥350円　所山梨県富士河口湖町西湖根場2710　交富士急行河口湖站搭西湖·青木原周遊巴士40分，西湖いやしの里根場下車，步行5分　P120輛
MAP附錄②P.12 F-1

能買到這樣的伴手禮！

特產品加工場
●とくさんひんかこうじょう
販售竹子工藝品和藤籃等工藝品、富士河口湖生產的古代米等商品。

食事処 里山
●しょくじどころさとやま
可以品嘗使用當地食材的鄉土料理和山梨傳統的餺飥麵。傳統的甜食草餅也很推薦。✆090-1216-3349

從這裡看的風景！
ごろ寝館
匠や
砂防資料館
せせらぎ屋
火の見屋
見晴らし屋
富士見橋
くつろぎ屋
特產品加工場
食事・甘味 彩雲
硝子と金工・ツバイ工房
綜合服務處
陶と香のかやぬま
大石紬と布の館
旧渡辺住宅
土あそび富士炉漫窯
水車小屋
售票處（門票）
ちりめん細工・つるしかざり
食事処 里山
おもいで屋
ねんば橋
食事処

能品嘗這樣的鄉土料理！

餺飥麵套餐
1200円

神祕的原生林和湖畔的自然之美

是這樣的地方！

西湖 本栖湖 精進湖

●さいこ・もとすこ・しょうじこ

位在富士山麓西北方的區域。可以進行各式各樣的暢遊方式，像是在神祕的原生林青木原樹海的自然散步和洞窟探險、品嘗湖畔周邊美食的自駕遊等。

洽詢處
✆0555-72-3168（富士河口湖町觀光課）
✆0555-85-2311（鳴澤村企劃課）

MAP 附錄②P.5·12-13　交通資訊P.98

鐵道巴士
特急「富士回遊」　富士急山梨巴士
新宿站 — 河口湖站 — 西湖民宿
●所需時間／1小時52分　●費用／4060円　●所需時間／30分　●費用／700円

鐵道巴士
特急「富士回遊」　富士急山梨巴士
新宿站 — 河口湖站 — 本栖湖
●所需時間／1小時52分　●費用／4060円　●所需時間／47分　●費用／1280円

車
中央自動車道　國道139號·縣道707·714·710·21號
河口湖IC — 西湖民宿村
●所需時間／約25分　●距離／約12km

車
中央自動車道　國道139·300號
河口湖IC — 本栖湖
●所需時間／約40分　●距離／約20km

山梨県
西湖
精進湖
本栖湖
河口湖
富士吉田
忍野
山中湖
三ツ峠山
都留
中央自動車道
中部横断自動車道
富士五湖
下部温泉早川
朝霧高原
富士山
須走
御殿場
静岡県
十里木
富士宮
愛鷹山
長泉沼津
新富士
新東名高速
東名高速
東海道新幹線
東海道本線
新清水
沼津
神奈川県

樹海之森

在寧靜的原生林中接觸大自然吧

在樹海之森感覺大自然的奧祕吧♪

③ 不可思議的樹

發現形狀奇妙的樹！注意觀看在表土輕薄的嚴峻環境中堅強生存的各種植物的模樣吧。

② 觸摸樹木

一邊聽與生活在樹海的動物和植物有關的說明，一邊沿著路線悠閒地散步。實際觸摸樹木，聞聞看香氣吧。

遊程開始！

① 路線說明

先一邊看著導覽板的地圖一邊聽遊程路線的說明吧。因為不是登山，所以只要是方便行走的服裝都OK。

④ 暢遊樹海

熔岩台地上的樹海表土相當薄。群樹的樹根赤裸裸地往旁邊延伸，創造出獨特的景觀。

透過導遊的導覽在樹海散步

自然導覽遊程

此遊程會有導遊解說樹海的形成和大自然的相關知識。有不需預約的定時導覽遊程、能配合要求提供導覽的預約導覽遊程2種。

定時導覽遊程

[費用] 1名500円(2名～)
[申請方法] 在出發前5分鐘申請(在西湖周遊巴士的到達時刻出發)
[路線] 西湖蝙蝠洞周邊的樹海

[所需時間] 1小時

預約導覽遊程

[費用] 1名500円(4名～)
[申請方法] 在參加希望日的2天前申請，並告知時間和人數等訊息
[路線] 配合要求的原創路線

[所需時間] 1～4小時

[預約申請] [西湖] **西湖自然中心事務管理所**
●さいこネイチャーセンターかんりじむしょ
☎0555-82-3111 [MAP]附錄②P.12 F-2
[時]9:00～17:00 [休]無休 [所]山梨縣富士河口湖町西湖2068 [交]富士急行河口湖站搭西湖周遊巴士34分，西湖コウモリ穴下車即到 [P]41輛

我來說明關於樹海的形成和棲息在那裡的動植物吧。請感覺看看豐富的大自然。

●富士河口湖町公認 自然導覽員 小佐野先生

位在富士山麓的神祕景點!!

青木原樹海遊程

あおきがはらじゅかい [MAP]附錄②P.12 E-2

↑從西湖的湖畔眺望青木原樹海

青木原樹海

遊程開始！

① 在小屋辦理

遊程當天在位於河口湖畔的小屋集合。上完廁所，換上租借的連身工作服之後，探險的準備就OK了！

② 在樹海散步

在樹海中步行，朝向洞窟前進。工作人員會在路途中解說樹海和熔岩洞窟的形成等知識。

③ 往漆黑的洞窟

洞窟裡面是沒有光的漆黑世界。依靠頭燈的光線一步一步地前進。等候在前方的東西會是！？

樹海洞窟

在洞窟內探險 藉由頭燈的光

發現閃閃發亮的冰柱！

青木原樹海位在富士山西北方的山腳，且是在貞觀6（864）年長尾山火山爆發中流出的熔岩上面形成的自然景觀。在表土很薄且樹根難以延展的熔岩台地上開展出一片神祕的世界，一起去探險吧！

在全球罕見的熔岩洞窟探險

青木原樹海和自然熔岩洞窟探險遊程

戴著頭燈在熔岩洞窟中行走的正宗探險遊程。裝備全都包含在費用裡面，因此不需要特別準備。因為有工作人員導覽，所以新手和小學生也能放心參加。

[費用] 小學生以上1人5400円(包含連身工作服、安全帽、頭燈、手套的租金及指導費) [舉辦期間] 全年

[所需時間] 3小時

[舉辦時間] 9:00～、13:30～ [準備的東西] 方便行動的服裝和鞋子

[預約申請] [河口湖] **Country LAKE SYSTEMS**
●カントリーレイクシステムズ [MAP]附錄②P.8 E-1
☎0555-20-4052 [時]8:00～18:00 [休]無休 [所]山梨縣富士河口湖町大石2954-1 [交]富士急行河口湖站搭河口湖周遊巴士26～31分，北浜莊前下車即到 [P]10輛

鳴澤　MAP附錄②P.12 G-3　景點

紅葉台展望休息室
● こうようだいてんぼうレストハウス

能環視富士山的遼闊全景

標高1165m，利用紅葉台休息室屋頂的展望台。能環視到富士山的山腳緩坡，秋天可以眺望青木原樹海、足和田山一帶的紅葉。

✆0555-85-2252
🕐8:30～17:00（1～3月為9:30～16:00左右）
休降雪時休 ¥200円
所山梨縣鳴澤村紅葉台8527
🚉富士急行河口湖站車程30分 P30輛

↖望雄偉富士的樹海

精進湖　MAP附錄②P.13 C-2　景點

世界遺產

精進湖
● しょうじこ

湖畔周邊的紅葉很漂亮

富士五湖中最小的湖。湖泊和富士山、周邊的自然風景相互調和，在各個季節創造出美麗的景觀。秋天時，楓樹與合花楸等植物宛如鑲嵌在湖泊般染上色彩。也能享受釣魚和划船的樂趣。

✆0555-87-2651（精進湖觀光協會）所自由參觀
🚉富士急行河口湖站搭鳴澤・精進湖・本栖湖周遊巴士38分，子抱き富士ビューポイント下車即到 P使用鄰近停車場

↖周長約6.8km，風光明媚的湖泊

西湖　MAP附錄②P.12 G-2　景點

世界遺產

西湖
● さいこ

露營場散布在湖畔

位在河口湖西方的西湖周邊是比山中湖、河口湖寧靜的環境，能盡情地享受大自然。湖畔也有許多露營場，旺季期間會有享受釣魚和水上運動的人，相當熱鬧。

✆0555-82-3131（西湖觀光協會）
🕐自由參觀 所山梨縣富士河口湖町西湖
🚉富士急行河口湖站搭西湖周遊巴士25分，西湖東口下車即到 P使用鄰近停車場

↑能在寧靜的湖畔盡情地享受戶外活動

西湖　MAP附錄②P.12 G-2　景點

三湖台
● さんこだい

能眺望三湖的觀景點

這處瞭望勝地位在距離紅葉台步行15分鐘處，能眺望西湖、精進湖、本栖湖3座湖泊。青木原樹海和富士的雄姿迫近眼前。

✆0555-72-3168（富士河口湖町觀光課）
🕐自由參觀 所山梨縣富士河口湖町西湖
🚉富士急行河口湖站搭巴士往風穴・本栖湖23分，紅葉台入口下車，步行45分 P無

↖標高1202m，已成為廣場，因此能慢慢地休息

本栖湖　MAP附錄②P.13 A-4　景點

世界遺產

本栖湖
● もとすこ

以富士五湖第一的透明度為榮

高透明度的漂亮湖泊，水深為五湖之最，深達121.6m。日本千圓紙鈔的圖案所採用的景色是從本栖湖眺望的風景。

✆0555-87-2518（本栖湖觀光協會）
🕐自由參觀 所山梨縣富士河口湖町本栖 🚉富士急行河口湖站搭鳴澤・精進湖・本栖湖周遊巴士50分，本栖湖觀光案內所下車即到 P使用鄰近停車場

↖深藍色的漂亮湖泊

西湖　MAP附錄②P.12 F-2　景點

西湖蝙蝠洞
● さいこコウモリあな

富士山麓最大規模的熔岩洞窟

洞窟內的氣溫比較溫暖，已成為蝙蝠冬眠場所的熔岩洞窟。全長為386m以上，富士山麓最大等級的規模。參觀繩狀熔岩、熔岩圓頂等生動壯觀的自然造形吧。

✆0555-82-3111（西湖自然中心事務管理所）🕐3月20日～11月，9:00～16:30 休期間中無休 ¥300円 所山梨縣富士河口湖町西湖2068 🚉富士急行河口湖站搭西湖周遊巴士34分，西湖コウモリ穴下車即到 P41輛

↖能行走在熔岩的流動猶如波浪般保留下來的繩狀熔岩上面

↑以富士山為背景，鮮豔的芝櫻地毯一望無際

↑品嘗Q軟口感的富士宮炒麵、彈性十足的吉田烏龍麵吧

↖觀景咖啡廳的糕點師傅特製甜點廣受歡迎

🧳旅行要點
「富士美食嘉年華」！

確認富士芝櫻祭的人氣活動

約80萬株芝櫻盛開的春季風物詩「富士芝櫻祭」。祭典期間會舉行各式各樣的活動。特別受歡迎的是富士山麓當地美食聚集的「富士美食嘉年華」。可以一邊眺望絕景，一邊盡情地品嘗吉田烏龍麵、富士宮炒麵、甲州滷雞內臟等地區傳統美食。

富士芝櫻祭 ● ふじしばざくらまつり
MAP附錄②P.13 B-5
✆0555-89-3031（富士芝櫻祭事務局）
🕐4月13日～5月26日，8:00～17:00 休期間中無休 ¥入場費成人600円、3歲～小學生250円 所山梨縣富士河口湖町本栖212 富士本栖湖リゾート內 🚉富士急行河口湖站搭專用接駁巴士（收費）約30分（僅祭典期間行駛）P1500輛

河口湖
P.58
山中湖·忍野
P.70
富士吉田
P.74
西湖·本栖湖·精進湖
P.80
朝霧高原·富士宮
P.84
御殿場·十里木
P.88

西湖 ‖ MAP附錄②P.12 H-2 ‖ 美食
MA MAISON西湖店
● マメゾンさいこてん

在眺望湖泊的座位品嘗自豪的料理

佇立在西湖旁邊的小飯店的餐廳。能享用學習正宗法國菜的主廚使用當季素材製作的歐風料理。

☎0555-82-2034
🕐11:30～14:00、17:00～21:00 休無休 所山梨縣富士河口湖町西湖2330 🚌富士急行河口湖站搭西湖周遊巴士30分，西湖津原浜下車即到 🅿25輛

↪原創的手捏柔嫩漢堡排1900円
↪氣氛雅緻閒靜的飯店餐廳

本栖湖 ‖ MAP附錄②P.13 A-5 ‖ 玩樂
本栖湖いこいの森キャンプ場
● もとすこいこいのもりキャンプじょう

在高透明度的本栖湖進行獨木舟體驗

位在本栖湖的湖畔，大自然豐沛的寧靜露營場。也受理各種活動，像是能在閃耀著鈷藍色的高透明度湖泊享受划獨木舟的樂趣等。

☎0556-38-0559
🕐4～11月、8:30～17:30 休不定休 ¥入場費540円，帳篷1頂2160円～，獨木舟之旅體驗1日8000円（需預約） 所山梨縣身延町釜額2035 🚌富士急行河口湖站車程40分 🅿20輛

↪在高透明度的湖泊划獨木舟相當舒服
↪容納人數約100人的遼闊露營場

本栖湖 ‖ MAP附錄②P.13 B-4 ‖ 玩樂
本栖湖遊覽船「Mogurun」
● もとすこゆうらんせんもぐらん

不能潛水的潛水艇「Mogurun」

這艘是可愛的黃色潛水艇形遊覽船，限載50人。花費約25分鐘，幾乎繞行本栖湖一圈。有時從船底的窗戶也能看見魚。

☎0555-72-0029（富士五湖汽船）3月下旬～11月上旬的週六、日，9:30～15:30 休週一～五（逢假日則營業，富士芝櫻祭期間、7月下旬～8月為無休）、天候不佳時 ¥930円 所山梨縣富士河口湖町本栖18 🚌富士急行河口湖站搭巴士往本栖湖47分，本栖湖レストハウス下車，步行10分 🅿30輛

↪「Mogurun」裝有潛望鏡和圓窗，外觀有如潛水艇

精進湖 ‖ MAP附錄②P.13 B-2 ‖ 美食
樹林
● じゅりん

飯店餐廳的精緻鄉土料理

精進山飯店內的餐廳。提供特製味噌的餺飥麵、鹿肉咖哩等餐點。香炸新鮮西太公魚想要蘸檸檬或鹽簡單品嘗。

☎0555-87-2200（精進山飯店）
🕐10:00～15:00 休不定休 所山梨縣富士河口湖町精進301 精進マウントホテル内 🚌富士急行河口湖站搭巴士往本栖湖·新富士駅36分，ふじみ荘前下車即到 🅿50輛

↪炸得酥脆的高新鮮度西太公魚定食1800円

鳴澤 ‖ MAP附錄②P.12 G-5 ‖ 玩樂
富士天滑雪場
● ふじてんリゾート

夏天也能滑的滑雪場

能體驗活用滑雪場斜坡且獨具個性的戶外運動。在夏季滑雪場能用冬季專用的雙板雪板或單板雪板滑行。

☎0555-85-2000 🕐5月上旬～10月下旬（夏季滑雪場為6月中旬～）、9:00～17:00 休期間中的週五（會依項目而變動） ¥吊椅券3小時3000円～ 所山梨縣鳴澤村富士山8545-1 🚌富士急行河口湖站車程20分 🅿2500輛

↪和冬天一樣能用雙板雪板或單板雪板暢玩的夏季滑雪場

鳴澤 ‖ MAP附錄②P.12 G-3 ‖ 玩樂
PADDY FIELD
● パディーフィールド

騎馬暢享大自然

具備住宿設施的騎馬俱樂部。新手也能安心參加的路線、飽覽景色的外騎路線等方案豐富多樣。

☎0555-85-3274 🕐9:00～日落（有季節性變動） 休無休 ¥牽引騎馬1080円、體驗騎馬3240円 所山梨縣鳴澤村富士山11100-86 🚌富士急行河口湖站搭巴士往本栖湖22分，富士綠的休暇村下車，步行10分（富士綠的休暇村巴士站有隨時接送服務） 🅿20輛

↪也備有30分鐘以內的路線

西湖 ‖ MAP附錄②P.12 F-3 ‖ 購物
森の駅「風穴」
● もりのえきふうけつ

天然紀念物富岳風穴的商店

山梨、靜岡的知名點心和原創商品豐富多樣。在美食區可以品嘗吉田烏龍麵和富士宮炒麵等當地美食。

☎0555-85-2300 🕐9:00～17:00（視時期而異） 休無休（冬季不定休） 所山梨縣富士河口湖町西湖青木ヶ原2068-1 🚌富士急行河口湖站搭巴士往本栖湖37分，富岳風穴下車即到 🅿150輛

↪除了伴手禮以外，健行用品等商品也一應俱全
↪位在國道139號沿途，也推薦在自駕途中來休息

西湖 ‖ MAP附錄②P.12 G-1 ‖ 溫泉
富士西湖溫泉 いずみの湯
● ふじさいこおんせんいずみのゆ

使用自然海鹽的溫泉

位在西湖北岸的不住宿溫泉。鹽浴池、露天浴池、按摩水柱溫泉等各種溫泉浴池一應俱全。鹼性溫泉能把肌膚打造得光滑水嫩。

☎0555-82-2641 🕐11:00～19:30（20:00閉館），黃金週、9～10月的週六、假日前日為～21:30（22:00閉館），7月下旬～8月下旬為～22:30（23:00閉館） 休週三（視時期而異，逢假日則營業，8月為無休，需洽詢） ¥900円 所山梨縣富士河口湖町西湖987 🚌富士急行富士山站搭巴士往西湖民宿，桑留尾前下車即到 🅿100輛

↪能感覺四季大自然的露天浴池
[西湖龍宮之湯]

鳴澤 ‖ MAP附錄②P.5 D-2 ‖ 玩樂
Forest Adventure Mt.FUJI
● フォレストアドベンチャーフジ

遊樂場是大自然豐沛的森林！

可以穿著安全吊帶享受各種樹上體驗的冒險主題公園。有國小4年級生或身高140㎝以上能玩的路線，以及身高110㎝以上能玩的路線。

☎090-3345-0970 🕐3月下旬～11月下旬，9:00～15:00（17:00閉園，視時期而異），需預約 休期間中不定休 ¥使用費3600円 所山梨縣鳴澤村富士山8545-1 🚌富士急行河口湖站車程20分 🅿50輛

↪一邊進行森林浴，一邊活動身體吧

朝霧高原 富士宮

あさぎりこうげん・ふじのみや

1 富士山本宮淺間大社

ふじさんほんぐうせんげんたいしゃ

全日本約有1300間的淺間神社的總本宮。從前曾是修行者在富士登山前淨身的場所。富士山信仰的重要場所,世界遺產「富士山」的構成資產之一。

本殿和拜殿是藉由德川家康的捐獻而蓋成

☎0544-27-2002
⏰5:00~20:00(關門)、11~2月為6:00~19:00、3&10月為5:30~19:30 休無休 ¥免費參拜 📍靜岡縣富士宮市宮町1-1 🚉JR富士宮站步行10分 Ⓟ150輛
MAP P.87 B-1

本殿
位在拜殿後面的是本殿。稱為「淺間造」的雙層樓閣式建築。

這裡！

前往總本宮參拜,品嘗門前美食吧

富士宮門前 隨意散步

把富士山當作御神體的富士山本宮淺間大社,有德川家康興建的社殿、湧水流淌的湧玉池等諸多精彩之處。連同周邊的門前町一起去散步看看吧。

樓門
二層歇山頂式的莊嚴建築物。掛在門上的匾額是文政2(1819)年製作的東西。

大鳥居
從建在參道上的大鳥居能眺望美麗的富士山。

攝影景點！

2 湧玉池
わくたまいけ MAP P.87 B-1

位在境內,獲指定為特別天然紀念物的富士山湧水池。能看見只在清流開花的梅花藻的花、虹鱒的身影。

獲得神明保佑吧！

御守

繪馬

御朱印&御朱印帳

參拜後順路前往授與所看看吧。有以富士山為主題的御朱印帳和御守。

參拜之前！ 淺間大社Q&A

Q 淺間大社的神明是?
A 為了平息富士山的火山爆發,祭祀木花之佐久夜毘賣命,其別名為淺間大神。

Q 和富士山的關係是?
A 富士山頂有淺間大社的奧宮,八合目以上是奧宮的境內地。

Q 是誰興建的?
A 武田信玄和德川家康下令進行社殿的興建和修復。

是這樣的地方！

朝霧高原是代表日本的酪農地帶,50家以上的牧場散布各處。在有淺間神社總本宮的富士宮,可以品嘗人氣的當地美食富士宮炒麵。

洽詢處 ☎0544-22-1155(富士宮市観光課)
MAP P.87・附錄②P.5・7・15 交通資訊 P.98

鐵道巴士	JR東海道新幹線「回聲號」 富士急靜岡巴士	
東京站	新富士站	白糸の滝入口
	●所需時間/1小時15分●費用/5590円	●所需時間/55分●費用/1060円

鐵道巴士	JR東海道新幹線(三島站轉乘)+JR身延線(富士站轉乘) 富士急靜岡巴士	
東京站	富士宮站	白糸の滝
	●所需時間/2小時25分●費用/4840円	●所需時間/30分●費用/620円

車	新東名高速道路 國道139號、縣道72・414號	
新富士IC		白絲瀑布
	●所需時間/約20分	●距離/約17km

確認 門前美食！

甘味処ぶくいち的紅豆湯圓
製餡所直營的甜品店。也能品嘗紅豆湯和咖啡、靜岡關東煮。紅豆湯圓400円。

御くじ餅本舖的麻糬
用富士山的伏流水揉製的紅白麻糬。盒中裝著1張籤（2顆300円）。

むすび屋的富士宮炒麵
最推薦原創的鹽醬富士宮炒麵。也有飯糰和糰子等美食。

名產品売店 きたがわ的伴手禮
精選富士宮市的知名點心和名產的伴手禮店。也販售富士山商品。

大吉屋的鱒魚漢堡
可以品嘗使用富士宮特產虹鱒的美食。充滿塔塔醬的鱒魚漢堡500円。

ジェラート ぷくいち的 義式冰淇淋
每天大約耗時3小時準備的自製義式冰淇淋是使用朝霧高原牛奶的濃厚滋味。

③ 御宮横丁
●おみやよこちょう
位在大社的正面、隔著一條街的對面、餐飲店和伴手禮店櫛次鱗比的小路。設置著椅子和桌子，可以當場品嘗購買的美食。
MAP P.87 B-2
☎0544-25-2061（甘味処ぶくいち）
⌚10:00～17:30（夏季為～18:00）
休視店舖而異 所靜岡縣富士宮市宮町4-23 電JR富士宮站步行8分 P無

④ 靜岡縣富士山 世界遺產中心
●しずおかけんふじさんせかいいさんセンター
利用影片和模型介紹關於富士山的自然和歷史、文化。從5樓的展望大廳能飽覽雄偉富士山的風景。也附設博物館商店和咖啡廳。
MAP P.87 A-2
☎0544-21-3776 ⌚9:00～16:30（17:00閉館）、7～8月為～17:30（18:00閉館）休第3週二（逢假日則翌日休，有檢修休館日）¥300円 所靜岡縣富士宮市宮町5-12 電JR富士宮站步行8分 P無

矚目！ 順路前往 老店景點

さの萬 ●さのまん
大正3（1914）年創業的精肉店。乾式熟成牛肉在日本是先驅般的存在，可以購買丁骨牛排、沙朗牛排、漢堡排等肉品。也販售店家自己的品牌豬肉「萬幻豬」。
MAP P.87 A-1
⌂乾式熟成的沙朗牛排為100g1200円
☎0544-26-3352 ⌚10:00～18:30 休週三、第3週四 所靜岡縣富士宮市宮町14-19 電JR西富士宮站步行10分 P8輛

文具の蔵Rihei
●ぶんぐのくらリヘイ
擁有100多年歷史的老牌文具店，富士山文具等原創商品豐富多樣。尤其是「宮洋墨」具備豐富多彩的顏色，相當受歡迎，甚至有從國外購買的使用者。
☎0544-27-2725 **MAP** P.87 A-2
⌚9:00～19:00 休無休 所靜岡縣富士宮市宮町8-29 電JR富士宮站步行15分 P8輛

◆原創的蒔繪原子筆3000円、信紙450円

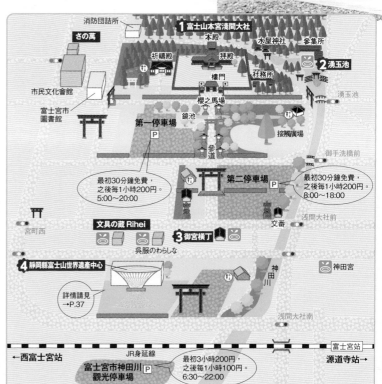

消防団詰所
さの萬
市民文化會館
富士宮市圖書館
① 富士山本宮淺間大社
本殿
祈禱殿　水屋神社　參集所
拜殿
社務所
樓門
② 湧玉池
櫻之馬場
湧玉池
鏡池
第一停車場
接觸廣場
參道
御手洗橋前
最初30分鐘免費，之後每1小時200円。5:00～20:00
第二停車場
最初30分鐘免費，之後每1小時200円。8:00～18:00
宮町西
文具の蔵 Rihei
吳服のわらしな
③ 御宮横丁
淺間大社前
交番
④ 靜岡縣富士山世界遺產中心
神田川
神田宮
詳情請見→P.37
淺間大社南

JR身延線
←西富士站　富士宮市神田川觀光停車場　最初3小時200円，之後每1小時100円。6:30～22:00　富士宮站　源道寺站→

湧水景點

Sky朝霧
朝霧高原　 MAP附錄②P.15 B-1　玩樂

●スカイあさぎり

從天空飽覽別具風格的富士山！

能挑戰飛行傘的景點。從新手到有經驗的人等多數愛好者造訪。基礎練習和實際演練的講習也會反覆舉行。

☎0544-52-0304　⏰體驗行程為13:00～（最晚需在前一日預約，預約申請為9:00～17:00）　休週四（逢假日則營業，雨天中止）　¥體驗行程10000円，雙人飛行行程10000円　所静岡県富士宮市麓499　➡JR富士宮站搭巴士往河口湖駅30分，朝霧高原下車即到　P50輛

●帶著變成鳥的心情飽覽天空吧！
●橘色招牌是標誌

富士花鳥園
朝霧高原　MAP附錄②P.5 B-3　景點

●ふじかちょうえん

一整年都能觀賞漂亮的花卉

全天候型的大溫室中有色彩繽紛的秋海棠和倒掛金鐘花綻放。可愛貓頭鷹和氣勢十足的老鷹的表演也會每天舉行。

☎0544-52-0880
⏰9:00～16:30（12～3月為～16:00）　休無休　¥1100円　所静岡県富士宮市根原480-1　➡JR富士宮站搭巴士往河口湖37分，道之駅 朝霧高原下車，步行7分　P200輛

分類表演會在10時30分、13時30（鳥分鐘約20分鐘）

田貫湖
朝霧高原　MAP附錄②P.15 A-3　景點

●たぬきこ

以逆富士和鑽石富士而聞名

往正東方仰望富士山。春天能觀賞櫻花和杜鵑花，秋天能飽覽紅葉。同時也是廣為人知的景觀名勝，有倒映在湖面上的逆富士，還有4月20日和8月20日前後一週能看見的鑽石富士，許多攝影師也會造訪。

☎0544-27-5240（富士宮市觀光協會）
⏰自由參觀　所静岡県富士宮市佐折634-1　➡JR富士宮站搭巴士往休暇村富士45分，終點下車即到　P使用田貫湖露營場南側停車場

↑倒映著四季色彩和逆富士的田貫湖

富嶽溫泉 花の湯
富士宮　MAP附錄②P.7 B-2　溫泉

●ふがくおんせんはなのゆ

在豐富多彩的浴池感受溫泉巡遊的氣氛

能在種類豐富的自家源泉的溫泉浴池暢享溫泉。美容保養等放鬆身心的設施也豐富齊全。還備有毛巾和浴巾。

☎0544-28-1126
⏰10:00～翌9:00　休無休　¥1500円（週六、日、假日為2000円）　所静岡県富士宮市ひばりが丘805　➡JR富士宮站搭巴士往万野団地10分，静岡中央銀行下車即到　P500輛

↑静岡縣內最大規模的不住宿溫泉設施

奇石博物館
富士宮　MAP附錄②P.7 B-2　景點

●きせきはくぶつかん

全世界不可思議的石頭大集合

收集寶石、礦物、化石、隕石等全世界的石頭的博物館。時常能看到彎曲的蒟蒻石、下方圖畫會浮現的電視石等2000件不可思議的石頭。

☎0544-58-3830
⏰9:00～17:00　休週三（逢假日則翌日休）　¥700円　所静岡県富士宮市山宮3670　➡JR富士宮站車程20分　P200輛

頭　↑展示著帶來奇妙和感動的珍貴石

甘味そば処 さゝみ乃
朝霧高原　MAP附錄②P.15 B-2　美食

●かんみそばどころささみの

能品嘗香醇的十割蕎麥麵

使用富士山的伏流水和八岳的蕎麥粉，且不使用連結用麵粉的十割蕎麥麵。口感相當滑順，當地生產的新鮮山葵的清爽滋味襯托出蕎麥麵的味道。

☎0544-52-0123
⏰11:00～15:00（售完打烊）
休週二、三（逢假日則營業，1～2月為僅週六、日、假日營業）
所静岡県富士宮市猪之頭1337-11
➡JR富士宮站搭巴士往猪の頭51分，終點下車，步行15分
P11輛

↑把當地生產的山葵當作佐料品嘗的竹籠蕎麥麵920円

富士牛奶樂園
富士宮　MAP附錄②P.15 C-3　玩樂

●ふじミルクランド

能和可愛的動物親密接觸

可以眺望富士山的廣大體驗型牧場。在動物交流廣場能進行騎馬體驗和餵食體驗。園內也有餐廳、商店、住宿設施。

☎0544-54-3690
⏰9:00～17:00　休無休　所静岡県富士宮市上井出3690　➡JR富士宮站車程20分　P200輛

流廣場　↑有兔子和山羊、牛、馬等動物的動物交

大淵笹場
富士　MAP附錄②P.7 C-3　景點

●おおぶちささば

茶葉產地特有的絕景

細心照顧的茶田和出現在茶田前面的雄偉富士山都很美。作為絕佳的攝影景點，有許多攝影師造訪。推薦黃金週前後。

☎0545-64-2430（新富士站觀光服務處，8:45～17:30）　⏰自由參觀　所静岡県富士市大淵　➡JR富士站車程30分　P2輛（活動時有變動）

↑能拍攝沒有電線入鏡的富士山

朝霧高原
富士宮
●あさぎりこうげんふじのみや
MAP P.87・附錄②P.5・7・15

河口湖

P.58

山中湖・忍野

P.70

富士吉田

P.74

西湖・本栖湖・精進湖

P.80

朝霧高原・富士宮

P.84

御殿場・十里木

P.88

航空知識の ABC

作者： 阿施光南, 酒井真比古
規格： 180頁 / 18.2 x 25.7 cm
人人出版　　　定價：500 元

航空的世界充滿奧妙。本書從航空器的科學知識、機種、客機的實際運用、機場的結構組成，還有飛行於日本的各家航空公司，進行多方面的解說。

帶您認識飛行的原理與客機的機制

介紹操控方式與駕駛艙

認識世界的航空公司

MAP P.87 B-2

富士宮
ここずらよ
購物

富士宮的特產品豐富齊全

位在富士山本宮淺間大社的鳥居旁邊的伴手禮店。店名為方言的「是這裡喔」的意思。也販售點心和乳製品、富士宮特產的虹鱒加工品等商品。

☎0544-24-2544
🕘9:00～16:30（17:00打烊）
休無休
所靜岡縣富士宮市宮町1-1
🚉JR富士宮站步行10分
🅿4輛

➡也能品嘗當地美食的富士宮炒麵500円（大分量680円）

朝霧高原 **MAP附錄② P.5 B-3** 美食
ビュッフェレストラン ふじさん

充滿當季山珍海味的地產地消吃到飽

能用自助餐的形式享用大約40種菜單。源於希望廣泛的世代都能感受素材原本滋味的想法，飽含真心的手作料理一應俱全。

☎0544-29-5501 🕘10:30～14:30 休不定休 ¥自助餐料理＋牛排1盤2300円（70分）※可僅點自助餐料理1800円（70分）所靜岡縣富士宮市根原449-11 あさぎりフードパーク內 🚉JR富士宮站搭巴士往河口湖37分，道の駅 朝霧高原下車即到 🅿70輛

➡以當地蔬菜為主的健康志向菜單
廣受歡迎

朝霧高原 **MAP附錄② P.5 B-3**
朝霧FOOD PARK
購物
● あさぎりフードパーク

高原的食品主題公園

朝霧高原的乳製品製造商等6家食品製造公司共同合作的主題公園。在餐廳能享受餐點、體驗節目、購物。

☎0544-29-5101 🕘9:00～17:00（12～2月為9:30～16:30）休12～2月的週四 ¥免費入場 所靜岡縣富士宮市根原449-11 🚉JR富士宮站搭巴士往河口湖37分，道の駅 朝霧高原下車即到 🅿70輛

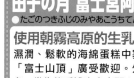
➡朝霧牛乳工房的朝霧牛奶165円、牛奶咖啡185円

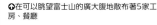
➡在可以眺望富士山的廣大腹地散布著5家工房、餐廳

富士宮 **MAP P.87 B-1**
田子の月 富士宮阿幸地店
購物
● たごのつきふじのみやあこうちてん

使用朝霧高原的生乳

濕潤、鬆軟的海綿蛋糕中塞滿卡士達奶油的「富士山頂」廣受歡迎。外觀以富士山為印象，當作伴手禮也令人開心。

☎0544-27-5546
🕘9:00～19:00 休不定休 所靜岡縣富士宮市城北町775 🚉JR富士宮站搭粟倉萬野循環巴士15分，藤の木下車即到 🅿14輛

➡用白巧克力表現出富士的雪。富士山頂165円

御殿場・十里木

可以眺望富士山的休閒設施很豐富

御殿場・十里木

ごてんば・じゅうりぎ

是這樣的地方！

此區域活用富士山山腳大自然的大規模遊樂場散布各處。位在御殿場的大型暢貨中心也廣受歡迎，在購物的回程也能在周邊享受美食和溫泉。

能以富士山為背景攝影的景點是位在連結2個區域的「夢之大橋」旁邊。在周邊也能使用免費的Wi-Fi服務，因此可以立刻把拍攝的照片投稿到SNS等處。

⬛ 紀念攝影景點

⬛ 占地面積約為東京巨蛋的8.5倍！

➡ 重現北美歷史悠久的街道

可以一邊眺望富士山，一邊享受購物和美食

可以近距離觀賞富士山 日本國內最大規模的暢貨中心

CP值之高是富士山等級

洽詢處
📞0550-82-4622（御殿場市觀光交流課）
📞055-995-1825（裾野市商工觀光課）
📞0550-76-6114（小山町商工觀光課）

MAP 附錄②P.4・6・14 **交通資訊** P.99

鐵道	小田急特急「富士山號」	
	新宿站 ── **御殿場站**	
	●所需時間／1小時40分 ●費用／2810円	

巴士	高速巴士	
	バスタ新宿（新宿駅新南口） ── **御殿場駅**	
	●所需時間／1小時40分 ●費用／1680円	

車	東名高速道路 縣道401・394號	
	御殿場IC ── **御殿場站**	
	●所需時間／5分 ●距離／約2km	

在 御殿場 PREMIUM OUTLETS 購物

約210店鋪的超人氣品牌一字排開的巨大暢貨中心。划算地取得目標商品吧！

高明搭車來回的訣竅！

交通方式是搭乘接駁巴士或直達巴士！

JR御殿場站出發的免費巴士會運行

接駁巴士會從JR御殿場站經由東名高速御殿場IC，從9時30分到打烊前30分鐘每15分鐘運行一班。也有從首都圈等出發的直達巴士
直達巴士會從東京站、新宿站、池袋站、品川站、立川站、橫濱站、多摩廣場站等處行駛。從東京站來回2880円，價格划算，令人開心。

也有從停車場出發的接駁巴士運行

週六、週日從御殿場IC過來的道路有時很壅塞，可以預料到在停車之前會耗費時間。推薦把車停在IC附近的免費場外停車場，再利用免費的接駁巴士。

利用服務，聰明購物！

利用服務，聰明購物！

包含高級品牌到生活雜貨、餐飲設施，約達210家豐富多彩的店鋪被分成「West Zone」「East Zone」2區，櫛次鱗比。ATM和接駁巴士等各式各樣的服務也豐富多樣，因此不論男女老幼都能舒適地購物。

御殿場PREMIUM OUTLETS
●ごてんばプレミアムアウトレット
📞0550-81-3122
🕐10:00～20:00（12～2月為～19:00，視季節而異） 休一年1次（2月的第3週四） 所静岡縣御殿場市深沢1312
🚉JR御殿場站搭免費接駁巴士20分，東名高速道路御殿場IC 2km
🅿5000輛
MAP附錄②P.14 D-4

聰明購物的訣竅！

3 媽媽也安心！兒童設施

場內有3處哺乳室，West Zone也有遊樂場。不僅有提供投幣式娃娃車的租借，也會實施不定期的兒童照顧（托兒服務）方案。

2 也活用支援服務吧！

各種導覽都由諮詢中心提供相應服務。除此之外，ATM和投幣式置物櫃、服裝修改（收費）、行李宅配（僅日本國內、收費）等服務也豐富完善。

1 瞄準傍晚

許多人造訪的御殿場PREMIUM OUTLETS。上午抵達的人和來自遠方的客人結束購物的傍晚以後會比較空曠，因此試著聰明地規劃行程吧。

河口湖
P.58
山中湖・忍野
P.70
富士吉田
P.74
西湖・本栖湖・精進湖
P.80
朝霧高原・富士宮
P.84
御殿場・十里木
P.88

健行很推薦的背包

穿起來極為舒適，推薦在日常使用的一雙鞋！

East **asics**
◯アシックス
把穿著者的可能性最大限度地發揮出來的運動品牌。運動最適合的高機能、高品質的鞋子和服裝一字排開。
☎0550-84-7305

重視機能性地遊玩吧！
Outdoor
戶外活動

戶外活動很方便的野餐墊

East **New Balance**
◯ニューバランス
在波士頓作為矯正鞋製造商而誕生的品牌。不僅有穿起來很舒服的鞋子，運動服裝和小物等豐富商品也一應俱全。
☎0550-70-3005

為了吸水、擴散汗水和水分而具有優質吸汗速乾性的運動服裝

East **Coleman**
◯コールマン
1901年創業的老牌戶外運動品牌。特徵是舒適的設計，不僅具備機能性和耐久性，在日常生活中也能輕鬆簡單地使用。
☎0550-70-1277

確認
人氣品牌！

既可愛又容易使用！
Goods
商品

帶有生薑香料的芳香且後味清爽的可樂

御殿場店限定的閃亮盒子（裝有彈珠汽水）

East **Cath Kidson**
◯キャスキッドソン
以時尚雜貨、室內擺飾為中心，販售生活風格商品的英國品牌。在傳統的英國風格中加入創意的印花設計廣受歡迎。
☎0550-78-7536

穿著倫敦圖樣的華麗圍裙，烹飪時間也會更加愉快

East **T-fal**
◯ティファール
可以從直營店特有的豐富精選商品中，挑選出更能快樂舒適地打理每日家事的調理器具和家電。高雅的設計和高機能性都很有魅力。
☎0550-70-0311

以春季倫敦盛開的花為印象印刷的後背包

也能當成玻璃碗的蓋子使用的保鮮膜

GLAD Press'n Seal 70

East **PLAZA**
◯プラザ
這家生活風格的商店充滿化妝品和點心、時尚單品和海外角色等讓人怦然心動的雜貨，可以為每天的生活增添色彩。
☎0550-70-1297

能讓熱水立刻沸騰的人氣電熱水壺

決定要時尚！
Fashion
時尚

風衣具有優質的防水、防風性，因獨特彈性而產生的漂亮輪廓也獨具魅力

能購買鮮明的都會風格領帶

West **Cricket**
◯クリケット
從傳統品味且品質獲得好評的原創單品＆精選服裝到領帶、包包等，時尚雜貨一應俱全。
☎0550-81-3151

簡約的領帶與合身的襯衫也一字排開

East **Mackintosh**
◯マッキントッシュ
提出外套的「現代」設計的英國品牌。持續研製防水壓膠風衣，兼具古典和時代性的精選商品。
☎0550-78-6357

必買的棉質防水風衣外套。可以對應3個季節

East **沼津魚がし鮨**
ぬまづうおがしずし
以靜岡縣內為中心開店的人氣壽司店。能以1盤100円起的划算價格，品嘗從沼津港直送的當季新鮮壽司食材。
☎0550-81-3139

3種主廚推薦炙烤握壽司
410円

East **大かまど飯 寅福**
おおかまどめしとらふく
以用大灶煮熟的美味米飯為主角的和食店。定食和丼飯、使用當地食材的什錦炊飯等菜單豐富多樣。
☎0550-70-1800

豆腐和蔬菜的蘿蔔泥煮和生薑燒的2種拼盤定食
1640円

West **Fauchon**
◯フォション
在巴黎的瑪德蓮廣場創業的高級食品店。不只是紅茶、果醬等諸多食品，連三明治和現烤麵包也能當場品嘗。
☎0550-82-5100

鮮蝦酪梨三明治
475円

East **Trattoria Tavola**
◯トラットリアターヴォラ
料理使用駿河灣捕獲的新鮮海產和海鹽、靜岡生產蔬菜和香草等蒙受自然恩惠的當地食材，全都能盡情享用。自豪的拿坡里披薩是道地的口味。
☎0550-70-0156

清煮物仔魚和番茄的披薩
1480円

在購物途中稍作休息在這裡填飽肚子吧！

…East Zone …West Zone

御殿場

MAP 附錄②P.6 H-1 景點

秩父宮紀念公園
● ちちぶのみやきねんこうえん

季節花草秀麗的御殿場名勝

由秩父宮與王妃兩殿下的御用別邸整備而成的公園。有茅葺母屋和紀念館，腹地內也有種著四季花草的花壇散布各處。
☎0550-82-5110
⌚9:00～16:30(4月為～17:00、6～8月為～17:30) **休**第3週一(逢假日則翌日休)，4&11月為無休 **¥**300円 **所**静岡県御殿場市東田中1507-7 **⎙**JR御殿場站車程10分 **P**80輛

●春天也作為賞櫻名勝廣受喜愛

御殿場

MAP 附錄②P.6 H-1 景點

乙女停車場
● おとめちゅうしゃじょう

拉響召喚幸福的鐘吧

眺望富士山的市營停車場。設置著鐘，據說拉響1次能保佑健康和家庭圓滿，2次可以獲得開運和成功運，3次能實現戀愛成就和結緣。
☎0550-82-4622(御殿場市觀光交流課)
⌚自由參觀 **所**静岡県御殿場市深沢2211-1 **⎙**JR御殿場站車程10分 **P**30輛

●這口鐘以前是設置在蘆之湖的海賊船FRONTIER號上面

御殿場

MAP 附錄②P.4 G-5 景點

KIRIN DISTILLERY富士御殿場蒸餾所
● キリンディスティラリーふじごてんばじょうりゅうしょ

享受參觀威士忌工廠的樂趣

這家全球罕見的蒸餾所從麥芽威士忌和穀物威士忌的製備到裝瓶都採用一貫作業。也會舉辦參觀行程。
☎0550-89-4909
⌚9:00～15:20 (16:30閉館) **休**週一 (逢假日則翌平日休) **¥**免費 **所**静岡県御殿場市柴怒田970 **⎙**JR御殿場站搭巴士往山中湖・河口湖20分，水土野下車，步行10分 **P**15輛

●用光雕投影傳達富士御殿場蒸餾所的魅力
●參觀後能享受免費的試喝

御殿場

MAP 附錄②P.6 G-2 景點

駒門風穴
● こまかどかざあな

富士東麓最大的熔岩洞穴

因富士山大爆發而形成的熔岩洞窟，以日本國內屈指可數的古老程度和大規模為榮。約用20分鐘即可來回，在內部能看見熔岩流過的痕跡等景象。
☎0550-87-3965
⌚9:00～17:00(12～2月為～16:00) **休**無休(12～2月為週一休，逢假日則營業) **¥**300円 **所**静岡県御殿場市駒門69 **⎙**JR富士岡站步行20分 **P**20輛

●照明裝置整備完善，因此可以安心進入

小山

MAP 附錄②P.4 H-4 玩樂

富士國際賽車場
● ふじスピードウェイ

體驗日本最長的直線賽道！

這座代表日本的賽車場會舉辦FIA世界耐力錦標賽等競賽。在場內的FUJI JURASSIC WAY也能體驗恐龍世界。
☎0550-78-1234 **⌚**9:00～17:00(舉辦比賽及活動時，有時刻性變動，駕駛體驗為12:00～，需洽詢) **休**不定休(有入場限制時不可入場) **¥**入場費1000円，國中生以下免費(FUJI JURASSIC WAY入園費為成人1500円、兒童1000円) **所**静岡県小山町大胡田694 **⎙**JR御殿場站搭巴士往富士靈園21分，スピードウェイ東ゲート下車，步行5分(週六日、假日) **P**10000輛

●眺望世界遺產富士山的賽車場

裾野

MAP 附錄②P.6 E-2 景點

富士山資料館
● ふじさんしりょうかん

傳達富士山魅力的資料館

能學習富士山相關知識的資料館。展示富士山的形成和動植物、富士信仰相關的資料。因火山爆發而誕生的巨大火山彈和熔岩樹型都十分值得一看。
☎055-998-1325 **⌚**9:00～16:30 **休**週一(逢假日則開館)、假日的翌日 **¥**210円 **所**静岡県裾野市須山2255-39 **⎙**JR御殿場站搭巴士往遊園地ぐりんぱ40分，十里木別荘地管理事務所前下車即到 **P**50輛

●前去收集富士山的資訊吧

想要知道更多！
矚目景點

御殿場 十里木
・ごてんば・じゅうりぎ

MAP 附錄②P.4・6・14

御殿場

MAP 附錄②P.6 F-1 玩樂

富士山樹空之森
● ふじさんじゅくうのもり

玩樂、學習、療癒的複合公園設施

這座複合設施會傳播富士山的資訊，並和駐紮在山腳的自衛隊交流。也有戶外廣場、能學習富士山的歷史和氣象的天空劇場。
☎0550-80-3776
⌚9:00～17:00(12～2月為～16:00) **休**週二 **¥**免費入園 **所**静岡県御殿場市印野1380-15 **⎙**JR御殿場站搭巴士往印野本村20分，富士山樹空の森下車即到 **P**197輛

●眺望季節花卉和富士山的四季彩之丘

旅行要點

在富士山麓的休閒樂園盡情遊玩吧！

●日本標高最高的摩天輪

位在富士山二合目的遊樂園。備有運動場等活動身體遊玩的遊具，以及摩天輪、坐型遊樂設施。春天有20萬株鬱金香會盛開，彩豔豔地綻放，可以飽覽富士山和花田之間美不勝收的爭奇鬥豔。

Grinpa ぐりんぱ
MAP 附錄②P.6 E-1
☎055-998-1111 **⌚**9:30～17:00(視時期而異) **休**不定休(需洽詢) **¥**成人1300円、兒童850円 **所**静岡県裾野市須山藤原2427 **⎙**JR御殿場站搭巴士往遊園地ぐりんぱ50分，ぐりんぱ下車即到 **P**1200輛

河口湖

P.58

山中湖·忍野

P.70

富士吉田

P.74

西湖·本栖湖·精進湖

P.80

朝霧高原·富士宮

P.84

御殿場·十里木

Endroit Palais 川島田店

御殿場　MAP附錄②P.14 B-5　購物

● アンドロワパレかわしまたてん

嚴選素材的甜點一字排開

在富士山這種蒙受恩惠的自然環境中，講究素材和製法製作的甜點種類豐富齊全。也販售適合當作伴手禮的商品。

→ 表現成富士山熔岩石的烘焙點心。富士の粒(抹茶)1盒525円

☎0550-82-0670
🕙10:00〜19:45
休 無休
所 靜岡縣御殿場市川島田533-2
🚉JR御殿場站步行8分
🅿13輛

→ 酥脆口感的泡芙也大受歡迎的店

蕎仙坊

裾野　MAP附錄②P.6 F-2　美食

● きょうざんぼう

在屋齡400年的村長宅邸享用正宗蕎麥麵

由曾為別墅的屋齡400年村長宅邸改裝而成的店。蕎麥麵備有能享用香味和風味的粗麵條「田舍」、滑順的細麵條「蒸籠」。

☎055-998-0170
🕙11:30〜傍晚(售完打烊，需洽詢。時間外營業可商量，限點全餐)
休 週一、二(有時期性變動)
所 靜岡縣裾野市須山1737
🚉JR岩波站車程13分　🅿20輛

→ 以蒸籠和田舍為套餐的二色蕎麥麵924円

富士山御胎內清宏園

御殿場　MAP附錄②P.6 F-1　玩樂

● ふじさんおたいないせいこうえん

享受野鳥觀察和洞窟探險的樂趣！

原本是因為富士山的火山爆發而形成的熔岩地帶。除了能觀察野鳥和季節植物以外，也能參觀同樣是熔岩洞窟的「御胎內」。

☎0550-89-4398
🕙8:30〜17:00(11〜1月為〜16:30)
休 無休　¥200円
所 靜岡縣御殿場市印野1382-1
🚉JR御殿場站搭巴士往印野本村20分，富士山樹空的森下車，步行10分　🅿30輛

← 由於構造形似人體內部的熔岩隧道 御胎內。因而這樣命名的熔岩洞窟

森の駅 富士山

裾野　MAP附錄②P.6 E-1　購物

● もりのえきふじさん

眺望著生動壯觀的富士山，挑選伴手禮

以富士山為主題的商品和登山用品應有盡有。從位在標高約1450m處的設施內，也能飽覽寶永火山迫近眼前的絕景。

☎055-998-0085
🕙9:00〜17:00(有時期性變動)　休 不定休
所 靜岡縣裾野市須山淺木地內　🚉JR御殿場站車程50分　🅿1000輛

→ 富士山伴手禮一字排開

← 從大量使用玻璃的建築物也能清楚地看見富士山

乙女峠 ふじみ茶屋

御殿場　MAP附錄②P.6 H-2　美食

● おとめとうげふじみちゃや

在山頂的茶店享用Q軟的糰子

這家餐廳建在可以環視富士山的乙女峠上。能享用以御殿場和鄰町箱根的食材製作的料理、甜品。菜單使用從地下汲取的箱根山伏流水。

☎0550-82-3279
🕙10:00〜15:30(週六、日、假日為〜16:30)，商店9:30〜16:00(週六、日、假日為〜17:00)　休 週四
所 靜岡縣御殿場市深澤1816　🚉JR御殿場站車程20分　🅿40輛

→ 揉入數種雜穀的富士見糰子(御手洗、紅豆)各150円

富士山兒童世界

富士　MAP附錄②P.6 E-2　玩樂

● ふじさんこどものくに

充滿能和大自然成為一體的遊戲

位在富士山麓的公園。由「水之國」「草原之國」「街」3區構成，玩水、和動物親密接觸、BBQ等活動都能盡情享受。

☎0545-22-5555
🕙9:00〜17:00(10〜3月為〜16:00)　休 週二(5〜10月、假日、過年期間、春假寒假、黃金週為無休)　¥成人820円、國中生410円、小學生200円、學齡前免費　所 靜岡縣富士市桑崎1015　🚉JR富士站車程35分　🅿1600輛

→ 挑戰乘坐獨木舟或製作竹筏
→ 在「街道廣場」享受餐點和購物

二の岡フーヅ

御殿場　MAP附錄②P.6 G-1　購物

● にのおかフーヅ

繼承傳統的手工火腿

從昭和8(1933)年創業開始便繼承製法，堅持手工製作的火腿專賣店。不使用合成防腐劑，讓豬肉原本的美味發揮出來。

☎0550-82-0127　🕙9:00〜18:00　休 週二(逢假日則營業)　所 靜岡縣御殿場市東田中1729　🚉JR御殿場站車程5分　🅿20輛

等 → 煙燻成琥珀色的培根1條1500円〜

和風食事処 大野路

裾野　MAP附錄②P.6 F-2　美食

● わふうしょくじどころおおのじ

珠雞和鴕鳥的料理廣受歡迎

這家餐廳位在具備住宿設施和不住宿入浴設施、露營場的設施「大野路」內。能品嘗使用珠雞和鴕鳥等罕見鳥類的料理。

☎055-998-1616
🕙11:00〜19:30　休 週二(逢假日則營業)、不定休
所 靜岡縣裾野市須山大野2934-3　🚉JR御殿場站搭巴士往富士急行遊園地ぐりんぱ30分，大野路前下車即到　🅿100輛

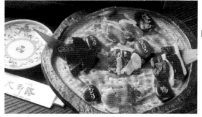

→ 名產的珠雞和雞肉一六一六燒1616円

時之栖

御殿場　MAP附錄②P.6 G-2　玩樂

● ときのすみか

暢享美食和溫泉和體驗！

在御殿場高原的大自然中，溫泉和飯店、餐廳、商店、足球場等遊樂設施齊備的複合度假設施。冬天能觀賞燈光秀。

☎0550-87-3700
(時之栖服務中心，9:00〜20:00)
🕙視設施而異　¥免費入場
所 靜岡縣御殿場市神山719
🚉JR御殿場站搭免費接送巴士25分　🅿2600輛

→ 從10月下旬到3月下旬的燈光秀廣受歡迎

從露天浴池獨占
富士與河口湖

富士山景觀
頂樓有大型SPA「大空之湯」。泡在立湯和半身浴等豐富多彩的浴池中眺望的富士山景觀，果真是磅礡秀麗。

【河口湖】
風之露台KUKUNA飯店
◗かぜのテラスククナ

☎0555-83-3333　**MAP**附錄②P.8 H-3

客房分為中央館、展望館、廣場館，可以依照個人情況選擇喜歡的客房。展望館也有附新感覺露天浴池「Water Terrace」的特別房間，能度過奢華的時間。能充分享用主廚精製鐵板料理的鐵板燒餐廳也廣受好評。

IN 15:00　**OUT** 11:00　**¥** 1泊2食22000円〜　**室** 65間　**所** 山梨縣富士河口湖町淺川70　**辿** 富士急行河口湖站搭巴士往河口局前6分，湖山亭うぶや前下車，步行3分（河口湖站有接送服務，預約制）　**P** 50輛

↑從天空之湯的浴池飽覽絕景吧

↑客房附能一望富士山與河口湖的Water Terrace

↑一邊觀賞富士山，一邊享用鐵板燒

享受山麓特有的獎勵！
富士山景觀的絕景住宿設施

若想沉浸在隨著時間變化的富士山雄姿中，就前往富士見的住宿設施。一邊泡溫泉或是品嘗美食，一邊度過無法忘記的一段時光吧。

在日本第一的富士山的山麓，享受療癒的留宿吧！下面介紹富士山景觀的飯店、親切招待的旅館、豪華露營的住宿場所等嚴選的住宿設施。

【河口湖】
富士豪景酒店
◗ふじビューホテル

☎0555-83-2211　**MAP**附錄②P.9 C-4

昭和11（1936）年開業的酒店。音樂家約翰・藍儂一家以前也曾在此居住一段時間。有能眺望富士山的客房、能眺望河口湖和庭園的客房。想要在露天浴池享受河口湖溫泉鄉的源泉之一「秀麗之湯」。晚餐有法國菜的全餐和日本料理的宴席全餐。

IN 15:00　**OUT** 11:00　**¥** 1泊2食19000円（未稅）〜　**室** 79間　**所** 山梨縣富士河口湖町勝山511　**辿** 富士急行河口湖站搭巴士往本栖湖10分，勝山下車，步行5分　**P** 80輛

富士山景觀
只要選擇富士山景觀一側的客房，就能一邊悠閒地放鬆，一邊眺望富士山磅礡壯觀的模樣。

↑酒店佇立在3萬坪的庭園中

↑標準型的寬敞西式客房

在歷史悠久的酒店
飽覽雄偉的富士山

眺望富士山，享受異於平常的解放感

從男性露天浴池觀賞的絕景(照片僅供參考)

富士山景觀
從男女分開的大浴場、氣氛良好的露天浴池眺望的富士，特別漂亮又壯觀。消除平時的疲勞和壓力，養精蓄銳吧。

↑客房中也有附溫泉足湯的和洋房

【河口湖】
秀峰閣 湖月
しゅうほうかくこげつ

☎0555-76-8888　MAP附錄②P.8 F-1

這家療癒的旅館不僅全部客房都能享受從正面眺望富士山的壯觀風景，也能享用活用季節食材的宴席料理。還備有裝設著露天浴池和足湯的豪華客房，以提供更高等級的舒適度。建在河口湖北岸一角的地理位置也適合觀賞優雅地倒映在水面上的逆富士。

IN15:00　OUT10:00
¥1泊2食20520～60480円　室45間
所富士河口湖町河口2312
富士急行河口湖站車程12分(河口湖站有接送服務，預約制)　P45輛

富士山景觀
館內所有的場所都是富士見的地點。尤其是從富士山地底下湧出天然溫泉的大浴場和露天浴池，從那裡眺望的景色特別漂亮。

↑從展望大浴池眺望的河口湖和富士山的景觀也很美

↑觀賞時時刻刻改變表情的富士山

凝聚著甲斐路魅力的溫泉住宿設施

【河口湖】
美富士園酒店
ホテルみふじえん

☎0555-72-1044　MAP附錄②P.8 H-3

以眺望景色而自豪的飯店，從全部的客房都能眺望美麗的河口湖和富士山。除了能在榻榻米上悠哉放鬆的和室以外，還準備了搭配生活風格的時尚和洋房等客房。晚餐能享用盛著大量甲斐路特有山岳美食的宴席料理，直到心滿意足為止。

IN15:00　OUT10:00　¥1泊2食12960円～　室49間
所山梨縣富士河口湖町淺川207
富士急行河口湖站搭巴士往甲府·芦川5分，淺川溫泉街下車即到
P40輛

從自豪的露天浴池眺望富士山和河口湖

富士山景觀
從頂樓的「富士之湯」觀賞的生動壯觀的富士身影，都被深刻地刻劃在心中。早晨、中午、傍晚，任何時候觀賞都很美。

↓往前方仰望富士山的露天浴池「富士之湯」

【河口湖】
若草之宿丸榮旅館
わかくさのやどまるえい

☎0555-72-1371　MAP附錄②P.8 E-3

以位在頂樓且景色絕佳的露天浴池為首，浴池和料理皆是自豪之處的溫泉旅館。往眼前仰望富士山的「富士之湯」、往下眺望河口湖的「湖之湯」是男女輪替制，因此兩種都能享受。富士山景觀的包租展望浴池等溫泉也很豐富。備有附露天浴池的客房等豐富多彩的房間。

IN14:00　OUT11:00　¥1泊2食18000～48000円(未稅)　室50間　所山梨縣富士河口湖町小立498　富士急行河口湖站車程7分(河口湖站有接送服務，到達車站後聯絡，14:00～19:00)　P100輛

↑大量盛著當季美食、鄉村佳餚的和風宴席料理

富士山景觀
從富士山一側的和室能一望河口湖周邊的街道和雄偉的富士。從7樓的休息處觀賞的富士也格外美麗。

↑品味十足的閒靜和室

以大自然所創造的平靜氣氛為主題的飯店

↑夜晚往對岸也能看見美麗夜景的展望浴池

【河口湖】
Kasuitei Ooya
かすいでいおおや

☎0555-72-1212
MAP附錄②P.8 G-5

建在河口湖畔的純和風溫泉飯店。在7樓的展望露天浴池能一邊眺望河口湖和自然豐沛的山巒，一邊泡湯。客房備有附豪華信樂燒露天浴池的和室、氣氛時尚的和洋室等各式各樣的房型。堅持使用四季當地食材的創作料理也廣受好評。

IN15:00　OUT10:00　¥1泊2食14040～40500円　室47間
所山梨縣富士河口湖町船津4025
富士急行河口湖站步行8分(河口湖站有接送服務)
P無(使用縣營停車場，免費)

所有客房都是富士山景觀的度假酒店

↑能隔著樹海看見的富士山讓許多人盛讚

富士山景觀
從一整面都沒有遮蔽物的客房陽臺可以眺望原野遍布在樹海對面的富士山。想要盡情地飽覽遼闊的全景。

↑溫泉也稱為「傷之湯」「中風之湯」　↑閒靜氛氛的雙床房

河口湖
雷吉娜酒店河口湖
○ホテルレジーナかわぐちこ

☎0555-20-9000　**MAP**附錄②P.14 A-1

從所有客房都能眺望富士山的遼闊全景。自豪的溫泉大浴場使用具有預防動脈硬化效果的河口湖源泉。到富士急樂園車程5分鐘，到河口湖畔車程15分鐘，作為遊玩的據點也是絕佳的地理位置。網球場和溫水游泳池等休閒設施也豐富多樣。老牌料亭出身的專業大廚編織出的美食也廣受好評。

IN 15:00　OUT 11:00　¥1泊2食12500円 (未稅)～　室71間
所山梨縣富士河口湖町船津5239-1　富士急行河口湖站車程10分　P 71輛

從大浴場觀賞的富士山風景美不勝收

→女性專用大浴場「ときめきの湯」的露天浴池

富士山景觀
男女分開的大浴場都設置在富士山一側。再者，屋頂已變成庭園，有足湯和望遠鏡（全都免費）。

河口湖
湖南莊飯店
○こなんそう

☎0555-72-2166　**MAP**附錄②P.8 G-5

客房幾乎都朝向湖泊，並以絕佳的瞭望景色而自豪。天然溫泉的大浴場連能眺望富士山的露天浴池和寢湯等設施都整備完善。從屋頂上的足湯也能飽覽富士山與河口湖的絕景。晚餐能享用活用當季素材的和風宴席料理。

IN 15:00　OUT 10:00　¥1泊2食19980円～　室51間
所山梨縣富士河口湖町船津4020　富士急行河口湖站步行10分（河口湖站有接送服務，到達車站時聯絡）P 40輛

富士山景觀
若要從客房飽覽富士山，就預約「富士山景觀」的房間！觀賞在早晨閃閃發亮的富士山，把遊玩的能量充飽吧。

鄰接富士急樂園的酒店

富士吉田
海蘭德水療度假酒店
○ハイランドリゾートホテルアンドスパ

☎0555-22-1000　**MAP**附錄②P.14 B-1

直通富士急樂園的官方酒店。除了可以住在能飽覽雄偉富士山風景的客房以外，遊樂園的入園、在天然溫泉「富士山溫泉」泡湯都會變成免費。鄰接IC，在酒店前面也能從高速巴士上下車，因此從遠方過來也是交通便利。

↑在富士山一側的客房度過放鬆的時間

↑附設的「富士山溫泉」具備日本最大規模純木造浴室，也可進去泡湯

IN 15:00　OUT 12:00　¥單人房16000～26000円、雙床房29000～62000円、雙人房29000～44000円※12歲以上另付湯稅150円　室161間（客房分樂園一側跟富士山一側，需在預約時確認）休無休（有維護休館日）所山梨縣富士吉田市新西原5-6-1　富士急行富士山站搭免費巡迴巴士ハイランドリゾートホテル前下車 P 180輛

能一望富士山的天然溫泉

↑可以眺望富士山的客房「景觀三人家庭房」
→以富士山的絕景自豪的展望大浴場

富士吉田
MYSTAYS富士山展望溫泉酒店
○ホテルマイステイズふじやまてんぼうおんせん

☎0555-21-7510　**MAP**附錄②P.14 B-1

富士山景觀
建在高地上，正面聳立著日本第一山。頂樓具備天然溫泉的展望大浴場和露天浴池，可以一邊眺望絕景一邊享受泡湯。

頂樓的展望溫泉大浴場·露天浴池「展望浴池 弁天之湯」是能一望富士山的絕佳地理位置。從富士急樂園步行只要5分鐘的便捷交通、小學生一起睡為免費等，這些令人開心的附贈特典，也廣受家庭客的歡迎。

IN 15:00　OUT 11:00　¥1泊2食9600円～　室159間　所山梨縣富士吉田市新倉2654　富士急行富士急樂園站步行5分　P 74輛

作為紅富士的勝地而聞名的高原度假酒店

↑用簡練沉穩的家具統一風格的客房

山中湖
富士山酒店
○ホテルマウントふじ

☎0555-62-2111　**MAP**附錄②P.10 E-3

富士山景觀
由於位在高地上，因此能一望湖泊和靈峰，魅力十足。四季都能從中庭的展望台盡情地飽覽以富士山為主角的景色。

↑從酒店的各個地方都能觀賞富士山和山中湖

冠以富士之名、為了觀賞富士山而興建的酒店。正因為如此，瞭望的風景才會美不勝收。不僅從能眺望山中湖和富士山的整潔客房，從附露天浴池的大浴場「滿天星之湯」都能直接觀賞那幅絕景。

IN 15:00　OUT 11:00　¥1泊純住宿單人房13000～19000円、雙床房26000～60000円　室53間　所山梨縣山中湖村山中1360-83　富士急行富士山站搭巴士往旭日丘23分，富士山·山中湖（ホテルマウント富士入口）下車，車程5分（巴士站有接送服務，到達巴士站時聯絡）P 150輛

94

↑可以享受弱鹼性的柔滑溫泉

↑能在私人空間中和愛犬一起盡情玩樂也令人開心

精心招待的住宿設施
度過溫暖心靈的時光

採取少量人數制度而能悠閒享用晚餐的旅店、能和愛犬一起住宿的旅館等，可以實現旅行願望的精心招待的住宿設施都在這裡。

在奢華的空間中和愛犬一起讓身心靈煥然一新
附私人狗狗運動場的豪華客房

河口湖
雷吉娜富士度假酒店 Suites&Spa
●レジーナリゾートふじスイートアンドスパ
☎0555-73-4411 MAP附錄②P.5 D-2

能在高雅的空間中和愛犬一起度過快樂的時光。客房全是大套房的房型，附自家源泉的溫泉。豪華客房附私人狗狗運動場和愛犬專用的溫水淋浴。餐廳也允許愛犬陪同，晚餐能品嘗活用當季食材的創作日本料理的懷石全餐。

IN15:00 OUT11:00 ¥1泊2食22000円～(未稅)，小型、中型犬2隻以下免費 室21間 所山梨縣富士河口湖町小立7160 交富士急行河口湖站車程10分(河口湖站有接送服務) P21輛

以富士山景觀的狗狗運動場為榮

大自然圍繞的廣大狗狗運動場
愛犬能在溫水游泳池一邊享受一邊運動
↑全年都能暢遊的狗狗專用溫水室內泳池也很有魅力

山中湖
Dog Resort Woof
●ドッグリゾートワフ
☎0555-72-8000 MAP附錄②P.10 E-5

當日來回或住宿都能暢遊的夢幻狗狗度假飯店。室外的狗狗運動場共有10個場地，從小型犬到大型犬都能利用。在全天候型室內運動場和25m的室內溫水狗遊泳池，即使是雨天也能盡情遊玩。也備有愛犬專用的健身、修剪毛髮的設施。晚餐就在允許愛犬陪同的餐廳享用吧。

↑從富士山一側的客房一望富士山和狗狗運動場

IN15:00 OUT11:00 ¥1泊2食12960円～，小型犬2160円～ 室47間 所山梨縣山中湖村山中280 交富士急行富士山站搭巴士經旭日丘往平野27分，山中湖村役場前下車，步行15分 P108輛

↑在休息的空間悠閒地度過吧
↑晚餐的創作法國菜會附自製麵包
重視細心款待的飯店

朝霧高原
小さなホテル スターティングオーバー
●ちいさなホテルスターティングオーバー
☎0555-89-2191 MAP附錄②P.5 B-3

佇立在朝霧高原的小飯店。因為重視個人隱私，所以客房只有3間。所有客房都是客廳加寢室的大套房規格，能在寬敞的空間中悠哉地放鬆。晚餐使用當地的優質食材精心製成全餐，相當受歡迎。在面積達25坪的餐廳可以優雅地享用晚餐。

←歐洲風格的建築物，客房為雙床房、4人房、和洋室的3種房型

IN16:00 OUT11:00 ¥1泊2食15800円 室3間 所山梨縣富士河口湖町富士ヶ嶺1364 交富士急行河口湖站搭巴士往新富士50分，境境下車，步行8分 P5輛

建在富士山站旁邊的時尚飯店

←客房為單人房、雙人房、雙床房、3人房的4種房型
→館內以日式摩登風格的室內裝飾統一

富士吉田
富士山車站飯店
●ふじさんステーションホテル
☎0555-24-3300 MAP附錄②P.14 C-1

從富士山站步行2分鐘，適合當作動態旅行據點的飯店。大廳和客房是以和風為印象的時尚裝潢。不僅有提供住宿者早餐的服務，所有客房都能免費使用Wi-Fi也令人開心。

IN15:00 OUT10:00 ¥1泊單人房7300円～(早餐免費招待) 室52間 所山梨縣富士吉田市松山2-7-12 交富士急行富士山站步行即到 P35輛

在豐沛大自然和精緻空間中度過優質的時光

←所有房間皆為41㎡以上、能悠閒度日的客房
→案尚也有以特製油漆塗的圖示
桌球區

山中湖
富士萬豪酒店 山中湖
●ふじマリオットホテルやまなかこ
☎0555-65-6400 MAP附錄②P.4 G-3

四周有山中湖的大自然環繞，氣氛沉穩寧靜的度假酒店。具有客房會附設計簡單高雅的溫泉等房型，可以悠閒地放鬆。在餐廳能以燒烤的方式品嘗富士山麓的大自然所培育的食材。

IN15:00 OUT11:00 ¥1泊2食30888円～ 室105間 所山梨縣山中湖村平野1256-1 交富士急行富士山站搭巴士往旭日丘30分，山中湖旭日丘下車，搭接送巴士15分(最晚需在2日前預約) P100輛

豪華露營是？

意思是Glamorous（迷人的）Camping，屬於一種眾所矚目的度假風格，可以身處在大自然中追求頂級的舒適感。能一邊感受大自然的豐沛，一邊度過著華的時間。

矚目程度上升中！ 豪華露營

豪華露營的住宿設施兼具能與大自然親近的戶外活動之趣，以及高級度假區的精心款待。在富士山麓大自然的懷抱中，度過會留在回憶中的假日吧！

搖晃的火焰會療癒心靈的頂級時光

【河口湖】

虹夕諾雅 富士
● ほしのやふじ

☎0570-073-066（虹夕諾雅綜合預約）
MAP附錄②P.9 D-1

以富士山麓的廣大森林為舞臺，日本首座豪華露營度假區。可以坐在綠意豐沛的露臺，沐浴在從葉間灑落的陽光中，而夜晚也能透過篝火的火焰讓心靈放鬆。也能享受獨木舟體驗或製作燻製料理等方案。

IN 15:00 **OUT** 12:00 **¥** 1泊1間47000円（用餐另計）～ **客** 40間 **所** 山梨縣富士河口湖町大石1408 **交** 富士急行河口湖站搭河口湖周遊巴士27～32分，河口湖自然生活館下車，步行8分 **P** 40輛

↑會想悠閒地飲用威士忌的篝火BAR
↓小屋有湖泊景觀的露臺客廳

↑在赤松林環繞的露臺享受森林浴吧

大人能暢享的奢華小木屋旅居時光

【山中湖】

PICA Yamanaka Lake Village
● ピカやまなかこヴィレッジ

☎0555-30-4580（PICA服務台）
MAP附錄②P.10 F-5

這處生態假村擁有有機農場和可以眺望富士山的樹屋。「Cottage Gran Auberge」附有具備篝火臺的木板平臺，可以感覺富士山麓的四季。

IN 14:00～19:00 **OUT** 7:00～11:00 **休** 週三、四（旺季為無休）**¥** Cottage Auberge 1泊2食13000円～ **客** Cottage Auberge 9棟、Cottage 9棟 **所** 山梨縣山中湖村平野506-296 **交** 富士急行富士山站搭巴士往旭日丘30分，旭日丘下車即到 **P** 20輛

→ 裝著整片玻璃，能近距離地感覺大自然

↑晚飯可以選擇晚餐全餐或是BBQ全餐
↓寢室是白色和藍色的清爽配色，可以度過舒適的時光

在附帳篷的露臺暢享富士山麓的大自然

【裾野】

Campica富士Grinpa
● キャンピカふじぐりんぱ

☎0555-30-4580（PICA服務台）
MAP附錄②P.6 E-1

鄰接遊樂園Grinpa的汽車露營場。「Trailer Cottage Gran Villa」具備附暖爐、帳篷的露臺客廳，可以盡情地享受奢華露營的樂趣。

IN 14:00～19:00 **OUT** 7:00～11:00 **休** 週二、三（旺季為無休）**¥** Trailer Cottage 16200円～（會依小屋類型、人數、時期而變動）**客** Trailer Cottage 35棟 **所** 靜岡縣裾野市須山2427 **交** JR御殿場站搭巴士往遊園地ぐりんぱ50分，ぐりんぱ下車即到 **P** 120輛

↑人數限定6人的「Trailer Cottage Comfort」

↓附私人花園的「Trailer Cottage Gran Villa」

↑能在席夢思製造的床上舒服地睡覺

沒有遮蔽物的
雄偉風景

在絕佳的地理位置盡情享受！ **露營場**

富士山的山麓有許多能輕鬆暢遊且設備充實的露營場！
在日本第一山的懷抱中，盡情地享受戶外活動吧。

朝霧高原
Fumotoppara
ふもとっぱら

☎0544-52-2112 MAP附錄②P.5 A-3

眺望布滿眼前的日本第一山

活用廣大草原的汽車露營場。可以從富士山的山腳緩坡瞭望到山頂。取水處和廁所散布各處，能體驗舒適的戶外活動。

🏠靜岡縣富士宮市麓156 🚗新東名高速道路新富士IC車程32km Ⓟ1000輛

➡也有倒映著逆富士的小水池

露營場資訊
⬆IN 8:30～17:00、OUT～14:00
休無休
¥需洽詢

➡獨木舟有導遊陪同，新手也能安心

➡周圍大自然豐沛，有青木原樹海和西湖等景觀

西湖
PICA 富士西湖
ピカふじさいこ

☎0555-30-4580 (PICA服務台)

能透過獨木舟或釣魚暢玩一整天

可以享受在西湖划獨木舟的體驗。其他還有出租登山車專用公園、釣魚池等，各種活動的設施豐富多彩。在大浴場也能治療疲勞。

🏠山梨縣富士河口湖町西湖2068-1 🚗中央自動車道河口湖IC 14km Ⓟ110輛 MAP附錄②P.12 G-2

露營場資訊
⬆IN13:00～19:00、OUT7:00～12:00
（建築物為IN14:00～、OUT～11:00）
休週三、四(旺季為無休) ¥汽車露營場1營位2000円～、露營拖車小屋19500円～、小木屋6200円～(會依人數、時期等而變動)

富士吉田
PICA 富士吉田
ピカふじよしだ

☎0555-30-4580 (PICA服務台)

在森林中的舒適露營

別墅帳篷、小木屋、露營拖車小屋等住宿設施豐富完善。招待所的2樓備有能治癒一日疲勞的浴池。

🏠山梨縣富士吉田市上吉田4959-4 🚗中央自動車道河口湖IC 4km Ⓟ120輛 MAP附錄②P.14 B-3

露營場資訊
⬆IN13:00～19:00、OUT7:00～12:00(建築物為IN14:00～、OUT～11:00)
休週三、四(旺季為僅部分設施營業) ¥汽車露營場1營位2300円～、蘑菇包14000円～、小木屋9000円～(會依人數、時期等而變動)

➡裡面設有床鋪的別墅帳篷

➡大樹屋是露營場的地標

➡小木屋有7種類型，富士山的瞭望景色美不勝收

➡從BBQ場能眺望河口湖和富士山

河口湖
夢河口湖平房戶澤中心
ゆめみるかわぐちこコテージとざわセンター

☎0555-76-8188 (服務時間8:00～18:30)

從小木屋遠眺的富士山風景特別漂亮！

汽車露營場位在河口湖畔，擁有富士山會迫近眼前的良好地理位置。設備充實完善的小木屋也一應俱全，還有附奢華展望浴池的類型。

🏠山梨縣富士河口湖町大石2578 🚗中央自動車道河口湖IC 9km Ⓟ40輛 MAP附錄②P.8 E-2

露營場資訊
⬆IN15:00～、OUT～10:00
休不定休(旺季為無休，冬季僅部分設施營業) ¥汽車露營場1營位4320円～、小屋16200円～(會依人數、時期等而變動)

➡場內除了燃料以外，還能買到酒類和調味料

➡最多能容納350頂帳

朝霧高原
朝霧Jamboree 汽車露營場
あさぎりジャンボリーオートキャンプじょう

☎0544-52-2066 MAP附錄②P.15 B-1

面積寬敞的高原型自由露營場

富士山近在眼前、美麗草原一望無際的絕佳地理位置。有自由露營區，設備也很豐富。還會舉辦各式各樣的活動。

🏠靜岡縣富士宮市猪之頭1162-3 🚗新東名高速道路新富士IC 30km Ⓟ210輛

露營場資訊
⬆IN8:00～、OUT～16:00 (AC電源區為IN13:00～、OUT～12:00，有時期性變動)
休無休 ¥入場費1000円、帳篷1頂1700円～(會依時期而變動)

裾野
Campica富士Grinpa
キャンピカふじぐりんぱ

☎0555-30-4580 (PICA服務台)

出租套組齊備，兩手空空也OK

汽車露營場的14個營位都附AC電源。其他還有小木屋和露營拖車小屋、「森林家族」的角色主題小屋等設施。

🏠靜岡縣裾野市須山2427 🚗東名高速道路裾野IC 17km Ⓟ120輛 MAP附錄②P.6 E-1

露營場資訊
⬆IN13:00～19:00、OUT7:00～12:00(住宿設施為IN14:00～、OUT～11:00)
休週二、三(旺季為無休，帳篷區冬季不開放) ¥汽車露營場1營位2400円～、露營拖車小屋9800円～(會依人數、時期等而變動)

➡有寬敞木造平檯的小木屋

➡一邊眺望富士山一邊露營，感覺超棒！

➡整棟小木屋都附浴池

➡管理棟有商店和租借

御殿場
乙女森林公園第2露營場
おとめしんりんこうえんだいにキャンプじょう

☎0550-82-7870 MAP附錄②P.6 H-1

富士山和御殿場市街的夜景很美

設備整備完善的汽車露營場和小木屋都廣受歡迎。位在能一望富士山和御殿場市的箱根外輪山的山腳，夜晚的御殿場夜景也不容錯過。

🏠靜岡縣御殿場市深沢2696-2 🚗東名高速道路御殿場IC 3km Ⓟ30輛

露營場資訊
⬆IN13:00～、OUT～11:00
休週一(7～9月為無休) ¥汽車露營場1營位5140円～、小屋16450円～(會依人數、時期等而變動)

沖水馬桶 溫水淋浴 浴池 洗衣機 商店 無

交通導覽

富士山麓

日本最高峰聳立的湖泊旁邊

搭巴士·鐵道

🚃 若搭鐵道，則以JR中央本線和富士急行為主

若要從東京搭鐵道前往，選擇JR中央本線·富士急行的直達特快列車很方便。除了從東京方向到大月能利用特快列車「梓號」「甲斐路號」以外，只憑車票就能搭乘的快速列車（包含中央特快·通勤特快等）也有前往大月的車次。除此之外，雖然是晚上從東京發車，但是也有直通富士河口湖的車次。富士急行也有「富士山特快」「富士山景觀特急列車」（特急券另售）和「富士登山電車」（坐席另外收費）在運行。往靜岡縣一側要從新宿搭乘經由小田急線的列車「富士山號」前往御殿場，再轉搭經由JR東海道線新宿線三島的JR東海道本線，接著在富士轉搭JR身延線前往富士宮。從名古屋出發則以JR東海道新幹線靜岡站或三島站為玄關口。

🚌 高速巴士也會行駛至主要區域

若要從東京前往，バスタ新宿（新宿駅新南口）發抵的高速巴士班次也很充實。雖然有被捲入塞車情況的可能性，但也有許多益處，比如行駛的車次很多、不需轉車就能前往、比利用鐵道還便宜等，都令人感到開心。不只從東京站有前往山中湖·河口湖·富士山方向的巴士，從名古屋（名鐵巴士中心）也有前往河口湖站·富士山站的巴士。前往山中湖·河口湖的所有高速巴士就連在富士急樂園也能下車。再者，前往富士山（河口湖五合目）的直行高速巴士是季節運行，因此請事前確認清楚。除此之外，也有直通御殿場和富士宮的高速巴士在運行。任何巴士皆可預約，若當天有空位，也能不預約就直接搭車。

東京出發	鐵道 🚃 新宿站	特快「富士回遊」 1天2班	河口湖站 1小時50分 4060円
	巴士鐵道 🚌🚃 新宿站	特快「富士山號」 1天3~4班 → 御殿場站 → 富士急行巴士 每小時1~2班	河口湖駅 3小時15分 4320円
	巴士 🚌 バスタ新宿（新宿駅新南口）	京王巴士東·南／富士急山梨巴士等 每小時1~2班※還有渋谷マークシティ發車為1天12班	河口湖駅 1小時45分 1950円
	巴士 🚌 東京駅鉄鋼ビル	JR巴士關東／富士急山梨巴士等 1天14班※還有東京駅八重洲南口發車為1天9班	河口湖駅 1小時55分~2小時15分 1800円
名古屋出發	巴士鐵道 🚌🚃 名古屋站	JR東海道新幹線「回聲號」 每小時2班「光號」也有1天6班在三島站停車 → 三島站 → 富士急城市巴士等「三島·河口湖Liner」 1天8班（需預約）	河口湖駅 3小時10~45分 10550円
	巴士 🚌 名鐵バスセンター	除了名鐵巴士以外，還有「RESORT EXPRESS」 1天1班（有以週六·日·假日為中心運行的期間）	河口湖駅 4小時20分 4110円

能步行前往湖岸的富士急行的終點
前往「河口湖」

若要利用鐵道，從東京是搭乘JR·富士急行的直通特快，從名古屋則要接續搭乘JR東海道新幹線和巴士（部分需預約）。為了減少等車的時間，請先在時刻表上確認，再選擇搭乘的列車吧。高速巴士從バスタ新宿（新宿駅新南口）和東京駅鉄鋼ビル、名鐵バスセンター等處，分別都有班次會出發前往河口湖站。バスタ新宿出發的巴士也有依照季節行駛至富士山五合目（河口湖五合目）或本栖湖的班次。從御殿場也有往河口湖的路線巴士會發車。

東京出發	巴士鐵道 🚌🚃 新宿站	特快「富士回遊」 1天2班 → 富士山站 → 富士急山梨巴士 每小時1~4班	山中湖 旭日丘 2小時35分 4580円
	巴士鐵道 🚌🚃 新宿站	特快「富士山號」（經由小田急線） 1天3~4班 → 御殿場站 → 富士急山梨巴士 每小時1~2班	山中湖 旭日丘 2小時35分 3790円
	巴士 🚌 バスタ新宿（新宿駅新南口）	京王巴士東·南／富士急山梨巴士等 每小時1~2班	山中湖 旭日丘 2小時15分 2250円
	巴士 🚌 東京駅鉄鋼ビル	富士急行巴士 1天3班※其中1班為東京駅八重洲南口首班出發	山中湖 旭日丘 2小時30分 2100円
名古屋出發	巴士鐵道 🚌🚃 名古屋站	JR東海道新幹線「回聲號」 每小時2班（「光號」也有1天6班在三島站停車） → 三島站 → 富士急城市巴士等「三島·河口湖Liner」 1天7班（需預約）	富士山 山中湖 （ホテルマウント富士入口） 2小時45分~ 3小時20分 10140円

接續搭乘鐵道和路線巴士，或搭乘直通的高速巴士
前往「山中湖」

若要從東京搭乘鐵道，要到富士山是搭乘JR和富士急行，要到御殿場則是利用特快「富士山號」，再轉搭路線巴士。若要搭乘高速巴士，就從バスタ新宿（新宿駅新南口）搭乘往山中湖的班次。除此之外，從東京駅鉄鋼ビル出發前往河口湖站的高速巴士也會經由山中湖旭日丘。從名古屋要利用JR東海新幹線，再於三島站轉搭巴士，路線簡單易懂。

↑從東京駅八重洲南口發車的高速巴士「炒麵特急」

富士登山靜岡一側的據點是炒麵的聖地
前往「富士宮」

在JR身延線富士宮站下車。若要從東京利用鐵道，就接續搭乘經由JR東海道新幹線三島的JR東海道本線前往富士，再轉搭JR身延線。JR東海道新幹線除了「回聲號」以外，部分的「光號」也會在三島停車。也有直通巴士，不需轉車就能從東京直達。從名古屋搭乘在靜岡站停車的JR東海道新幹線「光號」和轉乘特快「Wide View富士川號」會比較快。

富士急行直通特快「富士回遊」首次亮相

自2019年3月16日起，不需轉車即能連結新宿站~河口湖站的「富士回遊」，開始1天2班來回行駛。到途中的大月站是和特快「甲斐路號」連結運行。靠近新宿站的3節車廂直通到河口湖站。途中會在立川、八王子、大月、都留文科大學前、富士山、富士急樂園等各站停車。行駛時間和車資等詳情請至富士急行的網站確認。

鐵道的車資為全部行程的普通車資和一般時期的特快普通車對號座費用（特快「富士回遊」為預先收費）的總額（包含接續搭乘的折扣）。所需時間是記載去程的標準時間。記載的資訊都是2019年2月時的資訊。有因時刻表修改或車資更改等因素而變動的情況，因此出發前請事先確認清楚。

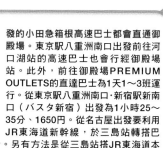

圖例

新幹線	JR在來線	路線巴士	私鐵線 高速巴士

※鐵道路線的一部分和車站皆省略。巴士僅刊載主要路線。

東京　新宿　八王子　品川　渋谷　山手線　羽田空港　町田　新横浜　東神奈川　東京北線　横浜（上野東京線）　東海道本線（上野東京線）　本厚木　東海道新幹線　国府津　小田原　熱海

大月　富士急行　都留市　特快「富士山號」（新宿～御殿場）小田急小田原線

高山　甲府　小淵沢　中央本線　石和温泉　石和温泉駅入口　富士の裾野富士吉田バスH　身延線　芦川農産物直売所　プチペンション村　精進　精進湖　西湖　河口湖　ハイランド　富士急　本栖湖レストハウス　西湖民宿　本栖湖　富士急山梨巴士（高速巴士依季節行駛）　本栖湖　道の駅朝霧高原　甲斐常葉　下部温泉　下部温泉郷　休暇村　キャンプ村　田貫湖　猪の頭　富士　富士急静岡巴士

河口湖　富士山　神鶴橋　忍野八海　富士急山梨巴士（依季節行駛）　山中湖　平野　山中湖　旭日丘　富士山山中湖（ホテルマウント富士入口）　須走口五合目　富士山五合目（高速巴士也是依季節行駛）　富士山　富士山梨巴士（依季節行駛）　御殿場口五合目　富士急行巴士（依季節行駛）　富士急行巴士（依季節行駛）

白糸の滝　富士宮　名鐵巴士中心　富士急静岡巴士（依季節行駛）　五合目富士宮口　富士急行巴士（依季節行駛）　御殿場　南御殿場　富士岡　岩波　裾野　御殿場プレミアム・アウトレット　駿河小山（富士山號僅部分班次停車）　足柄　松田　新松田　長泉なめり　下土狩　御殿場線　富士急行巴士

OCAT あべのハルカス　富士　富士急静岡巴士　新富士　吉原本町ジヤトコ前　岳南富士岡　本吉原　比奈　岳南原田　須津　神谷　岳南電車　岳南江尾　大岡　東海道新幹線　三島　沼津　東海道本線　熱海

名古屋　静岡　新大阪

河口湖・山中湖・富士山 交通MAP

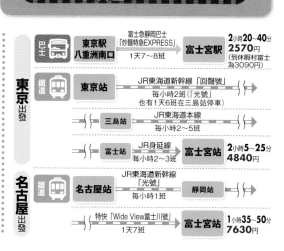

特快和高速巴士 不需轉車即可直通 前往「御殿場」

JR御殿場線御殿場站是玄關口。從東京出發由新宿經小田急線的特快「富士山號」、從バスタ新宿（新宿駅新南口）出發的小田急箱根高速巴士都會直通御殿場。東京駅八重洲南口出發前往河口湖站的高速巴士也會行經御殿場站。此外，前往御殿場PREMIUM OUTLETS的直達巴士為1天1～3班運行。從東京駅八重洲南口・新宿駅新南口（バスタ新宿）出發為1小時25～35分、1650円。從名古屋出發要利用JR東海道新幹線，於三島站轉搭巴士。另有方法是從三島搭JR東海道本線前往沼津站，再轉搭御殿場線。

東京出發

	バスタ新宿（新宿駅新南口）	小田急箱根高速巴士 每小時2班（包含往箱根桃源台方向）	御殿場駅	1小時40分 1680円
鐵道	新宿站	特快「富士山號」（經由小田急線）1天3～4班	御殿場駅	1小時35～45分 2810円

名古屋出發

	名古屋站	JR東海道新幹線「回聲號」每小時2班（「光號」也有1天6班在三島站停車）	三島站	富士急城市巴士 1天4班	御殿場駅	2小時45分～3小時 9260円

東京出發

巴士	東京駅八重洲南口	富士急静岡巴士「炒麵特急EXPRESS」1天7～8班	富士宮駅	2小時20～40分 2570円（到休暇村富士為3090円）
鐵道	東京站	JR東海道新幹線「回聲號」每小時2班（「光號」也有1天6班在三島站停車）		
	三島站	JR東海道本線 每小時2～5班		
	富士站	JR身延線 每小時2～3班	富士宮駅	2小時5～25分 4840円

名古屋出發

鐵道	名古屋站	JR東海道新幹線「光號」每小時1班	静岡站		
		特快「Wide View富士川號」1天7班	富士宮駅	1小時35～50分 7630円

實惠車票的自由乘車區間

富士山・富士五湖パスポート
自由乘車區間

富士山・富士五湖パスポート
富士急電車セット 自由乘車區間

プチペンション村
河口湖自然生活館
三ツ峠登山口・天下茶屋
根場民宿
遊覽船・
ロープウェイ入口
下吉田
忍野
八海
石割の湯
平野
精進
本栖湖
黑
氷
穴
穴
本栖
湖入口
河口湖駅
富士急
ハイランド
富士急ハイランド
山中湖 旭日丘
鐵道　　巴士

配合方案選擇車票
富士山・富士五湖パスポート

富士急行
富士山・富士五湖パスポート2550円
富士山・富士五湖パスポート 富士急電車セット3550円

在路線巴士指定區間可以自由地上下車。各指定區間請參照上圖。依照自由乘車區間的不同，能利用的鐵道巴士也會有一些差異，因此必須注意。
【販售場所】富士山站、河口湖站、山中湖 旭日丘（森の ）、三島站、新富士站、富士宮站、御殿場站的富士急巴士窗口等
【有效期間】2天

若要搭高速巴士前往，就用這個車票
富士五湖エンジョイ！きっぷ

京王巴士・富士急行　新宿出發5000円

此種套票包含バスタ新宿（新宿駅新南口）～富士五湖方向（河口湖站、山中湖、平野等）的高速巴士來回車票，以及下列其中一種票券❶河口湖、西湖、鳴澤、精進湖的周遊巴士和西湖周遊巴士FREE COUPON（2天）兌換券、❷山中湖周遊巴士「富士湖號」FREE COUPON（2天用）兌換券。合作設施的優惠券也是套票內容之一。用電話或網路預約去回的高速巴士之後，在バスタ新宿（新宿駅新南口）告知要利用這種票，即可購買。
【販售場所】バスタ新宿（新宿駅新南口）【FREE COUPON兌換券的兌換場所】❶＝河口湖站、❷＝富士山站或山中湖 旭日丘（森の站）
【有效期間】車票上記載的指定日、❶❷為2天（僅限在高速巴士有效期間內）

這個票券方便又實惠

ふじやま温泉 ほっと温泉パック

京王巴士・富士行巴士　バスタ新宿出發4850円

此套票包含バスタ新宿～富士急樂園的高速巴士來回車票和富士山溫泉的入館費。也有中央道日野、中央道八王子出發的設定。只要事先預約高速巴士，並在高速巴士發車前10分鐘於バスタ新宿（新宿駅新南口）的窗口向服務人員告知已經預約及要購買套票之後，即可購買。
【販售場所】バスタ新宿（新宿駅新南口）・京王觀光各分店
【有效期間】僅事先指定之利用日有效

休日おでかけパス

JR東日本　2670円

在週六、日、假日或黃金週、暑假期間、過年期間的任何1天，1整天都能自由地搭乘東京近郊的JR線指定區間和臨海線、東京單軌電車的快速、普通列車的普通車自由座。新宿～大月的中央本線也包含在指定區間中。如果在指定區間內單程超過1420円（比如橫濱～大月為單程1490円），這個車票就會比較划算。
【販售場所】東京近郊的JR東日本主要車站綠色窗口、指定席售票機、びゅうプラザ等
【有效期間】週六、日、假日或黃金週、暑假期間、過年期間的任1天

週末パス

JR東日本　8730円

僅限在指定的週六、日、假日等期間連續2天，可以自由地搭乘JR東日本管轄內的指定區域（羽越本線酒田站、陸羽西線、奧羽本線湯澤站、陸羽東線、東北新幹線栗駒高原站、石卷線以南）的JR東日本全線（包含快速・普通列車、一部分的私鐵）的普通車自由座（新幹線與特快須另行購買特急券）。包含山梨縣內JR線，但不包括身延線。雖然從關東地區出發當比較貴，但若是從新潟或仙台等處前往山梨縣內的旅行，就會十分划算。
【販售場所】自由乘車指定區域內的JR東日本主要車站綠色窗口・指定席售票機、主要旅行社等
【有效期間】在指定的週六、日、假日等期間連續2天

從日本各地前往
河口湖・山中湖・富士山

●若要利用飛機‥‥‥‥‥ 利用羽田機場很方便
羽田機場成為玄關口。從羽田機場利用鐵道或巴士等交通工具，前往新宿站或東京站。除此之外，從靜岡機場沒有巴士會直達本書所刊載的區域。

●若要利用鐵道‥‥‥‥‥ 東京站的轉車簡單易懂
利用各大新幹線先出發前往東京站會比較好懂。從東京站前往新宿站要搭JR中央線。若是從東北或新潟方向出發，也有從大宮站搭JR埼京線或湘南新宿線抵達新宿站的方法。

●若要利用巴士‥‥‥‥‥ 也有從大阪・名古屋發車
若要舉出從新宿或澀谷、東京出發・名古屋出發以外的高速巴士，有橫濱往河口湖、高山往富士山站等班次。除此之外，還有從大阪・京都前往富士宮・御殿場・河口湖方向的班次。

●若要利用私家車
‥‥‥‥‥ 從小牧JCT或岡谷JCT前往中央自動車道
從西日本方向出發要從小牧JCT前往中央自動車道；從北陸方向出發則要經由上信越・長野自動車道從岡谷JCT前往中央自動車道。前往富士宮方向由新東名高速道路新富士IC會比較近。從北陸方向要經由東海北陸・中部縱貫自動車道、國道158號、長野自動車道松本IC・岡谷JCT開進中央自動車道，在甲府南IC開下交流道，利用國道358號・139號等道路為佳。從東北方向要經由久喜白岡JCT經由圈央道，或是從郡山JCT開進磐越自動車道，再經由北陸・上信越・長野自動車道，從岡谷JCT開進中央自動車道。

便於旅行的搜尋網站

🚋 鐵道的時刻表和費用搜尋

JR集團合作的鐵道・旅行資訊
●トレたび
交通新聞社所經營。也有活動、臨時列車資訊。

能指定細節條件
●HyperDia
日立Systems所經營。也有各個車站的時刻表。

也有依照區域的行駛資訊
●駅探
顯示「早（最快）」「楽（轉車最少）」「安（最便宜）」的圖示，相當方便。

🚌 高速巴士的時刻表和費用搜尋及預約

經由京王・名鐵中央道的高速巴士網站
●highwaybus.com
京王電鐵巴士所經營。不需登錄會員就能預約、搜尋。

可以搜尋全日本的高速巴士，部分除外
●日本巴士e路通
工房所經營。預約需要登錄會員（免費）。

定期觀光巴士和觀光計程車也在這個網站
●バスぷらざ
日本旅行所經營。預約高速巴士不需登錄會員。

時刻表和費用等洽詢單位

巴士
●京王高速巴士預約中心　📞03-5376-2222

●富士急電客服中心
（新宿・東京～山中湖・河口湖站・富士宮方向／特快三島・河口湖Liner）
　📞0570-022956

●JR巴士關東高速巴士預約中心
（東京～・河口湖・富士宮）　📞03-3844-0495

●小田急箱根高速巴士電話預約中心
　📞03-3427-3160

●富士急山梨巴士　📞0555-72-6877

●名鐵高速巴士預約中心
　📞052-582-0489

鐵道
●JR東日本洽詢中心
　📞050-2016-1600

●JR東海電話中心
　📞050-3772-3910

●富士急行（富士山站）
　📞0555-22-7133

●小田急客服中心
　📞03-3481-0066

河口湖・西湖・山中湖
周遊巴士MAP

鳴澤・精進湖・本栖湖周遊巴士
從河口湖站前往鳴澤冰穴、精進湖北岸·本栖湖方向不需要轉車。1天4班。包含下列的「河口湖周遊巴士」、「西湖周遊巴士」在內，2天內可以自由上下車的「河口湖·西湖·鳴澤·精進湖·本栖湖區域共通FREE COUPON」為1500円。在河口湖站的富士急行巴士售票處和周遊巴士車內皆可購買。

圖例

富士湖號	河口湖周遊巴士
富士山世界遺產巡迴巴士	西湖周遊巴士
※富士湖號僅記載主要巴士站	鳴澤·精進湖·本栖湖周遊巴士

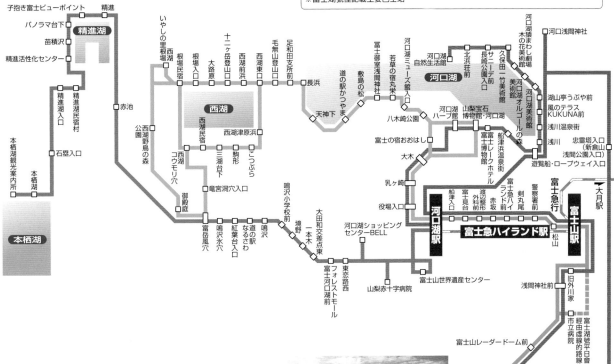

子抱き富士ビューポイント
精進
パノラマ台下
苗積沢
精進活性化センター
精進湖
いやしの里根場
西湖
十二ヶ岳登山口
西湖前浜
西湖東口
毛無山登山口
足和田支所前
長浜
道の駅かつやま
河口湖猿まわし劇場·木の花美術館
河口浅間神社
サニーデ前
久保田一竹美術館
長崎公園入口
北浜荘前
河口湖自然生活館
河口湖ミューズ館入口
富士御室浅間神社
敷島の松
若草の宿丸栄
天神下
八木崎公園
河口湖オルゴールの森
河口湖美術館
山梨宝石博物館·河口湖
湖山亭うぶや前
風のテラスKUKUNA前
浅川温泉街
浅川
忠霊塔入口（新倉山）
浅間公園入口
精進湖民宿村
精進湖入口
赤池
石塁入口
本栖湖観光案内所
本栖湖
西湖野鳥の森
公西湖
西湖民宿
コウモリ穴
西湖津原浜
三湖台下
駒形
こっぷら
御殿庭
竜宮洞穴入口
鳴沢小学校前
大田和交差点東
一本木
境野
河口湖ショッピングセンターBELL
富士の宿おおはし
大木
乳ヶ崎
役場前
富士浅浜温泉街
船津浜温泉街
富士博物館
渡辺整形外科前
赤坂
剣丸尾
富士急ハイランド前
警察署前
遊覧船·ロープウェイ入口
富岳風穴
鳴沢氷穴
道の駅なるさわ
鳴沢
紅葉台入口
東恋路西
フォレストモール
富士河口湖前
山梨赤十字病院
富士山世界遺產センター
浅間神社前
船津
富士見台
旭日丘
松山
富士急行
河口湖駅
富士急ハイランド駅
富士山駅
大月駅
旧外川家
市立病院
富士湖號平日會經由虛線的路線
富士山レーダードーム前
忍野入口
忍野 しのびの里
さかな公園
えびす屋前
忍野八海
忍野村役場前
内野
石割山ハイキングコース入口
石割の湯
花の都公園入口
花の都公園
紅富士の湯
大出山入口
長池親水公園前
湖北
ままの森
みさき
平野西口
山中湖 平野
富士山 中中湖（ホテルマウント富士入口）
観光船のりば
山中湖郵便局入口
一之橋
山中湖村役場前
文学の森公園前
山中湖 旭日丘
クリスマスの森入口
山中湖フォレストコテージ前
山中湖交流プラザ
三国山ハイキングコース入口
小田急フォレストコテージ前
撫岳荘前
山中湖

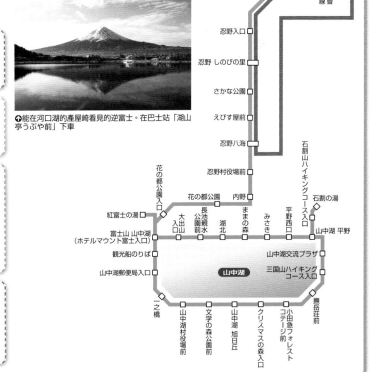
能在河口湖的產屋崎看見的逆富士。在巴士站「湖山亭うぶや前」下車

河口湖周遊巴士
從河口湖站行經河口湖香草館和河口湖美術館等處。1小時2～4班。

西湖周遊巴士
從河口湖站行經西湖南岸，不需轉車就能前往西湖民宿和西湖蝙蝠洞、西湖療癒之鄉根場等景點。1小時2班。

富士湖號
河口湖站發抵，經由富士山站前往忍野八海和山中湖 花之都公園、平野方向。1天11班，其中5班會經由山中湖·旭日丘（湖南），其中6班會經由ままの森（湖北）。富士湖號全線在2天內可自由上下車的FREE COUPON為1500円。在河口湖站和富士山站、山中湖 旭日丘的富士急行巴士售票處或富士湖號車內皆可購買。

富士山世界遺產巡迴巴士
周遊北口本宮富士淺間神社和河口淺間神社等多處世界遺產的構成資產。河口湖站出發5～6班。巡迴巴士全線在2天內能自由上下車的FREE COUPON為1030円。在河口湖站·富士山站的富士急行巴士窗口或巡迴巴士的車內皆可購買。

前往「富士宮・御殿場」

從東京方向・名古屋方向都是利用東名・新東名高速道路。前往富士宮是新東名高速道路新富士IC最近，前往御殿場是東名高速道路御殿場IC最近。

前往「河口湖・山中湖」

前往河口湖從中央自動車道河口湖IC最近，前往山中湖從東富士五湖道路山中湖IC最近。從東名高速道路名古屋方向出發要從東名高速道路御殿場IC利用國道138號。御殿場IC也能當作從東京方向前往山中湖的玄關口使用。

🚗 高速巴士也會行駛至主要區域

從東京出發要依照目的區域，分別利用中央自動車道、東名・新東名高速道路。若大致區分，一般是山梨縣一側利用中央自動車道，靜岡縣一側利用東名・新東名高速道路。再者，中央自動車道的高井戶IC沒有往河口湖・諏訪IC方向的入口，因此要從直通首都高速道路的各個入口前往。從名古屋出發要利用東名高速道路。東名高速道路御殿場IC或新東名高速道路新富士IC會成為主要的玄關口。若從名古屋前往御殿場，在所有區間都利用東名高速道路的情況下或在途中利用新東名高速道路的情況下，兩者時間約相差10分鐘。也有方法是從東名高速道路透過小牧JCT開進中央自動車道，再朝向山梨縣一側的區域前進。

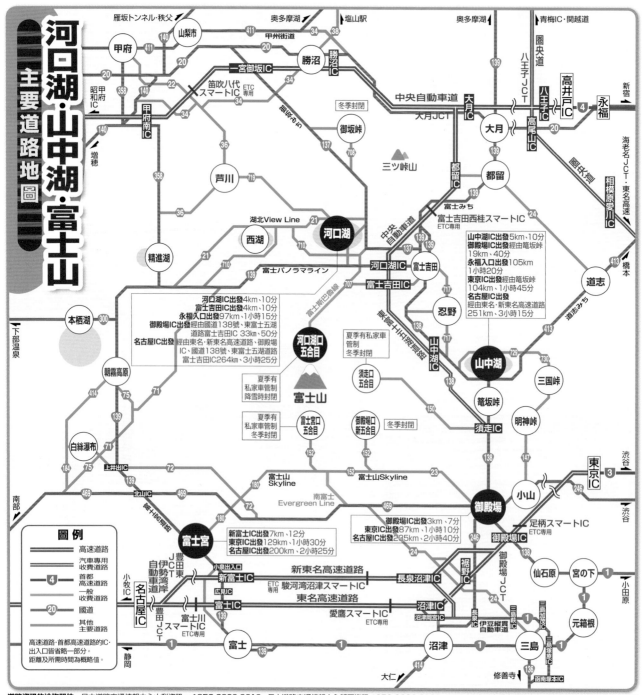

河口湖・山中湖・富士山 主要道路地圖

山中湖IC出發5km、10分
御殿場IC出發經由篭坂峠19km、40分
永福入口出發105km、1小時20分
東京IC出發經由篭坂峠104km、1小時45分
名古屋IC出發經由東名・新東名高速道路251km、3小時15分

河口湖IC出發4km、10分
富士吉田IC出發4km、10分
永福入口出發97km、1小時15分
御殿場IC出發經由國道138號、東富士五湖道富士吉田IC 33km、50分
名古屋IC出發經由東名・新東名高速道路、御殿場IC、國道138號、東富士五湖道富士吉田IC264km、3小時25分

新富士IC出發7km、12分
東京IC出發129km、1小時30分
名古屋IC出發200km、2小時25分

御殿場IC出發3km、7分
東京IC出發87km、1小時10分
名古屋IC出發235km、2小時40分

圖例

━━━	高速道路
━━━	汽車專用收費道路
━4━	首都高速道路一般收費道路
━20━	國道
━━━	其他主要道路

高速道路・首都高速道路的IC・出入口皆省略一部分。
距離及所需時間皆為概略值。

道路資訊的洽詢單位 日本道路交通情報中心山梨資訊…☎050-3369-6619、日本道路交通情報中心靜岡資訊☎050-3369-6622 NEXCO中日本顧客服務中心（中央自動車道、東名・新東名高速道路）…☎0120-922-229 ハイウェイテレホン中央道・長野道情報（八王子局）☎042-692-1620 ハイウェイテレホン東名高速道情報（東京局）☎03-5491-1620

INDEX

【 MM 哈日情報誌系列 36 】

河口湖·山中湖 富士山

作者／MAPPLE昭文社編輯部
翻譯／吳冠瑾
校對／彭智敏
編輯／林庭安
發行人／周元白
排版製作／長城製版印刷股份有限公司
出版者／人人出版股份有限公司
地址／23145 新北市新店區寶橋路235巷6弄6號7樓
電話／（02）2918-3366（代表號）
傳真／（02）2914-0000
網址／www.jjp.com.tw
郵政劃撥帳號／16402311 人人出版股份有限公司
製版印刷／長城製版印刷股份有限公司
電話／（02）2918-3366（代表號）
經銷商／聯合發行股份有限公司
電話／（02）2917-8022
第一版第一刷／2020年2月
定價／新台幣360元
　　　港幣120元

國家圖書館出版品預行編目（CIP）資料

河口湖·山中湖：富士山 /
MAPPLE昭文社編輯部作 ；吳冠瑾翻譯. ──
第一版.── 新北市：人人，2020.02
面； 公分. ──（MM哈日情報誌系列；36）
ISBN 978-986-461-204-8（平裝）

1.旅遊 2.日本

731.9　　　　　　　　　　　108020904